国家文化产业资金支持媒体融合重大项目

21世纪新概念教材：
“换代型”系列·高等职业教育旅游与酒店管理专业教材新系

第7版

旅游经济学

周振东 主编

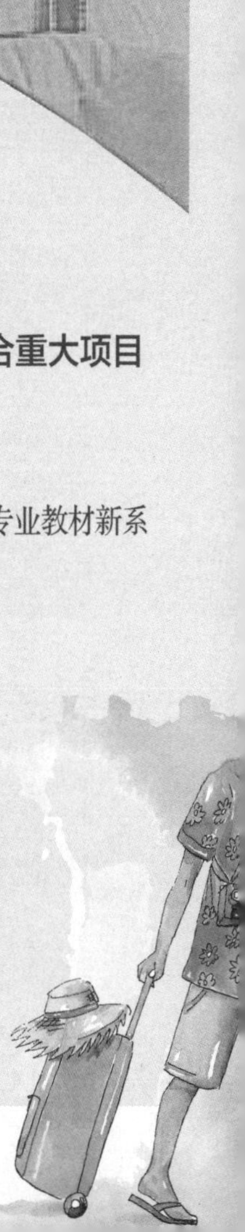

东北财经大学出版社
Dongbei University of Finance & Economics Press
大连

图书在版编目（CIP）数据

旅游经济学 / 周振东主编. —7版. —大连：东北财经大学出版社，2022.9

（高等职业教育旅游与酒店管理专业教材新系）

ISBN 978-7-5654-2502-8

Ⅰ.旅… Ⅱ.周… Ⅲ.旅游经济学-高等职业教育-教材 Ⅳ.F590

中国版本图书馆CIP数据核字（2022）第155478号

东北财经大学出版社出版

（大连市黑石礁尖山街217号 邮政编码 116025）

网 址：http：//www.dufep.cn

读者信箱：dufep@dufe.edu.cn

大连图腾彩色印刷有限公司印刷 东北财经大学出版社发行

幅面尺寸：185mm×260mm 字数：300千字 印张：15

2022年9月第7版 2022年9月第1次印刷

责任编辑：许景行 龚小晖 责任校对：齐 心

封面设计：冀贵收 版式设计：原 皓

定价：38.00元

教学支持 售后服务 联系电话：（0411）84710309

如有印装质量问题，请联系营销部：（0411）84710711

总序

如今，中国的旅游管理教育已经走过了三十多年的历程。三十多年，对于人生而言，可以说已经走近成熟了。然而，对于一个学科的发展来说，这么短的时间恐怕只能够孕育学科的胚芽。万幸的是，这三十多年不同于历史进程中的一般三十多年。由于我们坚持了改革开放的政策，我们的视野由此而得到扩展，我们的信心由此而得到强化，我们的步伐也由此而得以加快。所以，虽然只有三十多年，但在中国的教育园地和学科家族中，旅游管理经过有效的分化与发展，已经形成了学科体系的基本雏形。如今，旅游管理专业把中等职业教育作为起点，并设有高职高专、普通本科和研究生教育（包括硕士和博士研究生教育）。这样完整的教育层次系统，展示了旅游管理教育发展的历程和成果，同时也提出了学科建设中的一些迫切需要面对和解决的问题，其中最重要的一点，就是如何在不同的教育层次和不同的教育类型上对教育目标和教学模式进行准确定位。当旅游管理高等教育领域中开始出现职业教育这种新的教育类型时，这一点就尤其显得突出了。

我国改革开放后得以重建的高等教育体系向来注重的是学科教育，一直没有给高等职业教育以足够的重视。困扰教育家们的问题似乎不是学科教育和职业教育的关系问题，而是在学科教育体系中如何区别普通专科教育与本科、研究生教育的层次和定位问题。三十多年的教育实践证明，人们在这三个层次上所做出的定位努力没有得到应有的效果。相反，在几乎所有的专业领域，都或多或少地存在着一种倾向，即专科教育仅仅是本科教育的简单压缩，而研究生教育仅仅是本科教育的有限延伸。这种状况导致了人才培养的低效率，也由于人才规格的错位而造成了人才使用上的浪费，甚至引起社会用人单位与教育机构之间在这个问题上的矛盾。

正是由于存在着这种带有普遍性的问题以及解决这种问题的动力，我国高等教育近年来的改革在这方面才有了比较大的突破：高等普通专科教育向高等职业教育转轨。这种转轨使高等职业教育在一定程度上提高了层次，引起了社会的重视，从而使高等职业教育成为高等教育体系中的重要类型。高等职业教育的登堂入室，创造了一种有效的社会氛围，也反过来促使普通专科教育不得不重新审视自己所一贯坚持的教育思想和教学模式，正视自己所面临的问题，并抓住历史的机遇。换言之，普通专科改弦更张的内力和外力都已经具备了。这种转型，是一种全方位的转换，而不是局部的调整。它涉及培养目标的重新定位、教学模式的重新选择和教学条件的有效变更。从培养目标上看，高等职业教育将更加突出人才规格的专业技能性和岗位指向性；从教学模式上看，要着力体现专业设置的职业性、教学内容的实用性和教学过程的养成性；而从教学条件上看，则必须实现教学主体的双元化（即产业部门和教育部门的有效合作）、教师队伍的“双师身份”，并拥有完备的实训手段。只有在以上几个层面实现全面转型，高等职业教育才能培养出合格的人才。在这方面，德国的双元制教学模式、加拿大的以能力培养为中心的CBE教学模式、澳大利亚的TAFE职业教育模式以及国际劳工组织的MES（职业技能模块组合）教学模式，都有值得我们借鉴的东西。

然而，比较发达国家的高等职业教育实践，我国的高等职业教育近年来并没有完全摆脱传统的学科教育模式的束缚，有的专业领域的高等职业教育与原来的普通专科教育相比，可谓换汤不换药。目前的旅游管理专业高等职业教育在很大程度上就是这样一种情况。中国在旅游管理专业实行高等职业教育是在全国职业教育工作会议召开后，与其他一些专业同时步入职业教育领域的。由于中国旅游管理类专业的普通高等教育三十多年来所追寻的教育模式也一直是学科教育的模式，由于人们对旅游管理高等职业教育的性质认识不清，由于整个社会还不能建立起对旅游高等职业教育的有效支持机制，由于转型后的普通专科院校在实施职业教育时缺乏相应的软件和硬件条件，甚至由于一部分高等职业教育机构的办学动机错位等原因，脱胎于这种背景的职业教育，就自然难以脱离学科教育的定式，难免出现教育的低效率状况。其结果是导致这样一种局面：当前的旅游管理专业的高等职业教育不过是由一些“新生的”或“转型的”教育机构承办的传统的学科教育的翻版。这种翻版在教师的知识背景、教学设计的结构安排、教材的选择和使用以及实验室建设等方面都有所体现。这种教育模式的后果，不仅是教育资源的浪费和学生受教育机会的丧失，而且是旅游产业发展机会的丧失。

解决这个问题，实际上是一个系统性的工程，非一朝一夕之功所能奏效。高等职业教育思想的改变，教师的培养，尤其是全社会的职业教育体制和机制的构建和完善，都需要一个过程。但是，这里也有可以马上做起的工作，那就是教材的建设。

教材是教育实施过程的重要载体之一。尽管教材建设也同样需要有成果的积累，但在一定情况下，教材建设的先进性、前瞻性和科学性是可以实现的。尤其是第二次世界大战以后发达国家在旅游教育领域所积累的经验，如职业教育和普通学科教育间的差别以及实现这种差别教育的制度性建设，在职业教育领域已经取得的多方面成果，在职业教育的人才规格、培养目标、教育特色等方面形成的认识，在教材建设中所探索出的先进经验等，这些都可以成为今天我国旅游高等职业教育发展的基本参照和经验宝库。东北财经大学出版社现在推出的这套旅游与酒店管理专业高等职业教育教材，正是在这种认识和思想主导下完成的一个大动作。这套教材的问世，其意义将不局限在高职教学过程本身，还会产生巨大的牵动和示范效应，将对旅游与酒店管理专业高职教育的健康发展产生积极的推动作用。

目前推出的这套“高等职业教育旅游与酒店管理专业教材新系”，是在原“高等专科旅游管理专业系列教材”的基础上不断优化改版形成的。原专科教材由于定位准确、风格明显、作者队伍精干，已得到全国各大专院校的普遍认可。

而为了适应蓬勃兴起的高等职业教育的需要，改版教材无论是在指导思想上还是在内容的组织上，又都做了彻底的调整。改版教材的相继编写，充分体现了全体编者对旅游与饭店高等职业教育规律和特征的认识，对旅游与酒店管理专业高等职业教育的规格、层次、教育对象的特点的把握，对职业教育与普通学科教育的区别的理解，以及对发达国家职业教育的借鉴。同时，这套教材也体现了我国高校教师在感受20世纪90年代世界范围内兴起的以满足旅游者个性化需求为导向的“新旅游”这一时代脉搏之后所做出的积极反应，从而使这套教材有了更超前的视野。这种独特而新颖的教材编写思路，最终还通过在教材形式建设上颇具匠心的处理而进一步得以体现，使这套教材成为一种能打破传统学科教学模式、适合高职教育的目标和学生特点，同时反映教材编写样式之世界潮流的全新的“换代型”教材。凡此种种，都足以说明这是一套有特殊奉献的高质量教材。坦率地说，这套教材的问世，应该是目前旅游管理类专业高等职业教育领域的一件幸事。

东财版“21世纪新概念教材：换代型系列·高等职业教育旅游与酒店管理专业教材新系”自20世纪90年代末全套推出到2015年，绝大部分已出五版，印刷二十余次，其中有八种入选“普通高等教育‘十一五’国家级规划教材”，两种分别入选“教育部普通高等教育精品教材”和“中国旅游协会旅游优秀教材”，四种入选“‘十二五’职业教育国家规划教材”，深受广大高职院校师生的欢迎与喜爱。

为了将《国家中长期教育改革和发展规划纲要（2010—2020年）》中提出的“着力提高人才培养水平”“坚持育人为本，德育为先”“强化能力培养，创新人才培养模式”“着重培育学生的主动精神和创造性思维”等新时期教育要求进一步落到实处，完成“十二五”起我国高等职业教育新型人才培养的阶段性目标，专业课程教材必须与时俱进，体现国内外先进的专业技术水平、教育教学理念和课改新趋势，同步实现课程教材建设的模式转换。为此，我们于2012年底启动了对第四版教材的全面修订，于2013起推出全新的第五版，2016年起推出与时俱进的第六版及其后各版。

第六版及其后各版教材在研究和能动落实新时期教育部关于高等职业教育定位相关文件精神与要求的基础上，从以下方面沿着“21世纪新概念教材：换代型系列”的方向继续前行：

1.同步提升了高等职业教育旅游管理类专业的人才培养目标定位。借鉴发达国家高等职业教育关于“职业教育与学术教育有机结合”的课改经验，“克服高职各类专业的同质化倾向”，将高等职业教育旅游管理类人才培养目标由先前的“教高〔2006〕16号”（培养“面向生产、建设、服务和管理第一线高素质技能型专门人才”），经过“教职成〔2011〕9号”、“教高〔2012〕4号”和国发〔2014〕19号等文件的一般定位（培养“高端技能型人才”、“应用技术型人才”乃至“技术技能型人才”），提升到“职业知识”、“职业能力”与“职业道德”并重的“高等复合应用型”人才培养目标上来；同时，对照《国家中长期教育改革和发展规划纲要（2010—2020年）》关于“创新人才培养模式”“着重培育学生的主动精神和创造性思维”等新时期教育要求，将“问题思维”和“创新意识”培养纳入新版教材的人才赋型机制中。

2.兼顾了“衔接”和“层次区别与提升”。在教学重点、课程内容、能力结构等方面，既细化了高职教材与中职教材的有机衔接，也研究和探索了前者不同于后者的层次区别与提升。

3.兼顾了“工学结合型”教育所要求的“双证沟通”与“互补”。在把国家职业资格标准融入专业课程内容与标准的同时，一方面着眼于高等职业学历教育与职业培训的重要区别，强化了对学生“职业学力”的全面建构，另一方面通过同步反映行业领域、国内外高职教育教学及课程改革新发展、新标准、新成果，弥补国家职业资格标准的相对滞后性。

4.兼顾了“理论”、“实务”、“案例”和“实训”等教学与训练环节。与只侧重“实务”的中职教材不同，第六版及其后各版教材依照“原理先行、实务跟进、案例同步、实训到位”的原则，循序渐进地展开高职教材内容。

5.扩展了“职业学力”建构的基本内涵。将学生“职业学力”基本内涵的建构，由先前的“职业知识”和“职业能力”两者并重，扩展到“职业知识”、“职业能力”和“职业道德”三者并重，致力于建构以“健全职业人格”为更高整合框架的教材赋型机制。

6.兼顾了各种教学方法。将“学导式教学法”、“案例教学法”、“问题教学法”、“讨论教学法”、“项目教学法”及“工作导向教学法”等诸多先进教学方法具体运用于专业课程各种教学活动、功能性专栏和课后训练的教材设计中。

7.联合国教科文组织的研究表明：进入21世纪，不少学科知识更新周期已缩短至2~3年，处于知识结构表层的应用类学科知识尤其如此。这意味着学生在高职院校学习的相当多知识在毕业后已经过时。为应对日益加速的“知识流变性”，自第六版及其后各版，本系列教材将“自主学习”视为与“实训操练”同等重要的能力训练：在奇数各章“学习目标”的“职业能力”中用“自主学习”子目标替换先前各版“实训操练”述项，并相应调整了其章后“基本训练”中“能力题”的子题型。

8.阶段性落实教育部关于“进一步推进职业教育信息化发展”，“推广……移动学习等信息化教学模式”（教职成〔2017〕4号）和“推进教育教学与信息技术深度融合”（《教育部高教司2018年工作要点》）等文件要求精神，增加二维码教学资源，解决传统教材所缺少的“互联网+”移动学习，即纸质教材与二维码数字资源融合的问题。

9.全面落实教育部《职业院校教材管理办法》（教材〔2019〕3号）等文件要求与精神。自2020年起，全面落实《国务院关于印发国家职业教育改革实施方案的通知》（国发〔2019〕4号）、《关于实施中国特色高水平高职学校和专业建设计划的意见》（教职成〔2019〕5号）、《职业院校教材管理办法》（教材〔2019〕3号）、《职业教育提质培优行动计划（2020—2023年）》（教职成

〔2020〕7号）和《关于推动现代职业教育高质量发展的意见》（中共中央办公厅、国务院办公厅〔2021〕）等文件要求与精神，在落实立德树人根本任务方面，进一步创新思想政治教育模式，将社会主义核心价值观融入专业课教材。

教材改革与创新是一项系统工程，旨在培养“高等复合应用型人才”的高等职业教育旅游管理类专业教材的改革与创新更是如此。我们试图在深入调查研究、系统总结国内外教材建设先进经验的基础上，与时俱进地不断推出具有我国高等职业教育特色、优化配套的旅游管理类专业的新型教材。

期待广大专家、学者和读者们继续给我们以宝贵的关怀与支持，使本系列教材通过阶段性修订，与我国新时期高等职业教育旅游管理类专业教学及课程改革发展始终保持同步。

“高等职业教育旅游与酒店管理专业教材新系”项目组

第七版前言

改革开放四十多年以来，在国家确立的旅游业发展战略和方针政策的指引下，我国的旅游业得到了迅猛发展，由一个旅游弱国发展到一个旅游大国，现正向世界旅游强国迈进。旅游业已成为我国战略性支柱产业，在社会经济发展中的地位和作用越来越突出。

在深化国家机构改革中，2018年3月，将原文化部和国家旅游局职能整合，组建文化和旅游部，统筹文化和旅游资源发掘利用，推动更多文化资源要素转化为旅游产品，增强和彰显文化自信，为旅游注入更加优质、更富吸引力的文化内容。坚持以文塑旅、以旅彰文，推动文化产业和旅游产业深度融合发展。

2021年是我国进入第十四个五年计划时期，“十四五”时期是我国开启全面建设社会主义现代化国家新征程、向第二个百年奋斗目标进军的第一个五年。

2022年1月，国务院印发了《“十四五”旅游业发展规划》，把创新驱动作为发展原则和发展任务。“十四五”时期，我国旅游已全面进入大众旅游新发展阶段。在全面建成小康社会后，人民群众旅游消费需求必然从低层次向高品质和多样化转变，由注重观光向兼顾观光与休闲度假转变，人们旅游出行的方式和消费偏好发生深刻变化，旅游业面临高质量发展的新要求。我们必须创新旅游产品体系，改善旅游消费体验。深入发展智慧旅游，推进红色旅游、文化遗产旅游、乡村旅游、旅游演艺等创新，提升度假休闲旅游等服务品质。大众旅游时代，需要新的发展理念。旅游业发展成果要为人民共享，要充分发挥为民、富民、利民、乐民的积极作用，成为具有显著时代特征的幸福产业。

当今世界正经历百年未有之大变局，国际环境严峻复杂，新冠肺炎疫情影响广泛深远，全球旅游业不确定性明显增加。国内发展环境也经历着深刻变化，我国旅游业发展面临的任务十分艰巨。为适应国内和国际形势的变化以及国内职业教育发展新需要，对本教材进行了修订。

本次修订的主要内容如下：

1.在保留原有教材体系的基础上，对部分已过时的提法和内容进行了删节和同步更新。

2.为全面落实习近平总书记关于培养担当民族复兴大任时代新人，即有理想、有本领、有担当的要求，将原教材中“学习目标”中的“职业道德”以及各章节中的“企业伦理”和“善恶研判”升级为“课程思政”，并对相关内容做了增补。这样修订的目的在于使学生在当下专业知识学习过程中能动地与实现伟大的中国梦联系起来，站在民族复兴的历史高度，传承红色基因，坚定“四个自信”。

3.每章在相关内容处新增了“学习微平台”二维码资源，旨在使学生拓展、深化相关知识的学习和对旅游业发展现状的了解。

4.某些章的“基本训练”增补了计算题，旨在强化实务教学环节的“规则意识”和“综合能力”训练。

为方便教学，本书第七版配有PPT电子教学课件和“章后习题参考答案与提示”，使用本教材的教师可登录东北财经大学出版社网站（www.dufep.cn）免费下载这些网上教学资源。

本书由周振东修订。由于作者的学术水平和实践经验有限，书中难免存在不足或错误，恳请各位专家和广大读者不吝指正。

周振东

2022年7月

第六版前言

时间过得真快，第五版教材出版转眼间又过去了三年。此间，国家又颁发了一系列指导和推动旅游发展的文件。2014年8月，国务院发布了《国务院关于促进旅游业改革发展的若干意见》。2015年8月，国务院办公厅印发了《关于进一步促进旅游投资和消费的若干意见》。2016年12月，我国《“十三五”旅游业发展规划》正式出台。尤其在2015年全国旅游工作会议上，国家旅游局针对我国旅游业出现的新形势，提出了未来三年我国旅游发展的“515战略”。这些政策和举措的贯彻落实，使我国旅游产业在快速发展的轨道上一路高歌，2015年我国国内旅游突破40亿人次，旅游收入超过4万亿元人民币，出境旅游1.2亿人次。国内旅游、出境旅游人次和国内旅游消费、境外旅游消费均位列世界第一。根据世界经济论坛《旅游业竞争力报告》的数据，我国全球旅游竞争力由2012年的第45位升至第17位。我国旅游业在国民经济中的战略性支柱产业地位毋庸置疑。

与此同时，这三年也是我国教育不断深化改革的三年，是我国高等职业教育发展的黄金时期。为了在教材中客观、及时地反映我国旅游业发展的新情况、新问题和适应高等职业教育的培养目标及新理念，我们对本教材进行了修订。在保留了第五版教材体系、内容和体例的基础上，修订的内容主要体现在：

1.在每章职业知识目标的子目标中，增加了能用本章的基本知识指导本章“基本训练”中各题型的认知活动，正确解答其相关问题。

2.在各奇数章“学习目标”的“职业能力”中，用“自主学习”子题型替换第五版“实训操练”子题型，旨在使学生能够培养、提升自主学习的能力和习惯。

3.对第五版教材中的引例、同步案例、案例分析、善恶研判等资料做了较大幅度的修订。

4.为方便教学，第六版主教材配有PPT教学课件和“章后习题参考答案与提示”。使用本教材的任课老师可登录东北财经大学出版社网站（www.dufep.cn）查询或免费下载这些网上教学资源。

本书由周振东主编，其中第4章由张鸥编写，第5章由张妍编写，第7章由辛媛媛编写，其余由周振东编写。全书最后由周振东总纂定稿。

由于作者的学术水平和实践经验有限，书中难免存在不足或错误，恳请各位专家和广大读者不吝指正。

编　者

2017年7月

目　录

第1章 绪论

◆ 学习目标

通过本章学习，应该达到以下目标：

职业知识： 学习和把握旅游经济学研究的对象、主要内容及研究方法等理论与实务知识；能用其指导或规范本章认知活动和技能活动，正确解答“基本训练”中“知识训练”各题型的相关问题。

职业能力： 点评“旅游经济学是一门应用经济学”命题，训练专业理解力与评价力；运用本章理论与实务知识研究相关案例，培养在“绪论”相关情境中的多元表征能力；通过搜集、整理与综合“旅游经济学研究的主要内容”的近三年文献资料，撰写、讨论与交流《“旅游经济学研究的主要内容”最新文献综述》，培养关于“绪论”的“自主学习”通用能力。

课程思政： 结合本章教学内容，对章后“‘十三五’时期中国旅游业的发展成就”案例进行思政研判，增强“四个自信”，为祖国建设和实现伟大的中国梦做好准备。

【引例】

年轻的旅游经济学

背景与情境：实践呼唤理论，理论来自实践。现代旅游经济理论是建立在旅游经济活动的基础之上的。因此，从社会经济运行的一般规律出发研究现代旅游的经济活动，便成为旅游经济理论研究的一个重要方面。20世纪70年代末前南斯拉夫学者马斯科维奇出版了《旅游经济学》一书，20世纪80年代美国夏威夷大学开设了旅游经济学课程。随着中国旅游业的发展，20世纪80年代以来，不同版本的《旅游经济学》在我国先后出版。

上例表明，旅游经济学作为一门独立的学科，与其他传统学科相比较，还是一门年轻的学科。接触一门新学科时，人们都抱有热切的期望，想知道该学科是以什么为研究对象，研究的主要内容以及用什么方法进行研究。

1.1 旅游经济学研究的对象

旅游经济学是现代经济学的一个分支，是一门部门经济学。部门经济学是针对某一部门或领域的经济活动进行研究的科学，正如毛泽东同志在《矛盾论》中所指出的：科学研究的区分，依据就是科学对象所具有的特殊的矛盾性。**旅游经济学的研究对象**，是现代旅游活动中所产生的各种经济现象、经济关系以及经济规律。

【同步资料1-1】

研究对象的几种表述

旅游经济学研究对象的表述主要有：①旅游经济学就是要揭示旅游经济活动过程中的内在规律及其运行机制，以有效地指导旅游实践工作，促进旅游业持续、协调地发展。②旅游经济学的研究对象就是旅游经济活动中旅游产品的需求与供给的矛盾。③旅游经济学的研究对象就是由旅游者的空间移动而引起的旅游客源地、旅游目的地和旅游联结体三者运动而表现出的经济现象、经济关系以及经济规律。

资料来源　根据各教科书的内容归纳整理。

现代旅游经济活动，是由旅游者的旅游活动而引致的社会经济活动。旅游者在旅游活动过程中，要与自然、社会等各个方面都产生一定的联系，形成各种不同的关系，这些关系主要表现为旅游者与自然界的关系、旅游者与旅游者之间的关系、旅游者与旅游目的地居民的关系、旅游者与提供各种产品的旅游企业的关系、旅游企业与旅游企业的关系等，在这一系列的关系中，有的表现为一定的经济联系，有的表现为非经济的联系。从社会总体上看，在这些关系中，旅游者与旅游企业的联系和旅游企业与旅游企业之间的联系，表现为一种商品交换联系、一种经济关系。这些不同的经济联系，构成了现代的旅游经济活动。

现代旅游活动规模庞大、形式多样、涉及部门广泛，致使旅游活动中的经济现象复杂，联系频繁。我们要通过对各种经济联系以及现象的透视和分析，揭示旅游经济活动中的各种经济关系以及旅游经济运行的规律。

旅游经济活动中的经济现象和经济关系，就其内在的规律而言，主要包括两类基本规律：一类是反映社会经济运行的一般规律；另一类是旅游经济内部的特有规律。旅游活动是人类发展到一定历史阶段的产物，旅游经济活动是伴随着旅游活动的发展而形成的，是商品生产和商品交换发展的必然结果。在现代旅游活动中，旅游者所需的食、住、行、游、购、娱等多种要素，需要通过商品交换的形式予以满足。因此，现代旅游经济活动必然要遵循商品交换规律来运行，如价值规律、市场竞争规律、供求规律等。但是，现代旅游经济活动又与一般的商品交换活动有所不同。旅游者外出旅游，不是为了获得物质上的满足，而是为了追求一种精神上的享受，获得一种心理上的满足，他们在交换过程中，虽然也有物质上的交换内容，但更主要的是一种服务产品的交换，这就使得旅游经济活动具有特殊的矛盾性，从而决定了它内部所固有的规律性。例如，旅游产品生产、旅游消费、旅游投资、旅游市场供求关系、旅游价格以及旅游分配等，除了受一般商品交换规律的制约外，还表现出它们特殊的矛盾性。

【同步思考 1-1】

问题： 研究旅游活动就是研究旅游的经济活动吗？

理解要点： 旅游经济活动仅仅是从社会经济的角度来研究的旅游活动。研究旅游活动还可以从更多的角度进行，如从社会的角度、文化的角度、地理的角度等。

1.2 旅游经济学研究的主要内容

旅游经济学作为一门学科，是从经济学的角度展开对现代旅游活动的研究。它是一门部门经济学，属于应用经济学范畴。

通过对旅游经济活动中各种经济现象、经济规律的探讨，揭示出影响和作用于旅游经济活动的基本因素和经济关系，探索旅游经济发展的最佳途径和相应措施，为各级政府制定旅游方针、政策、法规以及旅游发展规划等提供理论依据，从而促进旅游业的发展，是旅游经济学研究的目的。为实现上述目的，旅游经济学研究的主要内容包括：

1）旅游经济活动的产生、发展与旅游产业问题

旅游经济活动的产生和发展受社会多种因素的制约，研究这些因素的作用，对于促进旅游业的发展有着重要的指导意义。旅游产业是从事旅游经济活动的所有企业的集合。研究旅游产业化的标志、旅游产业的结构、旅游产业在国民经济中的地位等内容，将为旅游产业健康、稳定、持续发展提供实践佐证和理论依据。

2）旅游资源与旅游产品

旅游资源是旅游企业存在和发展的物质基础，旅游资源研究是为了更加充

分、有效、合理地开发和利用旅游资源。旅游产品是旅游企业提供给旅游者的产品。只有研究旅游产品的价值与使用价值的特点，才能按照旅游者的不同需求组织旅游产品的生产和供应。

3）旅游市场与供求关系

旅游市场是旅游产品交换的载体，供求矛盾是旅游市场中的主要矛盾。研究旅游市场问题，主要是为了充分运用价值规律的作用，在市场中不断增强旅游产品的竞争力；研究供求关系问题，主要是为了掌握市场供求规律，了解市场供求矛盾的表现，为实现旅游市场的宏观平衡提供决策依据。

4）旅游产品价格

价格是调节经济运行的重要经济杠杆，也是旅游企业获得效益的重要手段。通过对旅游价格的形成、构成、种类等问题的分析，掌握旅游价格的制定方法和制定策略，加强对旅游价格的管理和监督。

5）旅游收入与分配

旅游收入是衡量一个国家或地区旅游业发展水平的重要指标，也是发展旅游业的经济目的。旅游分配是表现旅游业作为国民经济的一个组成部分，是如何参与国民收入的分配与再分配的过程实现其经济职能的。

6）旅游消费及消费的最大满足

旅游消费是旅游经济活动的重要环节。通过研究旅游消费者的消费倾向、消费行为和消费结构，探索出旅游消费合理化的途径，以及在当前旅游消费个性化的浪潮中，如何实现旅游消费的最大满足。

7）旅游经济效益

旅游经济效益可分为旅游微观经济效益（又称旅游企业经济效益）和旅游宏观经济效益。旅游经济学研究二者之间的联系与区别，从不同角度寻求提高旅游经济效益的途径。此外，还要研究旅游经济效益与旅游社会效益、旅游环境效益的关系。

8）旅游经济发展战略与发展模式

在发展旅游经济的过程中，各国大都依据本国的国情与世界旅游发展现状与趋势，制定本国的旅游发展战略和选择本国的旅游发展模式。对各国旅游发展战略与旅游发展模式的比较，可以为我国旅游发展战略的制定和旅游发展模式的选择提供现实的参考和理论上的指导。

学习微平台

延伸阅读1-1

【同步思考1-2】

问题：旅游经济学研究内容的核心应当是什么？

理解要点：应当是旅游市场上的供求关系。其他的一切经济关系都是围绕着市场供求关系而发生、发展。

1.3 旅游经济学的研究方法

旅游经济学是一门新兴的学科，其研究的内容十分广泛。要使旅游经济学的研究成果具有科学性，并对实际工作有指导意义，就必须运用科学的研究方法。科学的研究方法，是多种研究方法的集合，随着社会的进步与发展，科学的研究方法也在不断丰富与扩展，这里仅对旅游经济学研究所采用的几种主要方法加以介绍。

1）坚持理论与实践相结合的方法

理论与实践相结合是社会科学研究中一个很重要的方法。旅游经济学是在长期的旅游实践活动的基础上产生、发展起来，反过来又用于指导和服务于旅游实践活动的实用科学。坚持理论联系实践，就是一切研究都要从旅游经济活动的客观实际出发，运用现代经济理论分析旅游经济活动中的各种现象，通过概括、总结、揭示其发展变化的客观规律性，并上升为科学的理论，用以指导旅游实践工作。

2）坚持规范研究和实证研究相结合的方法

规范研究_通常是从一定的价值判断标准出发，对某种问题进行逻辑思维和科学推理，探寻其发展变化的规律性。_我们进行的规范研究，是以经济学基本理论为指导来揭示旅游经济活动的规律性。旅游经济学是一门实用经济学，在其研究过程中更应当注重运用实证分析方法，**实证研究**_是运用大量的、丰富的统计资料，借助一定的数理统计方法和图表，对旅游市场的供求关系、市场结构、旅游价格、旅游消费等问题进行的分析判断。_

3）坚持比较研究方法

一般来说，人们认识事物是从区分事物开始的。要区分事物，就得比较，有比较才有鉴别。比较研究方法是20世纪30年代以后普遍运用的一种研究方法。旅游经济活动发展的一般规律，是各国共同适用的规律，但是由于各国经济发展所处阶段的不同，生产力发展水平的不一致，尤其是各国社会制度的差别，必然会导致旅游经济运行过程中产生差异。我国实行的是社会主义市场经济体制，国家发展旅游经济的方针政策必然与实行资本主义市场经济体制的国家的方针政策有很大区别，因此，我们在进行旅游经济理论研究时，要有选择地吸收、借鉴国外的一些研究成果，但又不能完全照抄照搬。

学习微平台

延伸阅读1-2

■ 本章概要

□ 内容提要

旅游经济学研究的对象是现代旅游活动中所产生的各种经济现象、经济关系以及经济规律。

旅游经济学研究的主要内容包括旅游经济活动的产生、发展以及旅游产业问题，旅游资源与旅游产品，旅游市场与供求关系，旅游产品价格，旅游消费，旅游收入与分配，旅游经济效益，旅游经济的发展战略与模式等。

旅游经济学的研究方法主要是理论联系实际的方法、规范研究与实证研究相结合的方法以及比较研究的方法。

□ 主要概念和观念

▲主要概念

旅游经济学　旅游经济学的研究对象　规范研究、实证研究

▲主要观念

旅游经济学的主要内容

□ 重点实务

旅游经济学的研究方法

■ 基本训练

□ 知识训练

▲复习题

1）旅游经济学的学科性质是什么？

2）旅游经济学的研究对象是什么？

▲选择题

(1) 现代旅游经济活动必然遵循（　　）等商品交换规律。

A.价值规律　　B.市场竞争规律　　C.供求规律　　D.社会活动规律

(2) 在现代旅游活动中，有诸多关系发生，其中主要反映经济关系的有（　　）。

A.旅游者与自然的关系　　B.旅游者与旅游者的关系

C.旅游者与旅游企业的关系　　D.旅游企业与旅游企业的关系

E.旅游者与环境的关系

(3) 探索和确定旅游经济活动的本质特征，并通过价值判断的方法，称为（　　）法。

A.规范分析　　B.定性分析　　C.定量分析　　D.实证分析

▲判断题

(1) 自从有了人类的社会活动，旅游经济活动就已经产生了。（　　）

(2) 旅游经济学是一门纯理论经济学。（　　）

(3) 旅游经济理论研究是为了揭示旅游经济运行中所发生的各种现象。（　　）

▲讨论题

旅游经济学研究对象的表述与其他相关学科研究对象的表述有哪些不同？

□ 能力训练

▲理解与评价

旅游经济学是一门应用经济学，你对这种表述是如何理解与评价的？

▲案例分析

中国旅游学科体系研究的阶段演化

背景与情境：划分我国旅游学科体系研究的阶段，可以运用不同的标志。如果按时间划分，我国旅游经济学科研究大体经历了三个阶段：

第一阶段是从1980年至1990年，是旅游经济学科的创立阶段。旅游经济学科的创立是在引进国外部分研究成果以及对世界旅游情况研究的基础上，由高等院校完成的。严格地讲，作为一个发展中国家，中国在20世纪80年代社会经济情况的基础上，不可能出现旅游经济学科的研究。之所以开始创立旅游经济学科是由两个重要原因促成的：一是我国对外开放政策的实施，促进了作为经济发达国家“飞地”意义上的中国旅游产业的发展，旅游实践需要旅游相关理论给予支持；二是旅游教育的推动，特别是旅游教育规模的扩大。许多综合院校设立了旅游经济学科体系，高等院校学科教育基地形成，在一定程度上推动了旅游学科研究。

第二阶段是在20世纪90年代，受我国旅游发展目标的影响，旅游经济学科的研究主要集中在以旅游目的地为中心的经济以及旅游企业管理与服务运转研究等。随着我国旅游产业体系的形成以及国内旅游需求和出境旅游需求的形成，旅游经济学科研究开始从点向面扩展，旅游研究开始从以经济学、管理学为主体向经济学、管理学、社会学、市场学、地理学、环境学、人类学等分支学科方向发展，形成了比较完整的旅游学科研究体系。

第三阶段是在21世纪初出现的，随着中国旅游经济学科体系的日趋完善以及中国旅游产业国际化演进的来临，人们开始从总体的角度运用多学科的研究方法和视角来研究旅游现象。

资料来源　张辉．旅游经济论［M］．北京：旅游教育出版社，2002.

问题：

1）旅游经济学与旅游学科体系之间是怎样的关系？

2）为什么从严格意义上说，在20世纪80年代以前我国不可能出现旅游经济学科的研究？

分析要求：

1）形成性要求

（1）学生分析案例提出的问题，拟定《案例分析提纲》；

（2）小组讨论，形成《案例分析报告》；

（3）班级交流、相互点评和修改各组的《案例分析报告》，教师对经过交流和修改的各小组的《案例分析报告》进行点评；

（4）在校园网的本课程平台上展出经过修改并附有教师点评的优秀《案例分析报告》，供学生借鉴。

2）成果性要求

以经过班级交流和教师点评的《案例分析报告》为最终成果。

▲自主学习

自主学习-I

【训练项目】

“旅游经济学研究的主要内容”知识更新

【训练目的】

应对愈演愈烈的知识流动加速，培养学生“自主学习”的通用能力。

【训练步骤】

1）将班级同学组成若干“自主学习”训练团队，每队确定一人负责。

2）各团队根据训练项目需要进行角色分工。

3）通过校图书馆、院资料室和互联网，查阅“文献综述格式、范文及书写规范要求”和近三年关于“旅游经济学研究的主要内容”研究的前沿学术文献资料。

4）综合和整理“旅游经济学研究的主要内容”研究的前沿学术文献资料，依照“文献综述格式、范文及书写规范要求”，撰写《“旅游经济学研究的主要内容”最新文献综述》。

5）在班级交流各团队的《“旅游经济学研究的主要内容”最新文献综述》。

6）在校园网的本课程平台上展出经过修订并附有教师点评的各组《“旅游经济学研究的主要内容”最新文献综述》，供学生相互借鉴。

□ 课程思政

“十三五”时期中国旅游业的发展成就

背景与情境：“十三五”时期，在以习近平同志为核心的党中央坚强领导下，全国文化和旅游行业坚持稳中求进工作总基调，贯彻落实新发展理念，坚持文化和旅游融合发展，加快推进旅游业供给侧结构性改革，繁荣发展大众旅游，创新推动全域旅游，着力推动旅游业高质量发展，积极推进旅游业进一步融入国家战略体系。

旅游业作为国民经济战略性支柱产业的地位更为巩固。“十三五”以来，旅游业与其他产业跨界融合、协同发展，产业规模持续扩大，新业态不断涌现，旅游业对经济平稳健康发展的综合带动作用更加凸显。

旅游成为小康社会人民美好生活的刚性需求。“十三五”期间年人均出游超过4次。人民群众通过旅游饱览祖国秀美山河、感受灿烂文化魅力，有力提升了获得感、幸福感、安全感。

资料来源　根据我国《“十四五”旅游业发展规划》整理。

问题：结合本案例和自己的观察体验，总结我国近些年来旅游业发展成就的具体展现，并分析这些成就取得的原因。

研判要求：

1）形成性要求

（1）学生分析案例提出的问题，拟出思政研判提纲；

（2）小组讨论，形成小组思政研判报告；

（3）班级交流、相互点评和修订各组的思政研判报告；

（4）在校园网的本课程平台上展出经过修订并附有教师点评的各组思政研判报告，供学生借鉴。

2）成果性要求

以经过班级交流和教师点评的思政研判报告为最终成果。

第2章 旅游经济活动与旅游产业

◆ 学习目标

通过本章学习，应该达到以下目标：

职业知识： 学习和把握现代旅游活动与旅游经济活动的概念，旅游的本质属性，影响旅游经济活动的因素，现代旅游经济发展的特点，旅游产业的概念、定义的角度、特点及其在国民经济中的作用等理论与实务知识；能用其指导或规范本章认知活动和技能活动，正确解答“基本训练”中“知识训练”各题型的相关问题。

职业能力： 点评“旅游产业不是传统意义上的产业”命题，训练专业理解力与评价力；运用本章理论与实务知识研究相关案例，培养在“旅游经济活动与旅游产业”特定情境中的多元表征能力；并通过“观察与分析旅游活动中所发生的各种联系”的实训操练，培养相应的专业能力。

课程思政： 结合本章教学内容，依照行业道德规范或标准，对章后“项目违规被罚款后了事”情境中企业及其从业人员行为进行思政研判，增强企业在经营活动中的法律意识，强化职业道德素质。

【引例】

我国旅游业是战略性支柱产业

背景与情境：旅游业是战略性产业，资源消耗低，带动系数大，就业机会多，综合效益好。改革开放以来，我国旅游业快速发展，产业规模不断扩大，产业体系日趋完善。当前，我国正处于工业化、城镇化快速发展时期，日益增长的大众化、多样化的消费需求为旅游业发展提供了新的机遇……把我国旅游业培育成国民经济的战略性支柱产业和人民群众更加满意的现代服务业。

资料来源 根据《国务院关于加快发展旅游业的意见》（国发〔2009〕41号）整理。

我国政府已明确地将中国旅游业定位为国民经济的战略性支柱产业，这是今后我国社会经济发展中重要而艰巨的任务。要完成这一任务，需要全国各界人士的共同奋斗，尤其是从事旅游行业工作的同仁们需要付出更多的努力。

2.1 旅游与旅游经济活动

2.1.1 现代旅游的概念

“旅游”作为一个固定的专用词，在我国出现得比较晚，但作为一种活动现象，古已有之。一般来说，早期的旅行和游览是有本质性区别的。旅行是指人们离开常住地而寄寓他乡的行为，是为了生存或某种特定目的而四处奔走的活动；游览则是以消闲为主、追求精神享乐、调节生活情趣的活动。

随着社会经济的发展和人民生活水平的不断提高，旅行和游览的功能已逐渐有机地结合在一起，形成了以游览为目的，以旅行为手段的旅游活动。因此，**现代旅游活动**是人们不以就职或营利为目的，暂时离开居住地到异国他乡进行参观、游览等各种活动的总称。如参加会议、探亲访友、宗教朝拜、科学考察、康复疗养、休闲度假、体育竞赛、猎奇探险等都属于现代旅游的范畴。尽管现代旅游活动的外延已有了如此充分的扩展，但就旅游的内涵而言，它并未因旅游活动内容的丰富和旅游活动形式的演变而变更，也未因时光的流逝而变迁，旅游的本质属性自始至终贯穿于人类的旅游活动之中。旅游的本质属性有以下几个方面：

1）旅游是满足人们精神需求的一种高层次消费方式，是现代人生活方式日臻完善的体现

人类需求可分为三个层次：生存需求、发展需求和享受需求。这些需求随着人们实际生活中相关条件的变化而依次递增呈梯度发展。人只有在生存需求得到基本满足后，才有条件追求发展和享受。旅游作为一种较高层次的需求，在人们生活水平日益提高的条件下，必然成为人们追求文明生活方式的目标，通过旅游满足求新、求异、求奇、求智等多种心理需求，实现自主、自乐、自娱、自教为基本内涵的一种经历，使生活更加充实和完美。

2）旅游是人们实现社会交往的一种方式

社会交往是人类的本质需求。人们通过社会交往，使个人融入群体，多种群

体构成人类社会。人类的社会交往是通过各种渠道进行的，因人、因事、因时而异。人们通过旅游这种独特的方式实现社会交往的需求。在旅游过程中，旅游者表现出交往的随意性、沟通的自主性和时间、空间的广阔性。通过旅游，在有限的时间、空间中不受特定的政治信仰、宗教派别和社团宗旨的制约，接触不同种族、国家、阶层的人们，在自主、自由和轻松的氛围中，沟通思想，交流知识，享受交往的乐趣。

3）旅游是一种社会文化行为

旅游目的地特殊的自然地理条件和特定的文化氛围，形成了各自不同的地理景观、人文背景和文化内涵，正是这些特定的地理条件和文化内涵，成为人们前往该旅游地的吸引力。人们外出旅游，观赏异地的山水风光，了解异地的风俗礼仪，在与异地人们的接触和交往中，进行不同文化的熏陶和沟通，从而获得思想的充实和身心的愉悦。

总之，旅游活动是满足人们多种心理需求的一种社会现象，旅游的发展是社会进步的必然和象征。以现代社会文明为核心的旅游活动，将长盛不衰，永续发展。

【同步案例2-1】

“蓬莱生活方式”是旅游城市发展新趋势

背景与情境：山东蓬莱因地制宜地对旅游资源进行整合再创新。我国旅游业的发展继观光旅游、休闲度假、体验式旅游之后，“第四代旅游”初现雏形，即以社区（城市或乡村）为依托、以深度体验为主线、以散客和自由行为方式、以产业融合为开发形态的一种新型融合性生活式旅游。蓬莱生活方式的提出正符合当今旅游业的发展趋势。

自古以来，中国人都很崇拜传说中的神仙，希望过上仙人的生活。所谓“过上神仙般的日子”，不是奢华富贵，也不是身手不凡，而是无忧无虑的心境和悠闲自得的状态。蓬莱是传说中东方神仙文化的发源地，是八仙过海的地方，今天，八仙的故事不再是简单的民间传说，已逐步形成一种神仙文化沉淀，孕育出一种悠闲无忧的神仙式生活方式。“过神‘闲’日子”，不只是表面上身体的休闲，更重要的是精神得到彻底放松。

“‘蓬莱生活方式’，简而言之，即到蓬莱，过神‘闲’日子。‘神闲’和‘神仙’谐音，更加凸显蓬莱‘人间仙境、休闲天堂’的城市品牌，一个‘闲’字涵盖了与大城市快节奏生活的反差，凸现小城市慢节奏修养身心的生活追求。”蓬莱旅游度假区的一位领导如此解说。

资料来源　根据中国旅游网相关内容整理。

问题：

1）为何说“蓬莱生活方式”是旅游城市发展新趋势？

2）如何理解“过神‘闲’日子”的提法？

分析提示：从传统的城市旅游方式与本案例的城市旅游方式进行比较分析，从现代人们体验旅游需求角度进行阐释。

学习微平台

延伸阅读2-1

2.1.2 旅游经济活动概述

旅游经济活动是一种社会现象，它是在一定的社会经济条件下所产生的，并随着社会经济发展而发展的一种综合性社会活动。

1）旅游经济活动是旅游活动发展到一定阶段的产物

虽然旅游活动在古代人类社会就已经存在，但是那时的旅游活动只能是王公贵族、达官显贵等富贵人家消遣、寻乐的行为。尽管后来一些文人骚客也出于某种目的外出旅游，但也更多地表现为个人的行为。他们外出旅游所需的各种物品，都完全依靠自己来准备，住宿主要是在亲戚、朋友家借宿或住于寺院庙宇中，车船行具，甚至连饮食大都依靠个人来解决。那时的旅游还只是个别人的偶然行为，不具备普遍的社会意义。旅游过程中所需的各种物质要素还未进入商品交换领域，旅游活动并未成为一种经济行为。

旅游活动发展成为旅游经济活动，是以商品经济的发展为基础的。18世纪30年代从英国开始的工业革命，使人类社会生产方式发生了重大变革，社会经济生活发生了剧烈的变化。正如恩格斯所指出的："自从蒸汽机和新的工具把旧的工场手工业变成大工业以后，在资产阶级领导下形成的生产力，就以前所未闻的速度和前所未闻的规模发展起来了。"随着社会生产力的发展，商品交换领域的进一步扩大，旅游活动逐渐地与社会经济活动结合起来。

交通运输工具的不断发展，为人们的频繁出游提供了必要的条件。食宿业的发展又为旅游活动的进行创造了便利条件。随着社会化大生产的发展，旅游经济活动的规模越来越大。

1845年，英国人托马斯·库克正式创办了托马斯·库克旅行社，这是举世公认的世界上第一家旅行社。旅行社的诞生，使有组织地提供旅游活动所需的各种服务成为可能，从而促进了旅游活动的商业化进程。

随着旅游活动的发展和商品交换规模的逐步扩大，起初外出旅游需要旅游者自备的各种物质，现在都可以通过商品交换的形式得到。社会相关的企业和个人都逐渐参与到旅游活动中来，为旅游活动提供各种各样的服务产品。为了满足旅游活动的需要，以营利为目的的旅游经营行业最终应运而生。

2）影响旅游经济活动的因素

旅游活动发展为旅游经济活动，并成为国民经济的重要组成部分，是社会生产力不断发展、科学技术不断进步以及商品生产和交换领域不断扩大的结果。因此，旅游经济是以旅游活动为前提，以商品经济为基础，在旅游活动过程中，各种交换者之间所发生的经济关系的总和。社会经济越发展，旅游经济活动越发达。目前世界各国之间、各地区之间的旅游发展还很不均衡，究其原因是多方面的，从总体上看，影响旅游经济活动的主要因素有：

（1）社会方面的因素

①一个国家或地区经济发展的总水平。

社会经济的发展水平，是决定旅游经济发展水平的根本因素。一个国家或地区经济发展水平对旅游经济活动的影响可以从两个方面表现出来：

一方面，一个国家或地区的经济发展水平决定了人们的收入水平，决定着人们能够拥有多少可供自由支配的收入去安排旅游活动。一个国家或地区经济发展水平越高，所产生的旅游者的数量就越多，旅游消费水平就越高。国际上有这样一种经验判断：当一国人均国内生产总值达到300美元时，居民即产生旅游需求；当一国人均国内生产总值达到1 000美元时，居民将产生邻国旅游需求；当一国人均国内生产总值达到3 000美元时，居民就会产生远距离的国际旅游需求。

另一方面，一个国家或地区的经济发展水平，决定着作为旅游目的地国旅游综合接待能力的大小。因为一个国家或地区的旅游业发展状况，是由该国或该地区能给旅游业投入多少财力、物力和人力所决定的。世界上许多国家或地区由于经济发展水平较高，因而既是旅游客源的产生国或地区，又是旅游目的地国或地区。

②一个国家或地区旅游资源的禀赋条件。

旅游资源的禀赋状况，是一个国家或地区旅游业发展的基本条件。世界上很多旅游资源丰富、旅游吸引力较强的国家或地区，旅游业都比较发达。例如，西班牙旅游资源禀赋条件很好，特别是秀丽的海滩，每年都吸引了大批的旅游者前去旅游。

③旅游服务水平。

旅游服务是指旅游从业人员借助各种旅游设施、设备向旅游者提供的各种劳务，如食宿服务、导游服务、代办服务等。旅游服务包括服务质量和服务范围两个方面，二者构成了一个国家或地区的旅游服务水平。旅游服务水平与一个国家经济发展水平大体上是一致的，但也不绝对。旅游服务要凭借一定的服务设施和设备来实现，先进的、高质量的服务设施和设备显然有助于服务水平的提高，但是优良的服务设施、设备并不能一定保证高质量服务水平的实现，因为服务技能、技巧等是决定服务水平的更重要的因素。一个国家旅游服务水平越高，前来旅游的人数就会越多。旅游经济活动进行得就越顺利，旅游经济活动的规模就会越大；反之，旅游服务水平越低，前往旅游的人数就会减少，旅游经济活动进行得就越困难，旅游经济活动的规模就将萎缩。随着现代旅游的发展，旅游者对旅游服务水平的要求越来越高。旅游服务质量的优劣，已成为在国际旅游市场上竞争成功与否的重要因素，它对一个国家或地区旅游业的兴衰会产生最直接的影响。

④非经济因素的影响。

旅游本身不是为了经济目的，但现代的旅游活动必须以经济活动为基础。一个国家或地区对旅游经济活动发展的认识以及政策选择，对该国或该地区旅游经济的发展是至关重要的。随着世界旅游业的蓬勃发展，一些旅游业发展落后的国家或地区，都逐渐认识到了旅游业对于一个国家经济的发展，对于提高国民素质等方面的重要性，都采取积极的政策取向扶持、鼓励旅游活动的发展。此外，一个国家的政治、经济、文化等状况，也对旅游活动有着重要的影响。国家的社会安定、经济稳定、外交关系正常，就有利于旅游经济活动的发展；反之，则会阻碍旅游经济活动的正常进行。文化因素也会对旅游活动产生一定的影响。因为不同民族的文化差异性，既可以成为旅游活动发展的资源条件，也可能形成文化阻隔，成为阻碍旅游者前往该国或该地区旅游的因素。

（2）旅游者自身条件

旅游已成为现代人的一种普遍性的愿望，你能否成为一位现实的旅游者，取决于多种因素的共同作用。但其中最主要的因素是个人可供自由支配的收入水平、余暇时间的多少和旅游意愿。

①个人可供自由支配的收入。

旅游活动是属于较高需求层次的消费行为。因此，从收入的角度看，人们必须在保证基本生活必需的支出之后，才可能考虑用于旅游消费的支出。可供自由支配收入是指人们在其总收入中扣除税金、社会消费支出以及生活必需消费等之后所余下的收入。尽管不同的国家或地区总收入可能相当，但由于各地的税负和基本生活资料价格存在差异性，作为个人可供自由支配的收入水平可能相差很大。就一般情况而言，一个国家或地区经济越发达，可供人们自由支配的收入就越多，人们外出旅游的可能性就越大。

②余暇时间。

余暇时间也称个人自由支配时间，是人们在日常工作、学习、生活以及其他必要时间之外的时间。余暇时间不等于人们通常所说的八小时工作之外的时间，因为人们除了工作之外，还要睡觉，忙于家务，教育子女以及参与社会活动等，这些时间也都是必需的时间。旅游活动是一种异地性的活动，它不仅仅需要一定的经济实力，同时还要花费一定的时间。虽然时间本身不是一个经济范畴，但人们余暇时间的多少与一个社会和经济发展水平相关。社会经济越发达，社会生产力水平越高，社会再生产中用于满足全社会的物质需要的社会必要劳动时间的总量就越少，而用于社会成员文化、教育、娱乐等方面的时间就相对地增多。在自由竞争时期的资本主义社会，人们每日需要长时间的工作，几乎没有余暇时间。随着社会生产力的发展，在工人为争取缩短工作时间的不断斗争中，一些发达资本主义国家都先后缩短了工作时间。如今，世界上大多数国家都实行了每周5个工作日制度。同时，随着第三产业的发展，家庭劳务的相当一部分已经社会化，这极大增加了人们的余暇时间。余暇时间一般可分为每日余暇、每周余暇、公共假日和带薪假期。其中，公共假日和带薪假期通常是人们选择远程旅游的时机。

③旅游意愿。

人们对自己消费的支出和余暇时间的支配是由个人的偏好所决定的。收入不断提高和余暇时间不断增加是人们选择外出旅游的必要条件，但不是充分条件。因为拥有同样的收入水平和相同的余暇时间，有人可能选择外出旅游，有人则可能选择其他的休闲方式。

【同步思考2-1】

问题：一些文章中都提到了旅游者外出旅游的条件：一是“有钱”，二是

“有闲”，这种提法全面吗？

理解要点：不全面。还应当加上“有愿”。因为某消费者可能具有经济上、时间上外出旅游的条件，但是他未必有选择外出旅游的想法，所以必须还要有自己旅游的意愿。

【同步资料2-1】

我国“十四五”旅游业发展目标

到2025年，旅游业发展水平不断提升，现代旅游业体系更加健全，旅游有效供给、优质供给、弹性供给更为丰富，大众旅游消费需求得到更好的满足。疫情防控基础更加牢固，科学精准防控要求在旅游业得到全面落实。国内旅游蓬勃发展，出入境旅游有序推进，旅游业国际影响力、竞争力明显增强，旅游强国建设取得重大进展。文化和旅游深度融合，建设一批富有文化底蕴的世界级旅游景区和度假区，打造一批文化特色鲜明的国家级旅游休闲城市和街区，红色旅游、乡村旅游等加快发展。旅游创新能力显著提升，旅游无障碍环境建设和服务进一步加强，智慧旅游特征明显，产业链现代化水平明显提高，市场主体活力显著增强，旅游业在服务国家经济社会发展、满足人民文化需求、增强人民精神力量、促进社会文明程度提升等方面作用更加凸显。

资料来源　根据我国《“十四五”旅游业发展规划》整理。

2.1.3　现代旅游经济发展的特点

旅游经济活动形成于19世纪中叶，但长时间处于缓慢发展过程中。第二次世界大战后，科学技术的进步、交通运输工具的不断改善、世界各国经济的腾飞以及国际形势的稳定，极大地推动了全球旅游业的发展，使世界的旅游活动进入了现代旅游经济活动时代。现代旅游经济的发展呈现出以下几个方面的显著特点：

1）旅游经济活动的普遍性

现代旅游经济活动与以往的旅游经济活动不同，其最大特点之一就是参加旅游的人数越来越多，人员越来越普及。旅游已不是以往少数富有者和权贵们的活动，成为人人享有的权利。1980年世界旅游组织发表的《马尼拉宣言》明确指出，旅游已是人类基本的需求之一。为了使旅游同其他社会基本需要协调一致，各国应将旅游纳入国家发展的内容之中，使旅游度假真正成为人人享有的权利。旅游活动的逐步普及，创造了大量的旅游需求，为旅游业的发展提供了广泛的机遇，使旅游经济活动得到了迅速发展。

2）旅游经济活动的全球性

现代旅游经济活动已不再局限于国内旅游或近距离旅游，而是突破了地域、疆域的界限，发展成为全球性的旅游经济活动。现代科学技术的发展、通信手段的现代化，特别是发达的航空运输业，大大缩短了世界各地间的距离，为全球性的旅游活动提供了物质、技术条件。同时社会经济的发展，人们收入水平的大幅度提高，以及国际政治形势的相对稳定，也使人们在全球范围内进行旅游成为一件非常容易的事。全球性的旅游活动的发展，促进了国际投资中的相当比例的资金投到旅游活动中来，全球性的旅游经济活动已成为世界经济一体化的重要组成部分。

3）旅游经济活动的规范性

现代旅游经济活动是在其发展过程中，逐渐形成一种有组织的规范化模式。无论是国际旅游还是国内旅游，通常都由旅行社作为主要的组织者，统一组织分散的旅游者，形成旅游团队。旅行社依托各类旅游企业和旅游风景区，按照预定的旅游路线、活动内容和时间，通过提供综合性的旅游服务，满足旅游者多方面的需求。对于旅游服务，各国之间也相互学习。各类旅游企业把旅游者经常的、重复的、必需的需要，制定成标准和规范，然后按标准进行运作，以标准、有序的服务来满足各种常规性的需要。旅游经济活动的全球性特点，使得各国旅游企业的服务规范通常都按照国际惯例来制定。同时，旅游经济活动的规范性，又进一步促进了旅游经济活动的全球化。

4）旅游经济活动的持续性

旅游经济活动的持续性是指从第二次世界大战之后，旅游经济活动进入了现代旅游经济发展时期，其增长一直保持着高速度态势。

2.2 旅游产业

2.2.1 旅游产业的概念及产业化标志

1）旅游产业的概念

长期以来，在我国关于产业的界定仅限于物质生产部门，非物质生产部门一直划在产业之外。我国旅游产业地位的确立，是我国改革开放后的成果。按照现代经济理论，产业的界定应具备以下几个条件：

（1）产业应是一个集合的概念。所谓集合，可以从生产集中性的角度来看，把从事同类产品和劳务的生产经营企业的集合称之为产业，如工业产业、农业产业、交通运输产业、建筑产业等；也可以从需求集中指向性的角度来看，由于现代社会人们需求的多样以及生产和供给的迅速集中化，在生产和供给集中化中出现的各种企业群体，也可以称作产业，如信息产业、旅游产业等。

（2）我国把整个工业部门作为一个整体的集合，称为工业产业，工业部门内部还可细分为若干个子部门，如冶金、机械、电子、化工、纺织等部门，这些部门相对于整个工业部门而言是次级集合，但我们也可以称之为冶金产业、机械产业、电子产业等。通常次级集合也称作行业，这说明产业概念有时与行业的概念可以通用。

（3）产业是指国民经济体系中较高层次的集合，即那些在国民经济运行中，通过自己的生产经营活动，能够带来一定经济效益的部门。它不仅包括从事物质资料生产的部门的集合，也包括非物质资料生产部门的集合。但是不从事经济活动的部门或集合，不能界定在产业的概念之中。

综上所述，**旅游产业**是指在国民经济体系中，按照一定的社会分工，以商品形式提供各种旅游产品，来满足旅游者消费需求的各类企业的集合。旅游产业作为一个相对独立的经济产业，是伴随着社会生产力的发展和社会分工的深化，伴随着人民生活水平的不断提高，伴随着人们对旅游需求的不断增加而形成的，它是旅游与旅游经济活动发展的必然结果。

2）旅游产业定义的角度

旅游产业是一门新兴的产业，在产业构成中属于第三产业范畴。旅游产业地位的确立，不是由人们的主观意志决定的，而是有其经济发展的内在规律性。由于受旅游需求的拉动，旅游经济活动的广度和深度不断发展，旅游产品的生产与需求呈现出明显的特征，主要表现在以下两个方面：

（1）消费需求的集中化。

根据现代经济理论分析，工业化的推进不仅使物质生产获得很大发展，而且促使国民收入水平不断提高，人民生活不断改善，并引起需求结构逐步发生变化。需求结构的变化，促使国民经济体系中的产业结构不断调整，一些能够满足人们需求的新兴产业部门不断兴起，一些不适应人们需求的产业逐渐走向衰落。特别是进入了现代社会后，人们的需求重心逐步由保障生存的低层次基本需求，转移到注重个性发展的高层次需求。从单纯注重物质需求的满足转向更加注重精神方面需求的满足，旅游活动越来越成为人们生活中不可缺少的内容。人们对于休闲、度假、娱乐、游览等的需求日益增长，通过旅游，人们可以愉悦身心，增进健康，陶冶情操，扩大交流，相互学习等。蓬勃发展的旅游活动，也为社会提供了广泛和集中的市场需求。

（2）旅游供给的专业化。

当旅游消费需求数量不断扩大，并呈现稳定增长的趋势时，一些生产经营部门为了适应旅游消费需求的这一变化，自然会使自己提供的产品迅速地集中化，专门从事旅游产品的生产和供应。旅游业便逐渐地从原来的商业服务部门中分离出来，形成以旅游经济活动为中心，根据旅游者的需求，把多个企业和行业集中起来，向旅游者提供食、住、行、游、购、娱等综合性的旅游产品和专门服务的新兴产业。这些专门经营或从事旅游产品和服务的企业。尤其是旅行社、旅游饭店和旅游交通部门，不仅对旅游产业的形成和发展具有十分重要的作用，而且成为现代旅游产业的三大支柱。

在长期的发展过程中，旅游经济活动形成了自己的主体部门和产业结构体系，具备了成为一个独立产业部门的条件。通常我们定义一种产业，可以从供给和需求两个不同的角度来进行。传统的产业定义一般是从生产的角度进行的，是指生产相同或相似产品的企业的集合。但是旅游产业主要是从需求的角度来定义的，是以旅游者需求为核心，将为满足旅游者需求而提供各种旅游产品和服务的不同企业作为一个集合。因此，在这个意义上看，旅游产业不是传统意义上的产业。

【同步思考2-2】

问题： 旅游产业的界定与一般传统产业（如农业、商业、工业）的界定有何不同？

理解要点： 传统的产业一般都是从供给的角度来界定，而旅游产业是从需求的角度界定的。

2.2.2 旅游产业的特点

旅游产业不是物质生产产业，它不像工业那样，通过采掘天然物质资源，对原料进行加工，生产出新的产品；也不同于农业，通过种植、养殖等生产活动为社会提供具有各种物质形态的农副产品；也不同于商业，通过商品的购销活动，把社会生产和消费连接起来。旅游产业具有以下几个特点：

1）旅游产业内部同质化程度低

旅游产业是一个综合性很强的产业。旅游产业中的各企业是通过提供各种服务产品来满足旅游者需求，达到盈利的目的。在现代旅游活动中，旅游者的各种不同的需求，需要有众多的旅游企业来共同满足，这样就把众多的不同类型的企业有机地联系到一起，各自作为供应者，向旅游者提供各种服务，涉及交通、住宿、饮食、金融、商业、娱乐业、景区景点等各个方面。这种综合性特征，使旅游产业与一般传统产业相比，产业内部的同质化程度低。因此，旅游产业中相关企业间必须密切合作，相互协调，才能使产业得以快速发展。

2）旅游产业有较强依托性

旅游产业的依托性是指旅游产业的发展要依托社会相关产业的发展，同时也受制于社会各种因素的影响。这些因素从总体上可以区分为外部因素和内部因素。

（1）外部因素。

一个国家或地区发展旅游业总是以一定的经济和非经济的环境为条件的，这些环境因素都将对旅游业的发展产生直接或间接的影响。而这些条件的变化，必将引起旅游供给和需求的变化，同时这些因素又非旅游部门本身能够直接控制的。为此，旅游业这种较强的依托性，必然会带来旅游业在发展过程中的一种较强的被动性。

（2）内部因素。

由于旅游消费属于高层次的消费，价格的需求弹性大，因此旅游价格的变动也会对旅游需求产生很大作用，使其发生大幅度的波动，这些都增加了旅游产业的不稳定性。

3）旅游产业的涉外性或国际性

旅游可分为国内旅游和国际旅游，国际旅游与国内旅游以是否跨越国境为区分标志。国际旅游又可分为出境旅游和入境旅游，不论是出境旅游还是入境旅游，都赋予了国际旅游涉外性的特点。国际旅游自诞生之日起就置身于国际市场之中，这就客观地要求旅游从业人员要有较高的素质，企业在经营管理活动中要遵循国际惯例。只有这样，才能为旅游者提供优质的旅游产品和旅游服务，树立起一个国家或地区良好的国际旅游形象。

4）旅游产业的垄断性和竞争性并存

旅游产业的垄断性是指某些旅游资源的独占性所赋予的旅游企业经营上的垄断性。一个国家或地区的旅游业发展与自然条件是紧密相联的。某些自然景观和历史遗迹只能是某一个国家或地区所独有的，如我国的万里长城和秦始皇陵及兵马俑、埃及的金字塔、法国的凯旋门等。如果历史没有赋予一国古老的文化和丰富的历史遗迹，如果大自然没有赋予某一地区秀丽的大河、山川，任何模仿都是非常困难的甚至是徒劳的。而凭借这些得天独厚的旅游资源进行经营的企业，它的经营就是垄断性的经营，供给就是垄断性的供给。

旅游产业的竞争性，是指在旅游产业中，各企业间必然存在着激烈的竞争。由于旅游资源的多样性和旅游需求的多样性，任何一个旅游企业都不可能全面地占领整个市场，各个企业必然会用自己所拥有的独特的旅游产品，去吸引和争取更多的旅游者，因而旅游市场必然存在着争夺旅游者的激烈竞争。

【同步资料 2-2】

旅游业与哪些行业相关

旅游业是相关产业群的核心，它不仅能开拓新的生产领域，而且对相关的产业具有显著的带动作用。它可以直接带动商贸、餐饮、服务、宾馆、建筑、金融、保险、航空、铁路、公路运输、通信、信息、农林牧副产品、旅游纪念品等的发展或生产，也可以推动电力、水源、热力、天然气供应和城镇交通、城市绿化美化等公共设施和环境的建设，还可以刺激娱乐、文化、教育、卫生、体育等社会事业的发展。它吸纳大量的劳动力，扩大了就业，促进了农牧区剩余劳动力向非农牧产业转移。

资料来源　王砚．旅游业：西部的希望产业［J］．民族团结，2000（4）．

2.3　旅游产业在国民经济中的作用

旅游产业是国民经济的重要组成部分，随着旅游活动的不断发展，旅游产业在国民经济中的作用越来越重要。有人把它比喻成“永不衰竭的朝阳产业”，尽管这种比喻不甚准确，但说明旅游产业的发展在未来的社会中将呈现出更加强劲的势头。现代旅游经济发展的实证分析表明，当今世界上经济发达的国家或地区，同时也是旅游经济发达的国家或地区。经济越发达，旅游业在国民经济中的地位越重要，作用越突出。在国民经济体系中，旅游产业与其他产业相比，有明显的关联、启动和先导作用。具体表现在以下几个方面：

1）增加外汇收入，平衡国际收支

国家要扩大对外经济合作，就必须增加外汇收入。在一定意义上说，一个国家对外开放的程度，归根结底要看它与世界各国经济联系的紧密程度，看它对外创汇的能力。国家要增加外汇收入，主要通过两种途径：一是通过出口实物商品获得贸易外汇；二是通过服务贸易途径获得服务贸易外汇。旅游业外汇收入，属于服务贸易外汇的组成部分。

旅游业创汇与其他贸易创汇相比，有其明显的特点：一是旅游外汇收入依靠的是吸引国外的旅游者前来观光游览，主要提供的是服务产品。这种创汇形式，有人把它称为“风景出口贸易”。它不像商品贸易那样，要用大量的物质产品出口才能换取外汇。一些国家之所以高度重视旅游业的发展，一个很重要的原因就是考虑其国际外汇收入不能单纯依靠物质产品的输出。二是旅游创汇一般不受贸易保护的限制。就国际之间商品贸易而言，经常会出现相互间的贸易摩擦，导致国家间通过关税壁垒或非关税壁垒（如进口许可证制度、反倾销政策等）来加以限制，而旅游者的旅游行为，则不会受各国的贸易保护政策的限制。在一定程度上，它同商品贸易创汇具有互补的功能。

2）扩大国内需求，稳定国内市场

积极发展国内旅游，是扩大内需的一条重要途径。一个国家生产的发展，与市场需求状况息息相关。当人们储蓄欲望增强，国内需求不足的时候，积极鼓励和大力发展国内旅游，无疑是扩大市场需求的一项重要措施。随着社会经济的发展，人们生活水平不断提高，物质需求的增长将受到一定的限制，人们会更多地注重精神需求的满足。发展旅游业，对于扩大消费需求，促进国民经济增长和市场稳定都将起到积极的作用。

3）提供就业机会，保证社会稳定

旅游业是一个综合性的服务行业。作为服务行业，对劳动力的吸纳作用很强，相当部分的服务项目不是仅凭现代化手段就能取代人力的。发展旅游业能为社会提供大量的就业机会，根据加拿大学者S.史密斯的系统模型理论，发达国家旅游业每增加3万美元收入，就将增加1个直接就业机会和2.5个间接就业机会。欧美发达国家劳动力成本较高，旅游业对就业人数的吸纳作用相对较小。根据世界旅游组织的专家测算，旅游资源丰富的第三世界国家，如增加的旅游收入同为3万美元，就业的人数将是欧美发达国家的2倍。我国是一个发展中国家，人口众多，劳动力资源充裕，劳动力就业压力在今后相当长的时期内都将是很大的。大力发展旅游业，对于安置富余劳动力，促进社会稳定将起到十分重要的作用。

【同步资料2-3】

旅游业吸纳就业的能力

旅游业已经成为中国吸纳就业量最大的行业之一，2012年旅游业直接就业达1 100万人，间接就业达6 500万人，相当于全国就业总数的9.6%，特别在解决少数民族地区居民、妇女、农民工、下岗职工、大学毕业生首次就业者等特定人群的就业问题方面发挥了重要作用。

资料来源 佚名. 旅游业已经成为中国吸纳就业量最主要的行业之一［EB/OL］.［2014-02-11］. http：//www.okzjj.com/news/21211313018.htm.

4）带动相关产业发展，促进社会经济增长

旅游产业是一个关联性极强的产业，旅游业的发展必然带动其他相关行业的发展。这是因为，一方面，旅游业的发展必须建立在物质资料生产部门发展的基础上，没有一定的物质生产水平，便不可能为旅游发展提供足够的物质保证。因此，旅游业要发展，必须要向一些相关部门增加投入，使相关产业和配套设施能与其同步发展。另一方面，旅游业的发展又必然会给相关部门提供广阔的需求市场，能直接或间接地带动交通运输业、建筑业、商业、邮电通信业、金融业、房地产业、轻工业等相关部门的发展。

5）合理配置资源，优化产业结构

旅游经济活动的不断发展，将不断地改变着人们的消费观念、消费习惯和消费结构。社会需求结构的变化，将引致社会的资源重组，促进产业结构的不断优化。一个社会在人们需求处于低层次水平时，社会的资源主要用来生产物质产品，产业结构也主要表现为物质产业结构。当人们消费需求层次不断提高，人们的需求从单纯的物质需求转向物质需求与精神需求并重的阶段时，客观上就要求社会资源不仅仅用来生产物质产品，而相当部分资源要用来生产精神产品。

6）推动贫困地区脱贫致富

贫困是人类共同面临的巨大难题。在一个国家内部，贫富之间的差距悬殊是各国经济发展过程中的一种客观现象。如何使贫困地区尽快地脱贫致富，各国政府都采取了相应的对策和措施。因地制宜地发展旅游业，是贫困地区走上富裕之路的一种很好的选择。贫困地区一般来说是现代旅游所需的旅游资源富集地区。那里的山水风光优美，空气、水域未被或较少地被污染。充分利用这些旅游资源，大力发展旅游业，对于地区经济的启动和人们生活水平的提高将会起到巨大的推动作用。今天，人们充分认识到“要脱贫，办旅游，旅游兴，百业旺”的道理。

【同步案例2-2】

阜平成为国家旅游扶贫试验区

背景与情境：河北阜平是革命老区，也是太行山深山区，红色旅游和生态旅游资源丰富，目前拥有晋察冀边区革命纪念馆、天生桥瀑布群两个国家4A级景区。同时，阜平也是燕山-太行山片区特困地区，全县贫困人口主要集中在自然生态好、适合发展旅游的深山区，按照“宜游则游”的扶贫原则，国家旅游局和国务院扶贫办共同确定阜平县为“国家旅游扶贫试验区”。

国家旅游局相关部门负责人表示，针对阜平旅游扶贫工作，国家将给予政策支持，并建立相应的旅游扶贫工作机制，重点支持阜平旅游公共服务设施和重点景区的建设；打造龙头景区，支持重点景区的品牌提升和建设；大力发展乡村旅游，充分调动百姓旅游致富的积极性。

资料来源　赵云龙. 阜平成为国家旅游扶贫试验区［N］. 中国旅游报，2013-07-12.

问题：

1）国家旅游扶贫试验区为何选择在河北阜平？

2）国家旅游扶贫试验区扶持的政策重点是什么？

分析提示：

1）从阜平的旅游资源状况和地区“守着金碗没饭吃”的现状来分析。

2）从国家旅游扶贫政策的重点在于增强“造血”功能的提升来分析。

总之，大力发展旅游业，对于促进国民经济发展的意义和作用是十分明显的，只有充分利用我国丰富的旅游资源，采取正确的旅游政策和策略，才能使我国的旅游业以更快的速度发展起来。

【教学互动 2-1】

互动问题：旅游产业的发展对地方经济的发展的推动作用有哪些？结合你所在家乡的旅游产业发展谈谈自己的看法。

学习微平台

延伸阅读 2-2

要求：

1）教师不直接提供上述问题的答案。可组织课堂讨论，引导学生结合本节教学内容就这些问题进行独立思考、发表见解。

2）教师把握好讨论节奏，对学生提出的典型见解进行点评。

■ 本章概要

□ 内容提要

现代旅游是旅行与游览的统一。旅游活动发展成为旅游经济活动是社会经济发展到一定阶段的产物。旅游产业的形成，标志着旅游经济已经成为国民经济的重要组成部分。旅游活动可以从多角度、多层面进行透视。现代旅游活动的外延已有了充分的扩展，但旅游活动的本质并未因旅游活动内容的丰富和旅游活动形式的演变而变更。旅游是人们的一种自然需求，是满足人们精神需求的一种高层次的消费方式，是实现人们社会交往的一种方式，是一种社会文化行为。旅游经济活动是随着旅游活动规模的不断扩大和社会商品经济的发展而产生和发展起来的。现代旅游经济活动呈现出普及性、全球性、规范性和发展的持续性等特点。

旅游产业是在旅游经济活动发展到一定规模后逐渐产生的。旅游产业不同于传统产业，它是从需求的角度定义的。旅游产业具有综合性、依托性、国际性、垄断性与竞争性并存等特征。我国旅游产业地位的确立，使旅游业在国民经济的发展中发挥着越来越重要的作用。这些作用表现为：增加外汇收入，平衡国际收支；扩大国内需求，稳定国内市场；提供就业机会，保证社会稳定；带动相关产业发展，促进社会经济增长；合理配置资源，优化产业结构；推动贫困地区脱贫致富。

□ 主要概念和观念

▲主要概念

现代旅游活动　旅游经济活动　旅游产业

▲主要观念

旅游产业的特点　影响旅游经济活动的主要因素　旅游产业在国民经济中的作用

□ 重点实务

我国“十四五”旅游业发展目标

■ 基本训练

□ 知识训练

▲复习题

1）影响现代旅游经济活动的因素有哪些？

2）现代旅游经济活动有哪些特点？

3）旅游产业的特点有哪些？

4）旅游产业与传统产业定义的角度有何不同？

5）旅游经济活动对国民经济的作用有哪些？

▲选择题

（1）下列各因素中，（　　）是属于影响旅游经济活动的非经济因素。

A.价格　　B.自然灾害

C.汇率变动　　D.两国政治关系变化

（2）根据旅游发展的国际经验判断，当一国人均国内生产总值达到（　　）美元时，居民将产生去邻国旅游的需求。

A.300　　B.500　　C.1 000　　D.3 000

（3）发展入境旅游是一个国家外汇创收的重要途径。各国政府都在为发展入境旅游做出积极努力，但是发展入境旅游会受到国家间（　　）的影响。

A.贸易保护政策　　B.进口许可证制度

C.反倾销政策　　D.政治关系

▲判断题

（1）现代旅游经济活动是一种人口的空间流动现象，凡是有人口流动的地方，就有旅游经济活动。（　　）

（2）一个地区的旅游发展水平是由该地区的旅游资源的丰富程度所决定的。（　　）

（3）一个国家人们的余暇时间越多，外出旅游的人数就越多。（　　）

（4）与一般的传统产业相比较，旅游产业内部同质化程度低。（　　）

▲讨论题

如何理解将我国旅游产业定位为“战略性支柱产业”？其重大意义是什么？

□ 能力训练

▲理解与评价

从我国旅游产业的现实构成来理解为什么说旅游产业不是传统意义上的产业？这种理解对发展旅游产业的意义是什么？

▲案例分析

全域旅游是旅游业的一次崭新变革

背景与情境：2017年，在全国“两会”上，“全域旅游”首次写入政府工作报告，文中至少有六处涉及旅游产业的发展，其中“大力发展全域旅游”成为了2017年重点工作任务之一。全域旅游是指在一定区域内，以旅游业为优势产业，对区域内经济社会资源进行优化提升，以旅游业带动和促进经济社会协调发展的一种新的区域协调发展理念和模式。

全国政协委员、内蒙古自治区政协副主席郑福田在接受本报记者采访时谈了自己的理解：“全域旅游应该是全时空、全要素的，是旅游业的一次崭新变革。”

“过去说到旅游，人们首先联想到的是‘吃、住、行、游、购、娱’6要素，发动‘厕所革命’后，衍生出‘吃、住、厕、行、游、购、娱’7要素，再到后来，提出了‘文、商、养、学、闲、情、奇’新要素，进一步拓展了旅游的内涵。”在郑福田看来，这14字为全域旅游打下了很好的旅游元素基础。

“这些新老要素相当于给旅游从业者和旅游目的地一个很大的素材后台，一个‘中央厨房’，让他们可以根据自己的需求和特点，设计旅游线路，构建旅游的可能，吸引游客。”郑福田说，“这一后台越大，要素越多，全域旅游的可能性就越大。”他举例道：“有的地方可能吃住条件一般，但是景色很奇险，那么，人们在追求探险游、追求刺激的时候，可能就不那么讲究住宿的舒适度了。”

资料来源　王洋．全域旅游是旅游业的一次崭新变革［N］．中国旅游报，2017-03-16.

问题：如何理解全域旅游是旅游业的一次崭新变革？你对旅游的6要素、7要素以及14要素应如何评价？

分析要求：同第1章“基本训练”中本题型的“分析要求”。

▲实训操练

实训项目：观察与分析旅游活动中所发生的各种联系

实训要求：在观察与分析这些联系中所发生的各种关系的同时，能揭示所展现的道德关系与企业伦理问题。

实训步骤：

1）将班级学生分成若干训练小组，利用周末到附近一个旅游景点，观察、了解旅游活动中所发生的联系有哪些。

2）各组根据观察与了解的资料，结合本章所学的知识，逐一研究讨论这些问题，形成组内讨论纪要。

3）在班级里，讨论、交流和修订各组的讨论纪要。

4）各组根据上述调研、问题分析、组内讨论和班级交流等体验、心得与收获，形成本次训练总结。

5）在校园网的本课程教学平台上展示各组的职业道德训练总结。

□ 课程思政

项目违规被罚款后了事

背景与情境：某市的两个高尔夫球场打着体育生态公园、休闲公园的招牌规划建设。由于当地政府支持，国土资源部门对其做出处罚后，仍建议尽快对该项目补办用地手续。

近日，记者来到位于该市的体育生态公园，在入口处保安拦住了记者的车辆，说必须预约场地才能进入。记者以客户身份与公园的工作人员多次沟通后，才得以进入。在公园内道路两边，印有“某市高尔夫球会”字样的彩旗飘扬。一名工作人员介绍说，这里占地上千亩，已经对外营业1年多，但五星级酒店和别墅尚未建成。费用是950元一个人，周末和节假日是1 350元一个人。有会籍卡是270元一个人，但是办会籍卡需要6万多元。

该市国土局的一份文件显示：“该市体育生态公园项目是重点招商引资项目”，记者实地考察后发现，体育生态公园就是高尔夫球场，现场未看到其他项目的体育设施。据工作人员介绍，体育生态公园就是这个球场。

据了解，该项目曾被该市国土资源执法监察支队调查。国土部门的报告显示，该项目土地来源分两部分，一部分是出让取得国有建设用地900多亩，另一部分通过租用相关单位的土地2 000多亩，共计近3 000亩。

据该市国土局的调查汇报，该项目属“非法占地”，曾因“政府压力大，未及时进行查处”，直到2010年立案查处，对当事人处罚173万元人民币，并责令整改。当事人缴纳罚款后，国土部门建议“处罚后，尽快对该项目补办用地手续”。

问题：

1）对非法占地项目，是否罚款后补办用地手续就应当了事？

2）对相关责任人是否应追查有关责任？

研判要求：同第1章“基本训练”中本题型的“研判要求”。

第3章 旅游资源与旅游产业

◆ 学习目标

通过本章学习，应该达到以下目标：

职业知识：学习和把握旅游资源的概念、分类、属性、评价、开发原则，旅游产品的概念、使用价值与价值，服务性旅游产品的特点，整体旅游产品的构成要素，旅游产品的类型、生产原则和组合生产等理论与实务知识；能用其指导或规范本章认知活动和技能活动，正确解答“基本训练”中“知识训练”各题型的相关问题。

职业能力：点评“一个地区没有旅游资源，也能发展旅游业”的观点，训练专业理解力与评价力；运用本章理论与实务知识研究相关案例，培养在“旅游资源与旅游产品”特定情境中的多元表征能力；通过搜集、整理与综合近三年关于“旅游产品生产原则”的知识，撰写、讨论与交流《“旅游产品生产原则”最新文献综》，培养关于“旅游资源与旅游产品”的“自主学习”的通用能力。

课程思政：结合本章教学内容，依照相关规范或要求，对“课程思政3-1”和章后“机场是否应建在这里”等案例中的企业行为进行思政研判，强化企业和经济伦理观念。

【引例】

古田镇利用红色资源、红色旅游助力革命老区振兴

背景与情境：位于福建省龙岩市上杭县的古田镇，红色资源十分丰富，古田会议旧址集中展现了闽西红色文化的古田会议精神，是地标性建筑。

近几年，古田镇充分挖掘、利用红色资源，传承红色基因，以红色教育、红色艺术和红色文创等为牵引，推进红色资源+旅游产业的融合发展。他们以红色文化为魂、以青山绿草为根、以小桥流水为韵、以乡土人家为本，因地制宜发展旅游业，构建了完整的红色旅游产业链。同时，运用新媒体技术加强动态效果展示，强化互动体验。

经营农家乐的陈某说："以前大家都外出打工，如今红色旅游红红火火，乡亲们在家门口就能致富，相信我们以后的日子会越来越红火。"

古田旅游区的迅速发展，带动了古田当地餐饮、住宿、服务等行业的发展，吸引了一大批有实力的企业入驻，包括文化休闲旅游、研学旅行、党性教育培训、养生休闲、购物、商务会展、餐饮、节庆等8种服务业态，提高了当地群众的生活水平，造福了当地百姓，同时也传承了红色基因，成为"铸魂育人圣地"。

资料来源　根据网络相关资料整理。

如何理解和认识旅游资源，科学有效地组织旅游产品开发，是旅游产业发展的关键，也是本章要研究的主要内容。

3.1　旅游资源的概念与分类

3.1.1　旅游资源的概念

旅游资源概念的内涵十分丰富，由于人们认知的立场和视角上的差异，对旅游资源概念的表述各不相同。一般来说，**旅游资源**是指对旅游者具有一定的潜在吸引力，可以被旅游企业开发利用并能带来一定经济效益和社会效益的自然界和人类社会的一切客观存在的事物和现象。上述表述，就旅游资源的构成要素来说，主要有两个方面：一是对旅游者具有一定的吸引力，二是能够被旅游企业开发利用。吸引力既是旅游资源的核心要素，也是旅游企业能否开发利用的基本条件。吸引力是指对旅游者的吸引力，实践中表现为旅游者是否对其感兴趣，是否让旅游者产生一种现实的或潜在的旅游欲望。旅游者的兴趣、爱好受心理因素支配和认识上的限制。由于人们文化素养的不断提高，人们的兴趣爱好也在发生变化，今天认为没有吸引力的事件或物质，明天就可能成为富有吸引力的旅游资源。因此，吸引力的本身就是一个动态因素，这种动态因素的变化表明，旅游资源具有无限性的特点。一种客观存在的物体、事物或现象，能否成为旅游资源，还取决于人们的主观认识和判断，那些未曾被认为是旅游资源的，有的今天已经被开发成颇具吸引力的旅游产品，所以旅游资源在不同的地区只有多少和是否已被认识的差别，不存在有无的区分。实际上旅游企业所面临的旅游资源是整个物质世界和整部人类文明史。

旅游资源能否被开发利用，首先取决于这种资源的吸引力大小。越是具有吸引力的资源，越具有开发价值，越能给企业带来良好的经济效益。但是企业能否开发和利用，还要受经济能力和科技水平的约束。例如，某种旅游资源的开发价值很大，但受目前的经济能力或科技水平的限制，也很难将这种潜在旅游资源变成现实的旅游产品。

【同步案例3-1】

神秘的太空是一种旅游资源吗？

背景与情境：神秘的太空不仅充满了科学奥秘，同时也是人类极其向往的旅游目的地。

据中国宇航学会《太空探索》杂志主编周武介绍，为了开发太空旅游资源，国外一些从事太空体验和旅游服务的公司正在悄然兴起，如美国太空冒险公司、英国维珍银河公司、美国比格罗宇航公司等，随着载人航天商业化的发展步伐加快，太空旅游业的时代已经到来。

飞离地球、遨游太空，饱览奇异壮丽的太空景致，体验曼妙非凡的太空生活，强烈地吸引着人类好奇心。早在2001年，美国金融家丹尼斯·蒂托就以2 000万美元的代价，购买了一张俄罗斯“联盟号”飞船的“船票”飞往太空，进行了为期一周的太空旅行。为丹尼斯提供旅游服务的美国太空冒险公司从此名声大振，从2001年至今，已经让世界上7位富翁体验到遨游太空的非凡旅程。

未来载人航天的一大趋势是采用商业航天运输模式，来完成近地轨道的载人天地往返，这一模式具有效率高、成本低、周期短等特点，能极大地降低人们前往太空旅游的交通成本。

据中国宇航学会专家庞之浩研究员撰文介绍，从2015年起太空旅游将有大的发展。英国维珍银河公司将推出亚轨道旅游业务，届时太空游客乘坐“太空船”2号体验太空飞行只需20万美元，美国比格罗宇航公司和俄罗斯轨道技术公司的“太空旅馆”将在2020年前投入使用。此外，美俄还将有望开展“月球旅游”。

资料来源 张建松. 神秘的太空是一种旅游资源吗？[N]. 中国旅游报，2013-06-24.

问题：

1）神秘的太空是否也是一种旅游资源？其开发的主要条件是什么？

2）普通中国人是否在不远的将来也有实现飞天梦的机会？

分析提示：神秘太空也可以成为一种旅游资源。其开发的条件主要是要解决“行”的问题。我国载人飞船已经成功飞天，未来普通中国人的飞天梦一定会实现。

3.1.2 旅游资源的分类

旅游资源的分类，要遵循不同的标准来进行。

1）按旅游资源的属性分类

按旅游资源的属性分类，旅游资源可分为自然旅游资源和人文旅游资源。自然旅游资源泛指宇宙间亿万年以来物质运动发展变化所形成的物质群体。从高山到平原，从雪山到大海，从荒漠到岩洞等，都属于在一定条件下可被用来开发成旅游产品的自然资源。自然资源一般都是有形的资源。人文资源泛指古今人类在认识和征服自然的漫长实践过程中，所创造和积累起来的文明成果，包括物质财富和精神财富。从遗迹遗物到古址古物，从墓葬石窟到园林城堡，从宫廷建筑到乡土民居，从民情风俗到传统节庆，从民族服饰到民间生活方式等，这些都是人类社会所创造的文明成果，都可能成为旅游资源。

2）按旅游资源利用的现状分类

按旅游资源利用的现状分类，旅游资源可分为三类：已开发利用的旅游资源；已列入规划，即将开发的旅游资源；具有一定吸引力，但目前还未能开发的潜在旅游资源。

3）按旅游活动的功能分类

按旅游活动的功能分类，可将旅游资源分为观赏型旅游资源、学习型旅游资源、度假型旅游资源、探险型旅游资源、康体型旅游资源、运动型旅游资源、特殊型旅游资源等。

4）按旅游资源规模、价值及管理范围分类

按旅游资源规模、价值及管理范围分类，可将旅游资源分为国家级或大型旅游资源、省市级或中型旅游资源、县级以下或小型旅游资源等。

5）按旅游资源的吸引力性质分类

按旅游资源的吸引力性质分类，旅游资源可分为场所型吸引力旅游资源和事物型吸引力旅游资源。场所型吸引力旅游资源是指实有的物质实体对游客的吸引，如风景、名胜古迹等。事物型吸引力旅游资源是指某一地方发生了某种事件或现象，吸引游客前往旅游，如香港回归庆典、某些体育赛事等。

3.1.3 旅游资源的属性

旅游资源是旅游经济发展的物质基础，没有旅游资源的开发和利用，便没有现代旅游经济活动的存在。充分认识旅游资源的属性，不断发现、挖掘、开辟新的旅游资源是十分重要的。

1）旅游资源的形成，一般都具有非人为性

非人为性是指旅游资源在其形成过程中，并非人们当时就有意识地为旅游而准备，它们大都是自然形成的。比如，那些奇特的地质地貌，秀丽的青山碧水，绝非人工所建造，而是自然力“鬼斧神工”的结果。人文资源也大都是自然形成的，是在特定的历史条件下有因而起、有因而建、有因而成的。

2）旅游资源的形成，是一个自然的历史积累过程

旅游资源总有一个历史的形成和演进的过程。自然旅游资源如此，人文旅游资源也是如此。今天我们能够看到的千姿百态的地貌、雄伟险峻的大山、晶莹潋滟的湖泉、光怪陆离的洞穴、神雕鬼凿的石林等，都是大自然亿万年来的造化，是自然界自身的历史积累。各地的风土人情，也是千百年来由于历史的渊源、地

理环境和生产生活方式的不同、民族文化的差异所形成的。这些既是他们生活的积累，又是人类文化的积淀。强调旅游资源是一种历史的积累，其意义在于：一是说明各类旅游资源都有各自形成的历史渊源，在利用这些资源时，更好地发掘其形成的背景，更有利于增强其吸引力。例如，对庐山旅游资源的开发，地理学家可以说出一番其地质地貌形成的历史渊源，历史学家可以讲出一段段生动的历史故事，从而使生动的形象与完美的内涵得到和谐的体现。二是要树立历史的发展观来看待各种旅游资源。历史不断发展的过程，就是旅游资源不断形成的过程。昨天是今天的历史，今天又是明天的历史。在这个不断积累、不断演变的历史过程中，新的旅游资源会不断产生，不断地被挖掘、利用，以保证旅游活动时间、空间领域的广阔无垠和绵延不断，这是旅游保持永续发展的物质基础和必要条件。

3）旅游资源具有文化属性

现代旅游既是一项经济活动，也是一项文化活动。旅游资源具有吸引力的一个重要因素是旅游资源的本身就蕴含着文化因素。旅游资源的文化属性是在人类认识自然、改造自然，认识自我、改造自我的过程中逐渐形成和积累起来的。在这个长期积累的过程中，人类形成了自然观、审美观、道德观、人生观、文化观等。所有这些都记录在人类发展史的文化典籍之中，也分别蕴含于诸多的古迹、古物和各类旅游资源中，积淀于各民族的文化艺术中。“中国名山多寺院”，如五台山、峨眉山、普陀山、九华山这佛教四大名山，不仅有秀丽的自然风光，还有众多记录着丰富的宗教文化的寺院、古刹。当你看浙江钱塘江大潮时，观赏的不仅仅是潮涌长天的壮丽景象，还会了解到这种奇观形成的科学依据。当然那些人文旅游资源，其本身就是人类社会实践活动的结果，是人类文明的结晶。文化属性是旅游资源具有开发价值的重要因素。旅游是一种文化的交流，又是一种文化的熏陶。随着人类自身文化素质的提高，人们在旅游活动中追求文化品位的需求会越来越强。在未来的旅游发展中，越是富有文化含量的旅游资源越会具有吸引力。

4）旅游资源具有多层次开发价值

对一种旅游资源价值的认识可以有多种角度。从不同的角度去观察、分析，它的价值具有多层次性。例如，从酒泉到敦煌和阳关的八百里戈壁滩，曾是令人生畏的“死亡之路”，是一片不毛之地。前人不会有谁认为它能够给人类带来财富，可是现代人却把它作为一种旅游资源开发利用，变成了探险者的乐园。地震遗迹，在国外早已成为重要的旅游资源，而我国唐山1976年大地震后，其遗迹的保护并没有考虑到旅游的需要，只是作为地震科研的资料，选择了7个典型例证做了单体保护。近年来，随着人们对旅游资源认识的变化，地震遗迹作为一种学习与观赏的旅游资源被重新开发出来，让游客在旅游中了解地震知识，了解自然无比强大的破坏力，体会人类与自然的相互关系，回忆当年抗震救灾的动人场景。旅游资源开发价值的多层次性，要求我们在旅游资源开发时，能够从多层面、多角度去认识它，突出其个性，使它具有鲜明的个性特征，这样才能具有更大的吸引力。

【同步资料3-1】

中国的世界遗产名录

为了保护世界文化和自然遗产，联合国教科文组织于1972年11月16日在第十七次大会上正式通过了《保护世界文化和自然遗产公约》。1976年，世界遗产委员会成立，并建立了《世界遗产名录》。

中国作为著名的文明古国，1985年12月12日加入《保护世界文化和自然遗产公约》，1999年10月29日当选为世界遗产委员会成员。截至2016年7月17日，中国共计拥有50项世界遗产（见表3-1）。其中，世界文化遗产35项，世界自然遗产11项，世界文化和自然双重遗产4项。源远流长的历史使中国继承了一份十分宝贵的世界文化和自然遗产，它们是人类的共同瑰宝。

表3-1　**我国列入《世界遗产名录》的项目**

遗产类型	遗产名称及年份	所属行政区
世界文化遗产	1.明清皇宫（北京故宫，1987年；沈阳故宫，2004年）2.长城（北京长城，1987年；辽宁九门口长城（水上长城），2002年）	北京、辽宁
	3.秦始皇陵（1987年）	陕西
	4.敦煌莫高窟（1987年）	甘肃
	5.周口店北京人遗址（1987年）6.北京皇家园林——颐和园（1998年）7.北京皇家祭坛——天坛（1998年）	北京
	8.武当山古建筑群（1994年）	湖北
	9.拉萨布达拉宫历史建筑群（西藏，1994年；大昭寺，2000年；罗布林卡，2001年）	西藏
	10.承德避暑山庄及其周围寺庙（1994年）	河北
	11.曲阜孔府、孔庙、孔林（1994年）	山东
	12.庐山国家公园（1996年）	江西
	13.高句丽王城、王陵和贵族墓葬（2004年）	吉林、辽宁
	14.苏州古典园林（拙政园、网师园、留园和环秀山庄，1997年；艺圃、藕园、沧浪亭、狮子林和退思园，2000年）	江苏
	15.杭州西湖文化景观（2011年）	浙江
	16.大足石刻（1999年）	重庆
	17.皖南古村落——西递、宏村（2000年）	安徽
	18.明清皇家陵寝（明显陵、清东陵、清西陵，2000年；明孝陵、十三陵，2003年；盛京三陵，2004年）	湖北、河北、江苏、北京、辽宁
	19.澳门历史城区（2005年）	澳门

续表

遗产类型	遗产名称及年份	所属行政区
世界文化遗产	20.青城山和都江堰（2000年）	四川
	21.平遥古城（1997年）22.云冈石窟（2001年）23.五台山（2009年）	山西
	24.龙门石窟（2000年）25.殷墟（2006年）26.登封“天地中心”历史建筑群（2010年）	河南
	27.开平碉楼与村落（2007年）	广东
	28.福建土楼（2008年）	福建
	29.丽江古城（1997年）30.红河哈尼梯田文化景观（2013年）	云南
	31.元上都遗址（2012年）	内蒙古
	32.丝绸之路：长安-天山廊道的路网（2014年）	陕西、河南、甘肃、新疆
	33.大运河（2014年）	北京、天津、河北、山东、河南、安徽、江苏、浙江
	34.土司遗址（2015年）	湖北、湖南、贵州
	35.左江花山岩（2016年）	广西
世界自然遗产	1.黄龙风景名胜区（1992年）2.九寨沟风景名胜区（1992年）3.四川大熊猫栖息地——卧龙、四姑娘山和夹金山（2006年）	四川
	4.武陵源风景名胜区（1992年）	湖南
	5.云南三江并流保护区（2003年）6.澄江化石遗址（2012年）	云南
	7.中国南方喀斯特（云南石林、贵州荔波、重庆武隆，2007年；广西环江与桂林、重庆南川、贵州施秉，2012年）	云南、贵州、重庆、广西、重庆、贵州
	8.三清山国家公园（2008年）	江西
	9.中国丹霞（贵州赤水、福建泰宁、湖南崀山、广东丹霞山、江西龙虎山、浙江江郎山，2010年）	贵州、福建、湖南、广东、江西、浙江
	10.新疆天山（2013年）	新疆
	11.湖北神农架（2016年）	湖北
世界文化自然双重遗产	1.泰山（1987年）	山东
	2.黄山（1990年）	安徽
	3.峨眉山风景区及乐山大佛风景区（1996年）	四川
	4.武夷山（1999年）	福建

学习微平台

延伸阅读3-1

3.2 旅游资源的评价和开发

3.2.1 旅游资源的评价

旅游资源评价是指对旅游资源的可开发利用价值的综合评估。它是旅游资源开发之前所必须进行的可行性研究的主要内容。

一项旅游资源价值的大小，首先取决于其本身的质量高低，即它的吸引力如何。旅游是一种异地性的活动，旅游资源又是存在于一定空间中的，因此，不同空间上的同一种资源其吸引力可能有天壤之别。从旅游资源开发价值的角度来评价旅游资源是一项十分复杂的工作。这里，我们主要对旅游资源评价所包括的主要因素加以研究。

1）质量因素

旅游资源质量因素又可称为旅游资源吸引力因素，即指资源本身对旅游者的吸引力，通常质量因素要从旅游资源的美学价值、康乐价值、文化历史价值和科学价值等角度来进行考察。

2）市场因素

市场因素实际上是一个经济因素。由于在现代旅游活动中，旅游的供求联系是通过商品交换形式实现的，因此一种旅游资源是否要开发利用，显然要考虑开发后的经济效益。比如，在两个不同区域中存在两项雷同的旅游资源，评价它们的质量几乎一样，但当前是否都值得开发，就要分析它们各自的市场因素如何。市场因素主要应考虑旅游客源的多少，而客源的数量往往又受旅游目的地的环境、形象、可进入性及客源地与旅游地间的距离等多方面因素的影响。

3）社会因素

它主要是指旅游资源所在地的社会方面因素，包括那里的社会经济发展现状以及当地政府给予旅游方面的政策等。比如，开发一项旅游资源，不仅是指对旅游景点自身项目的投入，而且也应当包括对旅游的配套服务设施，如交通、通信、医疗、购物等设施的投入。如果这些基础的配套设施已经存在，那么开发该旅游资源的投入便会相对较小；如果地区政府对发展旅游给予极大的支持，对旅游投入或未来的收益给予政策上的优惠等也会对旅游资源的评价产生一定影响。

4）环境因素

旅游资源的开发利用，会对环境产生一定影响，这是不言而喻的。如果旅游目的地的旅游资源在开发后会对环境产生一定破坏性的影响，同时这种影响又是无法避免的，那么这将成为旅游资源开发的限制性因素。但从另一方面看，旅游资源所在地区的气候、地貌、植被、水体等大环境本身就是旅游资源的一部分，这些因素将成为对旅游者产生吸引力或排斥力的因素。

以上四个方面的因素，是影响和评价旅游资源价值大小的主要因素。这些因素在决定旅游资源价值大小时的影响程度是不一样的。评价旅游资源价值的大小的目的，是为了衡量其开发价值。因此，从旅游的角度出发考量和评价旅游资源的价值，必然将市场因素放在首位。实际上，一项旅游资源价值是由多方面因素组成的，如科学研究价值、考古价值、历史文化价值、环境保护价值、文化艺术价值等，这些价值往往从旅游的角度又很难加以评估。因为这些方面的价值大小，不是简单地汇总与叠加，往往难以科学地衡量真正意义上的旅游价值。目前有很多对旅游资源价值评估的模型和方法，这些模型和方法大都抽象掉了很多影响因素，因此在实际运用中需要加以修正和完善。

【同步思考3-1】

问题：一项考古价值和科学研究价值非常大的人文资源，是否其旅游价值就会同样大？为什么？

理解要点：考古价值和科学研究价值大的人文资源，其旅游价值不一定就大，因为它们评价的角度不同，旅游价值的大小主要是从对旅游者吸引力角度评价的。

3.2.2　旅游资源的开发原则

旅游资源开发是一项综合性的系统工作。在现代旅游活动中，旅游资源只有通过开发才能利用。旅游资源价值的实现要受到开发是否合理、利用是否充分的影响。因此，在开发过程中，必须坚持以下原则：

1）个性化原则

旅游资源开发的个性化原则，又称独特性原则。个性化的核心是特色，突出个性是为了适应人们求知、求新、求奇和求异的心理。千篇一律，千佛一面，就会缺乏魅力，不能引起人们旅游的兴趣。要突出个性，我们在开发旅游资源时首先要选择那些不可替代的、与众不同的旅游资源。八达岭和秦始皇陵及兵马俑之所以能够吸引那么多的国内外游客，甚至外国政要也前往参观，就是因为它是世界上独一无二的旅游资源。在旅游资源的开发中，突出个性还应坚持人无我有、人有我“最”的开发观念。最大、最古、最高、最奇的旅游资源，往往先声夺人，具有很强的吸引力。比如，中国大佛为数不少，但乐山大佛最大，成为中国之最、世界之最，因而使其成为旅游胜地。突出个性，就是要在旅游资源开发中，有意识地开发、创造出具有独特内容的风格和形象识别，增强吸引力。

2）市场原则

旅游资源开发应以旅游市场的变化为依据，以最大限度地满足旅游者的需求为标准。旅游活动作为一种经济活动，我们必然要考虑对其资源开发的经济效益。较好的经济效益本身就表明该旅游资源存在的价值。由于旅游者的旅游动机与市场需求处在经常的变动之中，我们在旅游资源开发前，必须要进行科学、细致的市场调查和预测，对旅游资源开发的经济效益要进行全面的可行性研究，以减少开发的盲目性和随意性。

3）开发与保护并重原则

不论哪一种旅游资源，在开发过程中，都会对资源本身和周边环境造成一定影响，开发的目的是利用资源、保护资源，因此，我们必须坚持开发利用与保护并重的原则。如果在开发中不注意保护资源和环境，进行破坏性的开发利用，那将遗祸子孙后代。由于对旅游资源开发价值的认识本身受时间、空间上的限制，尽管有的开发已经进行科学的论证，但是当存在着不同意见和争议时，最好不要急于开发。任何资源开发之前，都必须认真进行科学论证，制订资源保护的规划方案。

4）综合开发原则

综合开发有多种含义：首先，对于某一旅游区域而言，可能存在着各种不同类型的旅游资源。综合开发，首先要突出重点、彰显特色，同时又不失时机地逐步开发其余类型的旅游资源，使整个景区中形成一个主题突出、风格多样的景观组成的和谐统一体，使所有景观相辉相映、相衬相托。其次，在开发过程中，不能单纯地从经济效益指标考虑，应坚持经济效益、社会效益和环境效益的统一。只注重眼前的经济效益，而忽视或背离社会效益和环境效益，将产生不可估量的灾难性的开发后果，所以必须坚持“三效益统一”的原则。最后，任何旅游资源的开发，不仅仅指景观景点本身的开发，还要有各方面配套设施的建设，以保证旅游者在行、住、食、游、购、娱等多方面的旅游需求的满足。各种旅游设施之间的配套比例，应当与旅游者的可能流量相适应。

3.3 旅游产业的概念和特点

3.3.1 旅游产品的概念

旅游产品是旅游经济的基本细胞，没有旅游产品，就不能满足旅游者的需求。**旅游产品**是指旅游经营者为了满足旅游者在旅游活动中的各种需求，向旅游市场提供的各种物品和服务的总称。

现代的旅游活动，是以商品交换为特征的旅游经济活动。旅游者在旅游过程中的行、住、食、游、购、娱等方面的需要，要采取商品交换形式才能得到满足。作为旅游经营者提供的任何能使旅游者需要得到满足的产品都属于旅游产品，包括有形的产品，也包括无形的产品；包括实物性的产品，也包括精神性的产品。

从旅游者的角度看，旅游产品是旅游者外出旅游活动期间，为实现旅游目的而需要的一切产品。旅游者花费了时间、精力和费用外出旅游，其目的是获得旅游活动带来的体验和感受，实现一次经历。这种短暂的异地生活所需的一切，如食宿、交通、游览、娱乐、购物等，都是保障旅游者实现旅游目的的必需因素。因此，旅游产品对于旅游者来说，是一种系列性的产品。

旅游产品从整体上看，是一种组合型的产品。它由旅游吸引物、旅游设施、旅游服务和旅游购物品等多种要素构成。旅游经营者凭借旅游资源和旅游设施等物质载体，向旅游者提供交通、住宿、饮食、游览、购物、娱乐等各项服务，以满足他们的需要。

服务也是产品。国际标准化组织已明确把服务归入产品范畴。从旅游者角度看，旅游者外出旅游期间所购买和消费的产品中，总体上是为了实现一次旅游的经历，获得精神上的一种满足。由全国旅游标准化技术委员会提出，国家旅游局和上海社会科学院旅游研究中心起草，国家技术监督局颁布的中华人民共和国国家标准《旅游服务基础术语》中对旅游服务产品的定义为：由实物和服务综合构成的，向旅游者销售的旅游项目，其特征是服务成为产品构成的主体，其具体内容有旅游线路、旅游活动和旅游食宿，旅游者可以购买整体产品，也可以购买某一单项旅游产品。

3.3.2 旅游产品的使用价值与价值

旅游企业为满足旅游消费者需要而生产经营的旅游产品，是采取商品形式出让的，因而旅游产品实质上是旅游商品。作为商品，它就具有使用价值与价值，是使用价值与价值的统一体。

1）旅游产品的使用价值

旅游产品的使用价值，是指能够满足旅游者在旅游活动中各种需要的效用。这种效用跟一般商品单一的使用价值比较，有其自己的特点。由于旅游产品是一种综合性的劳动产品，其使用价值也是综合性的，能够满足旅游者在旅游活动中要求的包括物质和精神在内的各种需要。

旅游者外出旅游，要实现自己的旅游目的，就必须完成其空间和时间上的转移。在此期间，他首先必须满足生理上所必需的物质需求，如吃、住、行等效用，这是旅游产品中最基础性的部分，也是旅游者需求中基本的、保障性的部分。

在满足旅游者基本物质需求的基础上，旅游产品的使用价值更大程度地体现在满足旅游者的精神需求方面。旅游者购买物质性的旅游产品，一般仅仅是为了保证生理需要而不得不进行的选择。旅游者的旅游目的是获得精神方面的享受，满足心理需求。因此，旅游者外出旅游所需的旅游产品，最核心的使用价值还是满足精神上需求的使用价值。这些满足旅游者精神需求方面的使用价值是旅游产品使用价值的基本内涵，也是与一般性产品的使用价值相区别之处。

2）旅游产品的价值

商品价值是指凝结在商品中的无差别的人类劳动。旅游产品作为一种服务产品，同其他商品一样，也是人类体力和脑力支出的结果，凝结着一般人类劳动，同样具有价值的属性。正因为如此，它才能与货币相交换，这是符合马克思政治经济学关于商品价值的原理的。

旅游产品的价值构成，包括旅游服务所凭借的物质资料的价值和旅游服务所创造的价值两部分。具体说来，前者由三部分构成：旅游服务所凭借的景观建筑物、服务设施等的日常损耗即折旧；向游客提供的饮食和其他用品所需的原材料的商品成本；旅游企业因自身经营管理和提供服务所消耗的各种物质和用品的价值。

商品价值量的大小，是由生产这一商品的社会必要劳动时间决定的，马克思主义政治经济学的商品价值原理，同样适用于旅游产品。但是，由于旅游产品使用价值的特殊性，在其价值量的确定上，也有一定的特殊性。

（1）由于旅游服务的凭借物种类繁多，在旅游产品价值量的计算上差异很大，如旅游饭店建筑及设备设施等产品，有其确定的投资成本，对其价值量的计算，也就有了一定的依据。而对于大多数旅游资源和旅游景点来说，它凝结了历代人们的无数劳动，特别是一些人文景观，是历代劳动人民共同劳动、开发的结果，含有大量的人类的智慧，体现着巨大的历史文化价值和社会价值，其价值难以具体考量。

（2）旅游服务产品价值量的确定，与服务质量关系密切。服务质量包括服务方式、服务效率和服务态度，这些方面的差异性，会产生不同的服务效果。一般说来，高质量的服务所体现的旅游服务产品价值量较大，低质量的服务体现的服务产品价值量较小。但是服务质量的高低优劣，又与付出的劳动时间不成比例。因为服务质量的测定标准，无法准确地进行量化。构成服务质量的因素极其复杂，其中最主要的因素是态度与感受。对服务的提供者而言，不仅仅是付出的时间和劳动强度，更重要的是态度；对服务的接受者而言，重要的是自我的心理感受和体验。同样的服务方式和服务内容，不同的消费者会有不同的质量评价。因此，服务产品价值量的确定也是相当困难的。

3.3.3 服务性旅游产品的特点

旅游产品中满足旅游者各种需要的服务性产品与一般的实物产品相比较，具有以下主要特点：

1）无形性

旅游产品中相当一部分产品不是表现为具体形态的物质产品，而是以服务形式表现出来的无形产品。无形性是服务性产品的普遍特点。因为服务是一种活动，一种行为，它难以被人们触摸到或以数量衡量。因此，许多服务产品在购买者心目中只是一种感受，一种体验。

旅游服务产品的无形性主要表现在两个方面：首先，它是一种服务劳动。旅游服务产品不像一般劳动产品，直接表现为对某一实物的创造上，或者说它的价值和使用价值直接凝结在或固定在某一具体的实物上，而是凝结在无形的服务中。只有在消费者享受到这种服务时，才能真正消费这种产品，才能体验到它的使用价值的大小。其次，服务产品在被消费者消费之前，不可能被体验到，只能是通过间接的宣传媒介得以了解。当你真正得以体会时，服务产品便成为现实的消费过程。

2）生产与消费在时间、空间上的不可分割性

旅游产品的诸多特点，是由它的生产与消费的特点所决定的。就生产与消费的时间、空间方面而言，它们有着严格的同一性和不可分割性。一般的物质产

品，生产过程和消费过程是分立的，这种分立性表现为在时间上是可以有差异的，今年生产的产品，可以用于明年消费；在空间上也可以是有距离的，甲地生产的产品能够运输到乙地消费。因此，物质性商品的生产和消费在时间和空间上是分离的。同时物质性商品的生产与消费在客观上存在着矛盾，二者的矛盾通过运输和储存来解决。运输是解决空间上的矛盾，储存是解决时间上的矛盾。而旅游产品的生产与消费的矛盾表现形式以及解决的方式却完全不同。由于旅游产品的核心是服务，而服务只能是现场服务，也就是说，只有当旅游者到达旅游目的地，在实际的消费过程中，经营者提供的服务才成为现实的服务，生产才成为现实的生产，因此旅游服务的生产过程就是消费过程。没有消费过程，生产过程就无法进行；没有生产过程，消费过程中的各种需求也就无法满足。旅游产品生产与消费在时间、空间上的不可分割性，将派生出旅游产品的其他特点。

3）不可转移性

旅游产品的不可转移性主要表现在时间、空间和产权的变更形式上。

首先，旅游产品中的核心产品，在空间上具有不可移动性，其主要表现为旅游服务所凭借的吸引物和旅游设施是无法从旅游目的地运输到客源地进行消费的。

其次，旅游产品的不可转移性还表现在产品销售后的所有权变更上。一般的物质产品，当消费者支付了全部货款，商品的所有权就随之发生转移，即消费者取得了商品的所有权。而旅游产品，当消费者支付一定的费用后，只能是在一定时间和空间上对旅游产品取得暂时的使用权，而不是永久的所有权。例如，旅游者购买了一张飞机票，他得到的只是一定时间从出发地到目的地对该机舱位的使用权，而并不拥有对该机舱位的所有权；又如，他购买一张游乐园的门票，所得到的也只是某一段时间内游玩该游乐园的享受权，该游乐园的所有权仍然是属于游乐园的所有者。

旅游产品的消费在空间上的不可移动性和所有权上的不可转移性的特点，决定着任何一位旅游者的消费只能是身临其境，只能是在旅游目的地进行的。因此，在旅游企业的经营过程中，千方百计吸引游客前往旅游地，促使他们延长停留时间，成为旅游竞争中的最主要的内容。

4）不可储存性

一般的实体产品，其生产过程和消费过程是截然分开的两个过程。一种产品生产出来之后，在未消费之前，可以暂时储存起来，其价值和使用价值可以暂时保存起来。待出售后，价值得以补偿，使用价值得以实现。

由于旅游产品的生产消费在时间、空间上的同一性，一旦消费不能实现，生产就无法进行。另外，服务作为一种行为，主要是人的行为，是旅游企业从业人员的行为，如果没有消费者，这些服务人员既有的服务能力就无法实现。蕴藏在这些服务人员身上的每天可创造的使用价值和价值的能量便无法释放，他们一天的服务价值就丧失了。这种闲置的服务能力，是一种浪费掉了的能力，它不能像一般有形商品那样可以储存起来，待日后销售。

5）销售的易波动性

旅游产品与一般产品相比，是一种敏感性很强的商品。由旅游产品在空间上的不可移动性、在时间上的不可储存性的特点所决定，它在销售上要受诸多因素的制约，必然派生出易波动性的特点。

首先，旅游产品的消费是一组系列性的消费，客观上要求其生产必须是系列性的生产，如旅游者所需的食、住、行、游、购、娱六大要素的生产。接待一定数量的旅游者，就必然需要相应数量的客房、餐厅、交通工具、导游人员和游览场所，其中某一种产品不能保证供应，旅游者的需求就无法满足，或者说某一环节出现了问题，都将影响其他环节的正常运行。其次，由于旅游消费的季节性特点十分明显，在淡旺季之间的消费差异悬殊。比如，某旅游地一定数量的饭店，在旅游旺季，产品可能出现供不应求，但在淡季却几乎不能销售，使得大量的旅游设施设备处于闲置状态。最后，旅游消费是旅游者亲身前往旅游目的地的异地消费，旅游目的地的社会、政治、经济、自然等环境和条件的变化都会影响到旅游产品的生产和销售。政治因素中的政治关系的恶化、社会政局动荡、暴力恐怖活动猖獗、战争爆发等；经济因素中的汇率变化、经济危机等；自然因素中的疫病流行、各种自然灾害发生等；旅游者个体因素中的观念变化、生活方式的转变等都会在不同程度上影响旅游经济活动的展开。因此，旅游产品销售的易波动性是十分突出的。

【同步思考3-2】

问题： 交通、酒店作为旅游产品，其实物形态依然存在，为什么说不能储存呢？

理解要点： 交通、酒店作为旅游产品，出售的是一定时间内的使用权，如果一定时间内的使用权未能销售出去，这期间的价值就无法得到补偿。

【同步资料3-2】

我国自驾旅游发展迅速，已成为国内旅游的主体

2020—2021年《中国自驾车、旅居车与露营旅游发展报告》显示，2020年全国自驾游国内出游的比重为77.8%，全年自驾游规模已经达到22.4亿人次。自2017年起，全国自驾游人数占比已连续四年超过国内旅游总人数的60%，自驾游已经名副其实地成为国民出游的主要形式。

目前，自驾游客以中等收入群体为主，占比达68.8%。按照年均出游次数2～4次测算，该群体约为4亿人次。另据测算，目前自驾游市场可以分别向高收入群体和低收入群体进行拓展，其中，高收入群体有1.6亿人次，低收入群体有3.7亿人次。

自驾游本身并不是一个独立的产业，而是以自驾游的位移特点形成了一个跨地域、跨行业的生态圈，需要形成一个完整的产业链。伴随着自驾游市场的兴起，与自驾游服务、产品和配套基础设施相关的供给端产业得到了快速发展，包括自驾汽车租赁市场的扩大、自驾游设施设备供应商的增加、自驾车旅居车营地建设的加快、自驾车俱乐部的发展等。

据测算，2020年，我国自驾车旅居车营地平均投资额达8 000万元。自驾车旅居车营地属于低开发强度的生态旅游类项目，营地在土地开发强度与平均投资强度上，相比其他开发类型的旅游项目，具有土地集约利用和生态发展的双重优势。

目前，营地营业收入中的两大重点为住宿和餐饮业，分别占到42%和32%。

资料来源　根据网络相关资料整理。

3.4 旅游产品的生产

3.4.1 整体旅游产品的构成要素

一个整体的旅游产品必须由四个基本要素构成，即在整体旅游产品中要有旅游吸引物、旅游设施设备、旅游服务和旅游可进入性。四个基本要素缺少哪一个要素，都不可能成为一个整体的旅游产品。

1）旅游吸引物

旅游吸引物又称旅游核心产品，是指一切能够吸引旅游者前往旅游的客体。它是一个地区旅游业存在和发展的基础，也是旅游者选择旅游地的决定性因素。旅游吸引物的存在形式，既可以是一种物质实体，如黄山、乐山大佛、长城、秦始皇陵及兵马俑等，也可以是一种现象，如山东蓬莱的海市蜃楼、九华山的佛光等，还可以是一项事件，如大连国际服装节、傣族泼水节等。旅游吸引物蕴藏于自然环境和人类社会之中，代表着各旅游地的不同特色。旅游吸引物按其属性可以划分为自然吸引物、人文吸引物和特产吸引物。

2）旅游设施设备

旅游设施设备是完成旅游活动所必须具备的各种设施、设备和相关的物质条件的总称，是旅游经营者向旅游者提供旅游服务所凭借的各种物质载体的总和，是构成整体旅游产品的必备要素。旅游设施设备不是旅游者选择旅游地的决定因素，但是不齐备的旅游设施设备必然会影响旅游者对旅游地的选择。旅游地的旅游设施一般包括专门设施和基础设施两大类。

（1）专门设施。

它是指旅游经营者为旅游者提供服务的凭借物。通常包括交通设施、餐饮设施、住宿设施、游览设施等。交通设施包括各种交通工具和运输道路，餐饮设施指为旅游者提供餐饮服务的场所和设备，包括各种餐馆、咖啡屋、饮食店、冷饮店等。住宿设施主要指各种不同类型的酒店。游览设施是指旅游景点为游客登临、游览、休息以及保证安全等而使用的各种设施设备。

（2）基础设施。

它是指旅游地建造的基本设施。这些设施不单是为了旅游者而建造，旅游地居民在日常生产生活中也同时使用这些设施设备。其主要包括道路、桥梁、供电、供水、供热、排水、排污、消防、通信、路灯、路标、停车场等，也包括旅游地的环境绿化和美化以及环境卫生等方面。旅游地的基础设施状况对旅游活动的顺利进行是十分重要的。

3）旅游服务

旅游服务是旅游经营者向旅游者提供服务的劳务过程。旅游者在旅游过程中，离不开旅游服务，没有旅游服务，便没有现代旅游的发展。旅游者在旅游活动期间，除了购买部分物质产品以满足基本生活需要外，其余部分主要是享受旅游过程中的各种服务，他们的消费主要是以劳务产品的形式实现的。任何服务，总要借助于一定的物质条件，没有这些必要的物质条件，服务便难以开展。尽管旅游吸引物和旅游设施设备本身不是服务，但它们包含或者是“生产”旅游服务产品的不可或缺的物质条件。离开旅游设施，旅游服务便无法实现；同样，离开了旅游服务，旅游设施只能作为潜在状态下的旅游设施，并不能真正发挥作用。

从旅游活动的全过程来看，旅游服务可以区分为售前服务、售中服务和售后服务。售前服务是指为旅游者在出行前提供的各种准备性服务，如向旅游者提供的各种咨询，办理签证、入境手续，进行货币兑换，办理保险等各种服务。售中服务是指在旅游过程中向旅游者提供的各种服务，即向旅游者直接提供的食、行、住、游、娱、购等各方面的服务。售后服务是指旅游者在旅游活动结束后接受的各种服务，包括在旅游过程中所产生的服务质量问题的处理、对旅游者的跟踪访问等。

总之，旅游服务是构成旅游产品质量的核心因素，没有上乘的服务水平，便没有优质的旅游产品。

4）旅游可进入性

旅游可进入性是指旅游者进入旅游地的难易程度和时效性。旅游活动的异地消费特点，决定了旅游产品的提供只能存在于旅游地，旅游者是否能够按时顺利到达旅游地是构成整体旅游产品的重要因素。因此，旅游可进入性是连接旅游者需求与各种具体旅游产品的纽带，是旅游产品组合成功的前提条件。旅游可进入性的具体内容主要包括以下几个方面：

（1）顺达的交通条件。

旅游者的异地空间转移，依靠的是交通工具。现代化交通工具的不断发展，是现代旅游业发展的基本条件之一。如果没有现代航空运输的出现，便不会产生现代的国际旅游业。因此，良好的交通条件是旅游者进入旅游目的地的基本保证。交通条件不仅包括旅游者能够抵达旅游地，还包括旅游者能够安全、舒适和快速地抵达旅游地。

（2）便捷的通信条件。

通信条件也是旅游者能否顺利进出旅游地的重要条件。现代旅游者都是有计划、有目的地前往旅游地。没有便捷的通信条件，难以使旅游者和旅游经营者之间准确地沟通，会给旅游活动的顺利实现带来很大的盲目性或不确定性。因此，旅游产品中通信设备的规模、运行能力及配套状况等，也会对旅游地的可进入性产生影响。

(3) 手续的繁简程度。

国际旅游中，旅游者首先要办理入境签证。旅游目的地国家给予旅游者的签证，是该国家的一种准入制度。入境签证手续的繁简程度以及办理效率的高低等，表明进入该旅游地国家的难易程度，同时对旅游成本、质量、吸引力等都有直接影响。

(4) 旅游地的社会条件。

旅游地的社会条件对旅游者进入的难易程度也有很大影响。比如，旅游地的民族文化中是否具有排外性因素、旅游目的地社会公众对旅游者的态度、社会治安状况、管理水平等，都可能成为影响旅游可进入性的因素。

3.4.2 旅游产品类型

旅游产品从整体上看，是提供给旅游者的系列组合产品。从旅游者的具体需求上看，他可以购买各种组合中的不同单项产品。要搞好旅游产品的供应，满足旅游者的不同需求，就必须对旅游产品进行分门别类的研究。按照不同标准，可以将旅游产品划分为不同类型。

1）按旅游者消费需求的内容来划分

按旅游者消费需求的内容来划分，可以将旅游产品分为六大类产品，即旅游饮食产品、旅游住宿产品、旅游交通产品、旅游游览产品、旅游购物产品、旅游娱乐产品。

(1) 旅游饮食产品。

旅游者购买饮食产品，首先是为了满足旅途中的基本生理需要。但旅游者购买饮食的目的，其中也可能包含着品尝异国他乡饮食的风味，体验不同民族饮食文化的差异的需求。我国是一个饮食大国，饮食文化博大精深、历史悠久，在生产旅游饮食产品时，应当注重民族饮食文化的发扬，以满足旅游者在餐饮消费中对民族旅游文化的学习与体验的需求，给旅游者留下美好的回忆和印象。另外，富有特色的民族饮食文化本身就可成为一种旅游资源，成为一些游客前往该地的吸引力。

(2) 旅游住宿产品。

旅游饭店是一种集中提供服务又具有综合接待功能的旅游服务企业。旅游者购买旅游饭店产品，主要是为了休息，满足恢复体力等基本生理需要。但是在现代旅游活动中，一些旅游饭店不只局限于保证旅游者的基本生理需要，饭店中还设有购物、康体、娱乐等服务中心，以满足旅游者多方面的需要。一些豪华的饭店，其本身就是一种吸引力，成为一种旅游资源。一般而言，旅游饭店的数量多少和服务质量的高低，往往成为评价一个国家或地区旅游接待能力的重要标准之一。旅游者在旅游过程中，从时间上说，扣除每天的游览时间，大多数旅游者有一半多时间是在旅游饭店里度过的，旅游饭店是游客旅游途中的家。如何使游客在旅游饭店中真正有“家”的感受，是旅游饭店服务产品使用价值最集中的体现。为了满足旅游者需求的多层次性，经营者提供的旅游饭店产品应当是多类型的。依据饭店产品的使用特点，现代饭店大致可以分为汽车饭店、商务饭店、会议饭店、疗养饭店、公寓式饭店、度假村饭店等；按饭店的质量等级划分，依据国际惯例，一般分为一星级饭店至五星级饭店。由于旅游饭店产品有严格的质量标准，饭店所提供的服务质量以及附加服务项目也是有差别的。

（3）旅游交通产品。

旅游交通产品是为旅游者在常住地与旅游目的地之间往返或在旅游区内活动提供空间位移服务。旅游交通产品对于旅游者来说，他所购买的是一种交通服务，即飞机的一次飞行中的舱位，轮船、火车或汽车一次运输中的一个铺位或座位，而不是交通工具的本身。一个国家或地区，旅游交通越发达，可提供的旅游交通产品越丰富、越优良，越有利于旅游业的发展。交通运输工具和运输设施的现代化，使往日游客难以到达的地方，今天却变成了游客如云的旅游胜地。

（4）旅游游览产品。

旅游游览产品，是旅游核心产品，是满足旅游者旅游目的的产品。旅游者游览的对象是旅游吸引物，其品质好坏是决定旅游吸引力的基础条件。一个国家或地区的旅游业兴旺与否，一方面取决于它客观上拥有旅游资源的丰富程度和质量，另一方面也取决于主观上的开发能力以及利用和保护这些旅游资源的程度与合理性。旅游接待国或地区要遵循旅游资源的观赏性、科学性、文化性、整体性和多样性等原则，将旅游资源开发成具有吸引力的旅游核心产品。旅游者的兴趣爱好多种多样，其旅游目的和动机各不相同，单一的旅游资源或单调、雷同的旅游景观就难以满足旅游者的多种需求。因此，特色化和多样化是进行旅游资源开发和旅游景点建设的客观要求。它表现在两个方面：一是强调对自然资源、人文资源的综合开发；二是强调对具有互补性的旅游景点交叉结合地进行开发。

（5）旅游购物产品。

旅游购物产品是指旅游经营者为游客提供的各种旅游商品。旅游者到达旅游目的地后都要购买一些旅游纪念品、工艺美术品、土特产品以及生活必需品，这些商品的主要功能是留作自己纪念、欣赏，或作为馈赠亲友的礼品。旅游购物产品从某种意义上说是旅游活动的延伸。在行、住、食、游、购、娱等各项旅游收入中，前四项收入是有限花费，而旅游购物产品却是“无限”花费，只要旅游者喜欢，感到有意义，旅游者就会情愿掏出钞票。从这一点看，旅游购物产品可挖掘的经济效益的潜力很大。世界上旅游业发达的国家或地区都十分重视发展旅游购物，鼓励旅游者在短暂的旅游期间购买本国或本地区的产品，以增加整体的旅游收益。

（6）旅游娱乐产品。

随着现代旅游的发展，娱乐活动已成为大多数旅游者的一种基本需要，旅游者在紧张的旅途中，需要通过娱乐来放松精神，并加强人与人之间的沟通与交流。娱乐产品生产的多样化、新颖化、趣味化和知识化，可以充实旅游产品的内涵，增强旅游目的地的吸引力，为旅游目的地增加旅游收益。

2）按旅游产品的属性或层次性划分

整体旅游产品的内涵是广泛的，它不仅具有有形的物质实体，还具有能够体现产品实质的核心价值。正是这种实体性与实质性的有机统一，构成了整体旅游产品。按旅游产品的属性划分，旅游产品可区分为三个层次的产品。

（1）核心产品。

整体旅游产品的核心产品是指可以提供给旅游者的并使旅游愿望得以满足的产品，它是旅游需求的核心。旅游目的地的旅游核心产品的质量，是该地区的旅游核心竞争力的体现。

（2）保障产品。

保障产品是指整体旅游产品中能够保障旅游者在旅游过程中生理的基本需求和保障旅游活动顺利实现的产品。旅游者只有借助这些产品，才能使旅游活动得以实现。

（3）附加产品。

附加产品指企业提供给旅游者的各种附加利益或附加服务，亦称为延伸产品。这是旅游企业向旅游者提供的超出基本服务之外的各种额外服务和利益（部分是免费项目）。虽然附加产品不是核心产品和保障产品，但对整体产品所提供的利益和效用起到了补充和完善作用。

【课程思政3-1】

印尼巴厘岛餐厅的做法符合企业伦理吗？

背景与情境： 据国际在线报道，当地时间2013年2月13日，印尼巴厘岛，餐厅内的两只海豚正在与游客玩耍。据悉，印尼巴厘岛Akame餐厅抓捕并饲养了两只野生海豚，供前来就餐的游客取乐。印尼动物保护主义者与印尼林业部正在敦促餐馆老板停止这种做法，并依法释放这两只野生海豚。

问题： 该餐厅的做法是否符合企业经营活动的伦理？

研判提示： 野生海豚是国家保护动物，未经相关部门批准，不得以任何形式从事企业经营活动。尽管企业是用海豚供客人观赏取乐，未对动物造成生命伤害，却是不道德的。这种做法既违反了企业经营伦理，也是违法的。

3.4.3 旅游产品的生产原则

现代旅游活动是建立在经济活动的基础上，按照商品经济的运行规律来组织产品生产的活动，当然这不仅是旅游产品生产应当遵循的，也是一切社会产品生产都必须遵循的生产的一般原则。但是，旅游产品消费的特殊性决定了它的生产有别于一般产品的生产，旅游产品的生产主要应坚持以下几个原则：

1）配套性原则

旅游产品生产的配套性原则包括两个方面的内容：一方面，各种旅游单项产品的生产数量必须配套，即生产的各种旅游产品的数量比例相互协调。旅游所需的产品是整体性产品，这是由旅游消费的系列性所决定的。在旅游过程中，每一位旅游者都需要食、住、行、游、购、娱等各方面的产品，这样才能保证旅游活动的顺利完成。作为旅游供应商，必须从整体上满足旅游消费者的需要。整体性的旅游产品实质上是一种系列组合，由各种单项旅游产品组合而成，要求各旅游生产企业生产的旅游产品必须是相互配套，即各种旅游产品的生产数量比例必须协调。旅游产品的消费受时间、空间的严格限制，具有地产地销的特点。如果某种单项旅游产品生产过量，它无法像一般实物性商品那样，通过运往外地或暂时储存等手段来调节。为此，旅游的宏观调控部门必须对本地旅游市场进行科学预测，对旅游产品的生产类型以及各类产品的生产数量给予宏观上的指导。另一方面，一定的硬件设施水平必须要与相应的服务档次相配套。旅游产品是服务性的产品，服务总要借助一定的硬件设施条件，这些硬件设施条件又是千差万别的。例如，不同星级的旅游酒店，其硬件设施的档次是不一样的，他们服务的方式和水平就必然有所差别，我们决不能使硬件设施达到五星级标准的酒店却采用二星级的服务方式和服务水平。

2）多层次原则

由于旅游者个人的经济条件、职业、性别、年龄、文化程度等方面的差异，使得他们在旅游中对同一类旅游产品的需求表现出不同层次性。因此，旅游产品的生产也必须保证多层次性的生产。就住宿和餐饮产品而言，有的旅游者在购买这类产品时，其主要目的是满足生理上的基本需求，能够吃饱休息好就满足了，他们会尽量减少这方面的消费支出。有的旅游者，在购买住宿和餐饮产品时，不单纯是为了生理上的基本需求，而是更注重追求在消费此类产品时精神上的满足和享受。他们要下榻豪华的酒店，品尝具有旅游地民族特色的饮食，从中体验不同民族饮食文化的精粹，享受美食带来的快乐。

3）多样性原则

现代旅游活动的不断发展使人们外出旅游的动机呈现多元化的趋势，人们对旅游产品的需求也处在动态变化之中。今天的需求未必是明天的需求，旅游企业只有不断地开发新的旅游产品，才能吸引具有不同旅游目的的旅游者。第二次世界大战之前，旅游吸引物主要是游览观光型旅游产品。现在，各国旅游新产品的开发速度迅猛，使得以往不可思议和难以想象的事物或事件，也被开发成新的旅游产品，如探险旅游产品、康乐旅游产品、度假旅游产品、文化旅游产品，以及近几年来新开发的农业观光旅游产品、参与性旅游产品等。

4）高文化含量原则

旅游活动本身是一项文化活动。通过旅游，各国、各地区、各民族间扩大了文化交流，旅游者受到了不同民族文化的影响。旅游产品的吸引力，在很大程度上取决于它的文化含量和文化价值。随着人们文化素质的不断提高，高品位的旅游文化生活，已成为旅游业发展的趋势之一。在旅游活动中单纯地满足人们基本生活需求的旅游产品，现在也越来越需要融入更多的文化因素，使人们在满足基本生活需求的同时，也享受文化的消费。可以说，在现代的旅游产品生产中，越是文化含量高的旅游产品，越具有旅游发展空间。因此，在从事各种旅游产品的生产时，必须注重发掘它的文化价值，使产品能包含更深刻更丰富的文化内涵。

5）时效性原则

服务性产品的生产过程与消费过程具有同一性的特点，决定了旅游产品的生产是与消费者直接面对面的生产。人们对不同的服务产品在时间上的需求是不一样的，有的要快，有的要慢，所谓“旅宜速，游宜缓”就是这个道理。时效性原则要求我们在提供各种服务时，必须针对不同消费者的需要，宜快者则快，宜慢者则慢，不能在同一种服务产品的生产中，采用机械性的统一生产标准。当然，在相当一部分的服务产品中，人们需要的是高效率的服务。要达到这一要求，一方面要求旅游服务所凭借的各种硬件设施的现代化水平要不断地提高，另一方面要求旅游服务人员要真正做到对业务精益求精，具有娴熟的服务技能和技巧。同时，还要求旅游企业加强企业内部管理，不断提高企业的管理水平。

3.4.4 旅游产品的组合生产

旅游产品的组合生产是指整体旅游产品的组合生产，即整体旅游产品生产是由各种单项旅游产品生产组合而成。可以说，整体旅游产品生产，是一种组合型的产品生产。旅游产品组合生产通常是由旅行社来进行的。旅行社一般不直接从事单项旅游产品的生产，它通过自己的组合功能来生产出整体旅游产品，提供给旅游者。旅游产品组合生产包括旅游者在旅游活动过程中所需产品的部分或全部内容。

在旅游产品组合生产中，一般要考虑三个重要的制约因素：时间因素、空间因素和经济因素，即通常所说的一次旅游用多长时间、到哪里去、花多少钱。

旅游需要时间，产品组合首先要考虑一次旅游需要花费多少时间，时间是我们在考虑旅游产品组合时应当首先考虑的因素。

旅游者到哪里去旅游，即选择哪个或哪些景点是旅游组合的空间因素。旅游景点的确定，是旅游者最关心的问题，也是最核心的因素，是旅游者旅游目的的体现。因此，在一组旅游产品的构成中，可能有多个旅游景点景观，这些不同的景点景观，分布在不同的空间上，通常我们用一条旅游线路把它们串联起来。

在产品组合中还有一个约束条件就是经济因素，因为选择不同档次的住宿产品、餐饮产品、交通产品等进行组合，就会产生不同的价格水平。旅游者收入水平的差异，导致了其对旅游产品价格的承受力的差异。过高档次的产品组合所导致的过高价格，往往会使一些旅游者望而却步。

为保证旅游过程的顺利实现，还要将具体的住宿、餐饮、交通、娱乐等产品组合在旅游的整体产品之中。这些产品的组合方式，显然要受到空间和时间因素的制约。比如，在一定的时间内要实现一定数量的旅游景点的游览，就要对交通工具进行选择。远距离的旅游，显然要选择乘坐飞机，因为快速才能赢得时间。旅游产品的组合生产，对旅游产品的经营者来说，实际上就是旅游线路的设计。一条旅游线路的设计不仅包括景点、住宿、餐饮、交通、娱乐等产品的组合，还要有时间和价格等因素的确定。因此，旅游产品的组合生产是一项复杂的系统工程。合理的旅游产品组合，才是高质量的整体旅游产品，才能使旅游者通过消费达到满意的效果。

在旅游产品组合生产中，还应当注意：①针对不同的旅游者群体，设计出不同的旅游线路；②在同一条旅游线路上，避免景点选择的雷同；③避免线路重复；④在整个旅游过程中，避免使旅游者过于疲劳和紧张。

【同步思考3-3】

问题： 在设计老年旅游者的旅游线路时，在时间安排上应当注意些什么？

理解要点： 从老年人的生理特点以及旅游的需求特点看，老年旅游者的旅游活动在时间安排上不能太紧张，出游时间可相对长些，在一天的游程里更不能安排过多的项目。

学习微平台

延伸阅读3-2

【教学互动3-1】

互动问题： 对旅游产品生产的原则，你认为最重要或最感兴趣的是哪些？

要求： 同“教学互动2-1”的“要求”。

■ 本章概要

□ 内容提要

旅游资源是旅游企业存在和发展的物质基础，旅游产品是旅游企业提供给旅游者的、用来满足旅游者各种物质和精神需求的产品。旅游资源概念的内涵是十分丰富的，但其核心是吸引力，凡是对旅游者具有吸引力的可以为旅游企业开发利用并能带来一定经济效益和社会效益的自然界和人类社会一切客观存在的事物和现象，都可以成为旅游资源。旅游资源的分类可以从多个角度进行，现实中主要区分为自然旅游资源和人文旅游资源。旅游资源的形成一般具有非人为性、历史的积累性、文化性、开发价值的多层次性等属性。为了科学、有效地开发利用旅游资源，旅游资源开发前必须进行评价。旅游资源评价一般要分析质量、市场、社会和环境四个方面的因素。旅游资源开发应遵循的原则是：个性化原则、市场原则、开发利用与保护并重原则以及综合开发原则。

旅游产品是旅游经济活动的细胞，实质上是旅游企业提供的一种用来交换的商品，具有价值与使用价值的属性。旅游产品的使用价值更多地表现为精神上的效用，其价值量具有难以估量的特征。旅游产品具有无形性、生产与消费在时间和空间上的不可分割性、不可转移性、不可储存性和销售的易波动性等特点。对旅游者而言，旅游产品是一个整体产品。整体旅游产品是由旅游吸引物、旅游设施设备、旅游服务和旅游可进入性等要素构成。旅游产品的种类繁多，采用不同的标准可以将其区分为不同的种类。从旅游需求的六大要素区分，旅游产品可分为旅游饮食产品、旅游住宿产品、旅游交通产品、旅游游览产品、旅游购物产品、旅游娱乐产品。按旅游产品的属性或层次区分，旅游产品可分为核心产品、保障产品、延伸产品等。旅游产品是一种组合性的产品，在生产中应坚持配套性、多层次性、多样性、高文化含量和时效性等原则。

□ 主要概念和观念

▲主要概念

旅游资源　旅游产品　旅游可进入性

▲主要观念

旅游资源的评价因素　服务性旅游产品的特点　整体旅游产品的构成要素

□ 重点实务

旅游资源开发原则　旅游产品的生产原则

■ 基本训练

□ 知识训练

▲复习题

1）旅游资源是怎样分类的？

2）旅游资源有哪些属性？

3）旅游产品价值的特点是什么？

4）旅游资源评价应考虑哪些因素？

5）简述旅游资源的开发原则。

6）简述旅游产品的生产原则。

▲选择题

（1）按照旅游资源的属性，可将旅游资源区分为（　　）。

A.已开发利用的资源　　B.潜在的旅游资源

C.人文旅游资源　　D.自然旅游资源

（2）下列表述中（　　）是不正确的。

A.旅游资源一般都具有文化属性

B.旅游资源是旅游业发展的基础

C.旅游资源的形成，一般都具有人为性

D.旅游资源的开发价值具有多层次性

（3）整体旅游产品构成的要素除了有旅游吸引物外，还应当有（　　）。

A.旅游资源　　B.旅游产品

C.旅游设施、设备　　D.旅游服务

▲判断题

（1）旅游产品的生产配套性原则是指各种单项旅游产品生产数量的配套。（　　）

（2）旅行社在设计旅游产品组合时，价格是最首要的决定因素。（　　）

（3）一种旅游资源的历史价值越高，其旅游价值就越大。（　　）

（4）旅游资源优势转化为旅游经济优势的唯一途径，就是加大旅游资源的开发深度与广度。（　　）

▲讨论题

如何理解旅游资源的有限性和无限性？这种认识对旅游业的不断发展有何

意义？

□ 能力训练

▲理解与评价

有的人提出“一个地区没有旅游资源，也能发展旅游业”的观点，你对此有何评价？

▲案例分析

加入WTO对中国旅游业的影响

背景与情境：2001年11月我国成功地加入了世界贸易组织（WTO）。下面是我国加入WTO之前，国家旅游局政策法规司当年在《旅游调研》上发表的文章节录：

1）旅游业是中国入世的优势产业

在我国加入世界贸易组织的谈判中，我们有些同志因为看到服务贸易谈判中旅游不是国家刻意保护的部门，就认为旅游业无足轻重，认为服务贸易谈判中是把旅游作为一个筹码，丢卒保车。确实，对国家来说，最敏感的是金融业、网络信息业和新闻媒体传播业。因为金融业关系到国家经济的安全，网络信息业关系到政治、军事、国家安全，新闻媒体传播业关系到意识形态的安全。但是在全面分析中国服务业以后，我们开始认识到，旅游业是我国服务业具有竞争优势的少数几个行业之一。

加入WTO后，中国的服务业面临了非常严峻的挑战。逐一算下来，与服务业相关的十几个领域在国际上都缺乏竞争力，大致情况可以分为三类：第一类基本上是服务业的空白领域，如环保产业、商务服务中的税收服务、会计审计和簿记服务、工程服务、运输设计的租赁服务以及“与渔业有关的服务”、“与采矿有关的服务”、“与能源分配有关的服务”等，这些领域开放以后，主要是外国企业进入中国市场，帮助中国培育这个市场，同时也挣中国人的钱。第二类是中国开放度较小的领域，如金融保险、通信、民航等，基本是国家垄断经营。开放即意味着打破垄断，让人家一起挣中国人的钱，但是也能促进这个行业的进步，提高国际竞争力。第三类是中国有比较优势的领域，也就是在国际市场上还能挣来钱的行业。我国现在是世界服务贸易第二大出口国，主要依靠的就是入境旅游及国际海运、劳务输出及国际工程承包。

2）“入世”对旅游业很有好处

旅游业应该在新一轮的对外开放中成为“排头兵”，国家需要这样，成为旅游强国的目标也需要这样。新一轮的全方位的对外开放，对旅游业有积极的影响。相关产业的扩大开放，将为旅游业的大发展扫除很多障碍。已经明确开放的三个领域，对旅游业的进一步大发展都有直接的、有益的影响。金融业的扩大开放，将方便旅游支付，弥补旅游服务缺项，提高整体服务竞争力；信息产业的扩大开放，将推动随之进入的电子商务和销售网络的大发展，从而促进旅游运作方式的现代化；进口汽车关税的降低，将使多年来一直困扰旅游产业发展的旅游用车问题得到解决；其他关税的降低，对高档次饭店降低经营成本也是有利的。

最主要的是进一步扩大对外开放的大环境，将使中国和世界的经济交往更多、更密切，商务客人增多、观光游客增多，旅游业的发展就会更好。

总的来说，旅游业欢迎开放，也勇于迎接开放的挑战。30多年前，中国的改革开放催生了中国旅游业；新世纪新千年，中国的“入世”将促进中国旅游业跨入世界旅游强国。

问题：

1）为什么说中国的旅游产业在入世后是优势产业？

2）今天再读这篇文章时，你认为与目前我国旅游的发展现状有哪些相吻合与相悖之处？

分析要求：同第1章“基本训练”中本题型的“分析要求”。

▲自主学习

自主学习-II

【训练项目】

“旅游产品生产原则”知识更新

【训练目的】

同第1章本题型的“训练目的”。

【训练步骤】

1）将班级同学组成若干“自主学习”训练团队，每队确定一人负责。

2）各团队根据训练项目需要进行角色分工。

3）通过校图书馆、院资料室和互联网，查阅“文献综述格式、范文及书写规范要求”和近三年关于“旅游产品生产原则”研究的前沿学术文献资料。

4）综合和整理“旅游产品生产原则”研究的前沿学术文献资料，依照“文献综述格式、范文及书写规范要求”，撰写《“旅游产品生产原则”最新文献综述》。

5）在班级交流各团队的《“旅游产品生产原则”最新文献综述》。

6）在校园网的本课程平台上展出经过修订并附有教师点评的各组《“旅游产品生产原则”最新文献综述》，供学生相互借鉴。

□课程思政

机场是否应建在这里

背景与情境：神农架机场是定位于旅游和通用航空相结合的4C级机场，它位于神农架红坪镇，距离湖北省级旅游度假区神农架木鱼镇50公里。神农架机场建成后，对促进鄂西生态旅游圈旅游线路建设，推动神农架及周边经济和社会发展具有重要意义。以武汉到神农架为例，将从原来的8小时缩短为50分钟。

神农架是典型的喀斯特地貌，机场坐落在陡峭的山顶。5处耸立的山峰被削平，变成了宽阔的机场。矗立机场之上，群山一览无余。该机场建设在这里，共挖平60多米高的山头，再填平山峰间的洼地。当施工人员凿平山峰，挖开山上稀薄的土层时，喀斯特地貌特有的溶洞、溶沟全部裸露出来。建设者们在边坡地带和道面区共处理溶洞、溶槽、溶沟、溶隙、漏斗217个。完工的机场场区，已看不到溶洞、溶沟。

神农架机场建设引发了网友的愤怒，除了责问哪个部门审批的，有网友更是直接犀利地指出，破坏生态必遭天谴。神农架建机场，真是造孽！为了赚钱，就把一个好端端的原始森林慢慢给吞噬了。

中国社科院城市发展与环境研究中心研究员杨某某说，机场对环境是大面积的破坏，机场的周边以及相关区域都可能会受到一定影响；他说，地方经济的发展、城市经济的发展还差一个前提，就是要保护自然，要天人合一。如果我们单纯为了发展经济，单纯为了增加GDP而对环境进行大面积毁灭性的破坏，那么经济发展的目的是什么？

2013年11月7日，随着川航的空客A319在湖北神农架机场缓缓降落，标志着由民航中南地区管理局组织的神农架机场试飞成功，但留给人们的思考还远远没有结束。

问题：看了上述案例，你认为神农架机场是否应当建设在这里？当经济建设需要与环境保护相冲突时，应当如何处理？

要求：同第1章“基本训练”中本题型的“研判要求”。

第4章 旅游市场

◆ 学习目标

通过本章学习，应该达到以下目标：

职业知识： 学习和把握旅游市场的概念、特征、作用与分类，旅游市场竞争的必然性、类型、目标、内容和主要手段，旅游市场调查的主要内容和方法，旅游市场细分和旅游目标市场选择，旅游市场的开拓策略等理论与实务知识；能用其指导或规范本章认知活动和技能活动，正确解答“基本训练”中“知识训练”各题型的相关问题。

职业能力： 点评“旅游市场对全面、健康发展旅游产业的意义”，训练专业理解力与评价力；根据相关公式计算相对市场占有率与绝对市场占有率，强化与“旅游市场竞争目标”相关的“规则意识”和“综合能力”；运用本章理论与实务知识研究相关案例，培养在“旅游市场”特定情境中的多元表征能力；通过“‘旅游市场调查与开拓’知识应用”的实训操练，培养相应专业技能。

课程思政： 结合本章教学内容，依照相关规范或要求，对章后“记者体验：350元的九寨沟、黄龙三日游”案例中企业或其从业人员行为进行思政研判，强化法制观念和职业道德素质。

【引例】

我国旅游市场的建设有了法律保障

背景与情境：2013年4月25日第十二届全国人民代表大会常务委员会第二次会议通过了《中华人民共和国旅游法》，同年10月1日起施行，这是新中国成立以来第一部有关旅游的法律，共有10章112条。其中，第一条规定："为保障旅游者和旅游经营者的合法权益，规范旅游市场秩序，保护和合理利用旅游资源，促进旅游业持续、健康发展，制定本法。"第六条规定："国家建立健全旅游服务标准和市场规则，禁止行业垄断和地区垄断。旅游经营者应当诚信经营，公平竞争，承担社会责任，为旅游者提供安全、健康、卫生、方便的旅游服务。"至此，我国的旅游市场的建设和发展已经有了明确的法律保障。

4.1 旅游市场的概念及特征

4.1.1 旅游市场的概念

市场是商品经济的范畴，哪里有社会分工和商品生产，哪里就有市场。人类社会的发展，社会分工的产生，客观上要求生产者交换各自的产品，以满足各自的需要。为使交换能够顺利进行，总是要借助于一定的场所。最初人们将这种交换的固定地点，称为市场。在我国古代，人们就把这种固定的交换场所称为"市"，也有的地方称为"墟""圩"等。至今，这种固定的交换场所仍被如此称谓，如农贸市场、水产品交易市场、服装市场、家具市场等。商品交换产生的初期，交换的双方仅表现为偶然的、不规则的联系，交换的空间范围和品种规模是有限的。随着社会科学技术的不断进步，劳动生产率的不断提高，商品交换的范围、规模以及交换形式都逐渐发生了变化，越来越趋向于多样化和复杂化，几乎一切有形的和无形的、物质的和非物质的产品，都进入了交换领域。不管是何种商品进行交换，不论采取什么形式，在商品交换的背后，都有商品的监护人。从经济学的角度来看，交换的本身是一种人与人的联系，即生产者与消费者之间的交换，本质上反映了一种交换者之间的经济关系。为此，我们把一切反映商品交换者交换行为和交换关系的总和，称为现代经济学意义上的市场。在现代社会经济高度发展的过程中，市场与人们经济生活之间的关系越来越密切，离开市场，人们各种复杂多样的需求就无法得到满足，社会的经济活动也无法顺利进行。市场状况已成为社会经济发展状况的集中体现，成为经济学家们关注和研究的焦点。

1）广义的旅游市场

广义旅游市场可以表述为：*在旅游商品交换过程中所反映的各种交换行为和交换关系的总和。*旅游经济活动是社会生产力不断发展的结果，它从诞生之日起就是建立在商品交换的基础上的。在旅游市场上，存在着相互对立、相互依存的双方，一方是旅游商品的供给者，即各类旅游企业或旅游经营商；另一方是旅游商品的消费者，即旅游者。二者通过市场紧密地联系在一起，供给者通过市场实现自己商品的价值，旅游者通过市场满足自己的旅游所需。可见，凡是能通过商品的形式提供给旅游者在旅游过程中所需的一切活动，都包含在旅游市场范围之内。这些交换行为及其所反映的经济关系共同构成了旅游市场。

2）狭义的旅游市场

从狭义的角度看，旅游活动实质上是旅游者的活动，在一定的空间和时间内，总是存在着一定的旅游者群体，这些旅游者构成了旅游市场。**狭义旅游市场**可以表述为：在某一特定的时间和空间内，现实的和潜在的旅游商品的购买群体。从严格意义上说，狭义的旅游市场是一个旅游需求市场，即旅游客源市场。在现代旅游活动中，旅游市场上的主要矛盾表现为旅游供给与旅游需求的矛盾，旅游需求是矛盾的主要方面。因此，从旅游需求方面来表述旅游市场的概念，是就现代市场矛盾的主要方面加以概括的。通常我们在研究旅游市场问题时，大多是从旅游市场客源的角度切入，开展对旅游市场的分析。

应当指出，旅游市场的概念既然有广义和狭义之分，我们在分析和研究旅游市场问题时，有时会从狭义的概念上展开，有时会从广义的概念上论述，尽管二者在范围或外延上有区别，但在不影响对问题实质性的分析时，我们就不再对其加以区别。

4.1.2 旅游市场的特征

旅游市场是我国市场体系的组成部分，它除了具有市场的一般特征外，与一般商品市场相比还有以下特点：

1）鲜明的消费异地性

从旅游供给与需求二者相结合的空间角度看，旅游市场的形成，必须是消费者自己亲自前往旅游产品的生产地，才能实现供给与消费的现实结合。一般的物质产品，其生产过程与消费过程是相分离的。尽管生产与消费在空间上存在一定的距离，在时间上也会存在着一定的差距，但通过商品的运输和储存，可以使时间、空间矛盾得以解决。商品的消费者不必离开自己的常住地，通过购买便可以实现自己的消费；在时间上，他购买的商品也未必是即期生产的产品。但旅游活动却不同，旅游产品的生产过程和消费过程不能像一般产品那样，在空间上具有可移动性，在时间上具有可储存性的特点。旅游产品不可能直接送到旅游者面前，旅游消费者只能是亲身前往旅游地，才能实现消费。旅游市场这种鲜明的异地性消费特点告诉我们，发展旅游必须重视旅游客源地的研究，针对旅游客源地潜在旅游者的需求，考察异地游客与旅游目的地的人们在生活习惯、消费特点、文化素养等各方面的差异性，搞好旅游服务，不断提高服务质量，千方百计地吸引他们前来消费。

2）较强的波动性

从旅游市场发展的总体趋势上看，现代世界旅游市场始终保持着持续发展的态势，但是从市场发展过程的阶段性上看，旅游市场比一般商品市场的波动性更大。影响旅游市场的因素是多变的、繁杂的，政治局势的动荡、国家之间外交关系的变化、突发事件的出现、经济状况的变动、重大活动的举行等，这些都将导致游客在构成、流量和流向上的变化。因此，旅游市场必然具有比较强的波动性。这种较强的波动性的特点，要求旅游生产者或经营者能够及时、准确、全面地掌握和预测社会各方面的信息变化，根据市场环境条件的变化，及时灵活地做出反应，不断地增强企业的应变力和竞争力。

3）天然的开放性

市场的本质是开放的。现代旅游市场从诞生之日起，就是世界性的旅游市场。由于旅游活动是一种异地性的活动，如果各国之间、地域之间相互封锁、画地为牢，游客不能自由流动，旅游活动便无法进行，旅游市场也就不可能形成。当前，一些国家或地区由于受政治因素的影响，会限制某些国家的游客完全自由地前往旅游，这在一定程度上阻碍了世界旅游市场的发展。全球性的统一开放的旅游市场是旅游市场发展的最终目标。现代旅游市场的开放应当是立体的、全方位的。目前，人类居住的五大洲均为旅游的目的地，甚至连人迹罕至的南极和北极也见到了旅游者的身影。那些尚未被认识、被开发出来的各种资源也将随着人们需求的日益变化而成为备受青睐的旅游产品，未来的旅游市场已经不仅限于人类生存的这个地球上，人类走出地球，飞向太空的旅游活动已经出现。

4）明显的季节性

旅游市场的季节性是指旅游活动受季节等因素的影响，在时间上表现出较强的不均衡性。这种明显的季节上的差别，一方面，是来自于自然气候条件的变化。作为旅游资源重要组成部分的自然吸引物，受自然条件的影响，在不同的季节里其吸引力会有相当大的差别。如某些海水浴场，不是一年四季都可以游泳的；一些山脉也不是一年四季都适合登山的。另一方面，造成旅游季节性的原因，还可能是来自旅游者方面，受旅游者所在地的气候条件、节假日时间以及人们外出旅游的习惯等因素的影响，旅游者外出旅游也会表现出明显的时间上的偏好或限制。我们把旅游季节性上的差异分为旅游的旺季、平季和淡季。这种旺淡季的差异，给旅游经营者的经营活动带来了诸多困难。作为旅游生产企业，显然希望生产是一种均衡性的生产，使处于生产过程中的资产在同一时间内不间断地获取相同的产值，这样才能取得更好的效益，但是由于旅游活动的季节差异性，使大多数旅游企业的旅游经营表现为季节性差异。旅游季节上的矛盾给旅游经营活动造成的困难是客观现实的，也是世界性的。目前世界各国都在设法解决旅游经营中的季节性矛盾。

【同步思考 4-1】

问题：随着旅游业的发展和旅游客源市场的逐渐成熟，旅游淡旺季的差别与以往有什么不同？

理解要点：旅游淡季、旺季的差异是客观存在的，但是随着旅游产品的不断开发与品种的不断丰富，游客理性消费意识的不断增强，一个地区的旅游淡季、旺季差异可以逐渐缩小。

5）高度的竞争性

有市场就有竞争，竞争规律是市场经济的必然规律。现代旅游市场竞争表现为一种高度的竞争态势。所谓高度竞争，一方面表现为竞争的激烈性，另一方面表现为竞争的高层次性。这是因为：①旅游资源分布的广泛性，决定了进入旅游市场的门槛比较低。旅游资源总体上可以分为两大类，即自然景观旅游资源和人文景观旅游资源，每一类资源中都包含着十分丰富的内容。每一个国家和地区不仅有自己独特的地理地貌、自然风光，而且有自己民族的独特历史和文化，这些都可以形成具有不同吸引力的旅游产品。因此，旅游资源从总体上来说不具有垄断性。虽然就某一具体的旅游景观、景点而言，在经营上可以具有一定垄断性，如我国的万里长城，世界上仅此一处；埃菲尔铁塔仅为法国独有。但这只能说明各国、各地区旅游资源的差异性，而不属于旅游资源在总体上的垄断性。②旅游者个人的兴趣爱好、社会地位、文化程度、宗教信仰以及收入水平等方面的差别，形成了旅游者外出旅游目的的多元化，使旅游市场需求呈现出多样性与复杂性。同一旅游产品，对不同的游客会有不同的吸引力，因此各种不同的旅游产品都会吸引相应的一部分游客。基于以上原因，任何一个旅游企业只要拥有具有一定吸引力的旅游产品，就可以进入市场，在市场上赢得一些市场份额。③旅游消费综合性特点，决定了旅游目的地的各类旅游企业必须相互协作，联合起来从总体上塑造一种良好的旅游形象，以增强旅游吸引力。现代旅游市场竞争，不局限于个别企业之间的竞争，而是表现为地域间整体实力的竞争，这是一种高层次的竞争。为此，各旅游目的地的政府都采取一定的措施使各种不同类型的旅游企业能够联合起来，共同合作，增强该地总体的旅游营销力。总之，只有充分认识旅游市场上的竞争特点，针对不同特点确立旅游企业的经营战略和营销策略，才能在市场竞争中立于不败之地。

4.2 旅游市场的作用与分类

4.2.1 旅游市场的作用

市场在社会经济运行中的作用，是通过市场机制的作用过程来实现的。所谓市场机制，是指构成市场的各个要素之间相互制约、互为因果的联系和作用。市场机制在现实的经济活动中，通过价格、供求、竞争、风险等要素来实现对经济运行的调节。市场机制要充分发挥作用的前提是经济活动主体利益的独立性。它要求企业必须真正成为自主经营、自负盈亏、自我约束、自我发展的经济利益实体。企业生产经营过程中投入的各种生产要素必须能够从市场上获得，生产的各种产品又必须通过市场销售出去。旅游市场的具体作用表现如下：

1）旅游市场是旅游供给和旅游需求的连接器

在市场经济中，生产是为市场需求而生产，交换是在市场中实现的。市场是联系生产和消费的桥梁，是连接供给与需求的纽带。旅游者在旅游过程中所需要的住、食、行、游、购、娱等各种旅游产品，必须通过市场交换才能得以实现。众多旅游企业生产的旅游产品必须经过市场出售给旅游消费者。旅游市场把旅游需求和旅游供给连接起来，离开市场，旅游供给和旅游需求就无法实现。因此，旅游市场是旅游企业的生产和旅游者消费间交换的载体。

2）旅游市场是旅游活动正常进行的调节器

旅游市场对旅游经济活动正常进行的调节作用，主要表现在两个方面：一方面是对旅游经济活动中的供求平衡的调节。旅游供给和旅游需求之间的矛盾是客观存在的，当供给和需求出现不平衡时，旅游经济活动就难以正常进行。市场上竞争机制和价格机制的作用，使得旅游市场不断地调节着供求关系由不适应向适应、由不平衡向平衡方面转化。另一方面旅游市场在调节旅游资源合理配置方面发挥着基础性作用。人类社会可利用的资源是有限的，要使有限的资源产生最大的社会和经济效益，就必须对资源进行合理配置。社会资源的配置方式可以有两种选择：一是通过人们的主观意识，采用计划的方式分配资源于各领域、各部门；二是通过市场，运用市场机制的调节作用来配置资源。一种资源可以有多种开发用途，如果要使其产生的效益最大，就必须在市场经济条件下，通过市场竞争规律和价值规律的作用，由市场进行选择，进行配置。比如，旅游业从社会资源中可以得到多少可支配的资源，这些资源用作开发什么项目，怎样去开发，开发多少等问题，只有通过生产供求关系和价格的作用，才能使各经济主体依据自身的经济效益来决策，达到资源的合理配置。

3）旅游市场是旅游经济运行状况的指示器

旅游经济活动完全由无数个分散的微观经济单位（企业和消费者）自主地进行，它们在国家政策允许的条件下，从自身的利益出发，按照自己的意志进行生产和消费。旅游的生产和消费活动总是在一定空间上的生产和消费，离开市场，它们便无法总揽经济运行的全局，就无法从经济运行的总体上把握或选择自己的生产和消费行为。只有在市场中了解各种信息，即市场供求、价格、竞争手段和竞争方式等状况的不断变化，才能对旅游经济活动状况做出正确的判断。旅游市场在旅游经济运行过程中发挥着指示器的作用。通过指示器所提供的各种经济参数，使各旅游企业对生产经营活动做出正确的抉择；旅游企业的宏观管理部门依据提供的各种经济参数，及时分析和掌握旅游市场运行的基本状况，并采取宏观上控制、指导、调节等政策。

4）旅游市场是对旅游企业经营活动进行检验和评价的标准器

某一旅游企业在社会经济活动中是否有存在的必要，它的存在对旅游经济活动的贡献大小，不在于人们的主观评价，而在于它在旅游市场中是否能经受考验和接受检验。在旅游市场中，旅游市场主体之间的关系首先是作为一种利益主体关系而存在。旅游生产者和旅游消费者之间，在自我利益的驱动下进行着交换对象和交换数量的选择。这种选择是在市场中进行的，也是在市场中实现的。通过选择，遵循优胜劣汰的原则，把那些不能生产出旅游者所需产品的企业淘汰出局，那些能够满足旅游者需求的企业不断成长壮大。因此，通过市场提供的客观标准，去评价和检验企业的生产经营活动，会促使旅游企业不断地提高经营管理水平，降低生产成本，生产出价廉物美、满足人们需要的旅游产品。

4.2.2 旅游市场的分类

依据研究问题的需要，可以把旅游市场按照不同的标准进行划分。

1）国内旅游市场与国际旅游市场

这是以旅游活动是否跨越国境来划分的。国内旅游市场是指接待本国居民在国境线范围之内的旅游市场。国际旅游市场是指旅游活动超出国境范围的市场。国际旅游市场还区分为出境旅游市场和入境旅游市场。出境旅游市场是指组织本国居民赴境外旅游的市场。入境旅游市场是指接待境外旅游者前来本国旅游的市场。国内旅游市场、出境旅游市场和入境旅游市场对于一个国家或地区的经济发展具有不同的意义。国内旅游市场的发展会刺激国内需求增加，促进货币回笼。在国家内需不足的市场条件下，大力发展国内旅游，对于刺激消费、启动经济，显然会起到积极的作用。出境旅游会增加一个国家或地区的外汇流出，加大外汇支出的压力，但是在国家外汇收入大于支出的情况下，鼓励本国公民出境旅游，对平衡外汇收支将起到积极作用。入境旅游则会增加一个国家或地区的外汇收入，增强其国际支付能力。因此，在一定时期内，一国政府可以根据本国国际收支状况和经济发展状况，对入境旅游和出境旅游制定不同的政策。

国际旅游市场和国内旅游市场之间具有密切的联系。一般来讲，国际旅游市场是国内旅游市场的延伸和发展。因而按照正常的逻辑，应当是在经济发展的基础上，首先发展国内旅游，再发展国际旅游。国内旅游业的发展在物质条件、服务水平和经营管理等方面为接待入境旅游者提供了必要的基础，增强了对入境旅游者的吸引力。这种先国内、后国际的旅游发展顺序是一国旅游业发展的正常模式。发达国家的旅游业，大都是遵循这种模式发展起来的，但是当今许多发展中国家的旅游业发展顺序则不完全相同。由于这些国家经济发展落后，当它们实行对外开放，发展国内经济时，首先遇到的便是外汇资金短缺的问题。为了增加外汇收入，扩大对外交流，它们通常选择优先发展入境旅游的政策。同时，对出境旅游又采取一定的限制措施。随着这些国家或地区的经济发展，居民生活水平的逐步提高，出境旅游才逐渐地发展起来。我国在旅游业的发展过程中，基本上是走的这样一条道路。

【同步案例4-1】

入境游是否能成为中国旅游业下一个掘金点？

背景与情境：自2015年至今，中国入境游逐渐摆脱了多年下滑的态势，实现了连续2年的稳步增长。2015年，中国接待入境游客1.33亿人次，同比增长4%，是3年来的首次增长。2016年，接待入境游客1.38亿人次，同比增长3.8%。其中，外国人入境2 814.2万人次，同比增长8.3%。预计今年入境游客有望达到1.43亿人次，越来越多的外国游客将到访中国。

旅游业内人士分析，中国入境游进入持续性增长阶段有其必然性。入境游的增长，得益于中国一直持续实施的相关举措。中国社科院旅游研究中心发布的2017年《旅游绿皮书》指出，随着中国经济社会的全面发展，签证、通关、免税、退税、航权等多项宏观便利化政策逐步落地实施，“美丽中国”概念得到务实推广，旅游目的地全球推广和营销创新持续优化，特色旅游形象和主打旅游产品层出不穷。中俄、中美、中澳等旅游年活动，扩大了中国旅游在世界的影响力。以上种种利好因素，为入境游持续增长提供了基础保障和全新动能。

资料来源　赵珊．中国入境游的春天来了［N］．人民日报，2017-03-27.

问题：为发展我国入境旅游，国家采取了哪些举措？你认为还应当采取哪些创新性的措施？

分析提示：

1）国家采取的措施主要有：入境旅游者的便利化政策方面；营销推广、特色旅游形象的设计以及推出主打旅游产品等。

2）创新性的措施，可以从旅游的硬件和软件两个方面来思考。如旅游产品开发中如何融入更多的文化要素，打造精品；旅游环境的改善；社会文明程度的提高；服务质量的提升等。

2）按六大区域划分的旅游市场

世界旅游组织根据全球地区间在地理、经济、文化、交通以及旅游者流向、流量等方面的联系，将整个世界旅游市场划分为六大区域市场，即欧洲市场、美洲市场、东亚及太平洋地区市场、南亚市场、中东市场和非洲市场。这是一种传统的、重要的市场划分。世界旅游组织每年按此划分口径，公布每个区域旅游市场的统计数字。这对于了解各地区旅游业发展情况，把握世界旅游市场的动态具有重要价值。六大旅游市场也反映了当今世界旅游市场的基本格局。

在六大旅游市场中，欧洲市场、美洲市场在接待旅游者人数、国际旅游收入以及市场占有率方面均高于其他市场，占据主导地位。进入20世纪90年代，尽管世界旅游业以欧美为主的格局没有发生根本性的变化，但欧美地区旅游业的相对发展速度明显减缓；而一些发展中国家，特别是东亚和太平洋地区国家的旅游业异军突起、高速增长。这种趋势总的概括起来便是：欧洲市场增速减缓，亚太市场发展加速，其他市场紧随其后。

3）团体旅游市场和散客旅游市场

这是按照旅游组织形式不同而划分的。团体旅游和散客旅游是两种基本的旅游组织形式。团体旅游又叫团体包价旅游，即旅游者在出发前参加一个旅游团体，并交付该次旅游的所有费用，然后随团外出旅游。团体旅游通常都是由各种旅行社组织，旅游者外出旅游期间的一切活动由组团的旅行社负责安排。团体旅游的好处有：旅游者方便省时、安全系数大、语言障碍少，尤其是在出境旅游中，这种优点表现得更加明显，但组团旅游的缺点是难以满足旅游者个人特殊的兴趣和爱好。

散客旅游，是指单个或自愿结伴的旅游者，按照其兴趣爱好，自主地进行旅游活动。散客旅游的好处是高度的自由性和灵活性，能在最大程度上满足旅游者个人的兴趣和爱好，但主要的问题是要克服语言上的障碍，同时散客旅游者所购买的各单项服务价格较高。

应当指出，散客旅游市场是否发达，已经成为衡量一个国家或地区旅游业是否成熟和发达的重要标志之一。这是因为：①旅游服务人员自身素质的提高，能够及时有效地直接与游客进行沟通和服务，首先要解决的是语言交流上的障碍；②旅游地的各种安全系数高；③旅游地提供的各种服务质量高；④能最大限度地满足旅游者的需要。

4）高档、中档和经济档旅游市场

这是根据旅游者消费水平的不同划分的。受收入、职业、年龄和社会地位等多种因素制约，人们外出旅游的消费水平显现出很大的差别。一般而言，国际旅游市场中高中档的消费水平居多，国内旅游市场中低档消费水平居多。为此，在旅游供给市场的产品结构设计上要依据实际情况，统筹规划，合理组织。

5）各专项旅游市场

这是根据旅游目的和内容的不同进行划分的，如度假、商务、会议、文化、宗教、体育、探险等各种旅游市场。

对旅游市场进行分类的目的是适应当今市场细分化研究的需要。对一定的市场，只有通过分类研究，才能有针对性地突出其市场特征，如某一地区主要是宗教旅游地，其各种建筑设施、餐饮业、娱乐业以及购物等，都应该富有宗教色彩。

【同步思考 4-2】

问题：你认为散客旅游发展的主要条件是什么？

理解要点：旅游者自身的语言沟通能力和个性张扬意识的增强；旅游地提供的服务齐备与方便；旅游的安全保障等。

4.3 旅游市场竞争

4.3.1 旅游市场竞争的必然性

任何竞争总是围绕一定的利益而展开。旅游市场上的竞争是指各旅游企业为了自身的经济利益，以争夺客源为中心而展开的较量。竞争与市场紧密相联，旅游市场的竞争是客观的、必然的，哪里有市场，哪里就有竞争。这是因为：

1）竞争是价值规律的客观要求和必然结果

竞争是市场经济的必然产物。价值规律是市场经济中最基本、最普遍的规律。价值规律包括两层含义：第一是价值决定，第二是价值实现。无论是价值决定还是价值实现都不能离开竞争。就价值决定来说，每个生产者生产同种商品所消耗的劳动时间因其生产条件的不同而表现出差别，但商品的价值不是由个别劳动时间决定的，是由社会的必要劳动时间所决定的。商品在市场上必须按照社会必要劳动时间来进行交换，即遵循等价交换的原则。社会必要劳动时间是商品生产者在市场交换中通过相比较而存在的，它的确定是市场自发运动的结果，这个自发运动过程就是竞争过程。竞争的内容是通过价格的波动表现出来的。就价值实现来看，一种商品的价值能否实现，不仅要看单个商品生产时间是否符合社会必要劳动时间，还要看整个社会生产这种商品所消耗的社会必要劳动时间与全社会实际需要的这种商品应该耗费的社会必要劳动时间是否相适应。如果一种商品生产的总量超过社会需要量，则说明这种商品劳动时间有一部分未被社会予以承认，它的价值便无法实现。究竟是哪个企业生产的该种产品属于超出需要量的部分，生产者在生产过程中是无法准确知晓的，只有在交换的较量中，才能见分晓。因而各企业在市场中争夺消费者的较量是不可避免的。

2）旅游市场的特殊性必然导致旅游企业间的激烈竞争

从旅游市场总体来看，现代旅游市场表现为供给大于需求的买方市场，旅游者在市场上占有主导地位。旅游市场需求变化性大、同一类型产品可替代性高等特点，使得企业在把握市场的动态、更好地适应需求方面，面临着巨大的挑战。谁能争得更多的旅游者，谁就能占领市场上更大的份额。另外，旅游产品的无形性和不可储存性，也使得企业更加注重对旅游客源的争夺。旅游企业如果一天没有游客，这一天便无法生产，就没有效益。因此，每一个企业都不惜一切代价去抓住稍纵即逝的市场机会。

4.3.2 旅游市场竞争的类型

旅游市场竞争与一般市场竞争除了具有其特殊性外，更多的是具有共同性，通常我们将市场竞争分为以下四种类型：

1）完全竞争市场

完全竞争市场也称自由竞争市场。这种类型的市场应具备以下条件：①市场上拥有众多的卖主和买主，他们买卖的商品各自只占市场份额的很小一部分，任何一个买主或卖主进入市场或退出市场，都不会使市场供求状况出现明显的变化，或者说任何一个卖者和买者都不能支配整个市场，他们中的任何人也都不能自主地决定市场价格，只能是适应或接受市场价格；②他们买卖的商品是同质的、无差别的，包括出售商品的条件也是相同的，在完全平等的基础上展开竞争；③生产要素在各行业之间完全自由流通，进入和退出市场无障碍；④有足够、完全的市场信息，每一个卖主或买主对市场信息状况充分了解和掌握，市场信息是畅通的，这表明卖主和买主都具备做出最佳选择的充分条件。

只有当以上这些条件同时具备，市场才称得上是完全竞争市场。现实经济生活中完全竞争市场是很难见到的。因此，它一般只能是存在于理论的分析中。

2）完全垄断市场

完全垄断市场存在的条件是：①某一种产品在市场上只有一家买主或卖主，它或者控制卖方，或者控制买方；②这种产品难以找到替代品；③由于种种条件限制，难以使其他企业进入市场。

在现实经济生活中，各国政府都制定相关的法律与政策严格限制企业的垄断行为，除了个别关乎国民经济命脉的行业或少部分社会公共事业还存在一定程度的垄断外，其他行业的垄断情形并不多见。

3）垄断竞争市场

垄断竞争市场又称不完全竞争市场。它存在的前提条件是：①市场上存在众多的卖主或买主，彼此展开激烈的竞争；②新的卖主进入市场比较容易，障碍小；③卖者之间的产品存在着一定差异，如规模、品质等；④卖主或买主都能获得一定的信息，但不是充分的。不完全竞争市场在现实的经济生活中是最常见的市场类型。

4）寡头垄断市场

寡头垄断市场是指某种产品绝大部分由少数几家大企业提供，几家大企业的产量占该行业总产量的较大份额，它们之中的任何一家都有控制和影响市场的能力。任何一个企业在市场上的行动，都会使其他几家企业做出相应的反应，它们之间既有竞争，又有合作。

在以上四种类型的市场中，完全竞争市场和完全垄断市场是两种极端的情况，在现实的经济生活中很少见，大多数市场类型属于垄断竞争市场。由于市场的范围不同和交易品种的差别，在一定的社会经济条件下总会同时存在不同的市场类型，但是就总体而言，旅游市场属于不完全竞争市场。这是因为：从旅游产品的供给来看，由于地域上的差别，各地旅游资源在数量、质量方面存在分布上的差异，但是不同地区都会利用本地的旅游资源，开发出独具特色的旅游产品，形成一定的旅游吸引力。另外，进入旅游市场的障碍小，当某种旅游产品有利可图时，很快就会有众多的企业投入生产，多家竞争的市场格局很快就会形成。就旅游需求而言，由于旅游者外出旅游的目的各不相同，用于旅游的支出各有差异，旅游者的需求表现为多层次性和多样性，因此各种不同的旅游服务企业都将拥有一定数量的消费者。谁也无法独自占领旅游的整个市场。

4.3.3 旅游市场竞争目标和竞争内容

1）旅游市场竞争目标

市场是竞争的场所，旅游企业在旅游市场中竞争的目的，是获得最大的利润，保证自我生存和发展，但是在现代旅游经济活动中，无论是国内旅游企业还是国外旅游企业都十分清楚，能够给企业带来利润的关键因素是旅游者，旅游者才是利润的源泉，谁拥有了旅游者，谁就拥有了市场，谁就拥有了利润。所以，现代旅游市场竞争的目标总是围绕争夺旅游者而展开。为了争取更多的旅游者，企业往往把实现目标的措施，具体化到以下两个方面：

（1）争夺旅游中间商。

旅游中间商是指从事旅游转销业务、具有法人资格的经济组织或个人，如各种各样的旅行社、旅游批发商、旅游零售商、旅游经纪人等。通常，在旅游者来旅游地之前，旅游生产企业是无法与旅游者直接接触的，也无法直接向每一个旅游者进行产品推销。为此，旅游企业把争取旅游者的目标分解到争夺旅游中间商方面。在现代旅游中，国际旅游一般是采取团队旅游方式，通过国际旅行社、外国旅游批发商、旅游零售商组织实现的。这些中间商本身并不直接生产旅游产品，它们只是向众多旅游产品的生产企业购买各种产品，再将购买的产品经过组合后，销售给广大旅游者。旅游中间商在购买旅游产品时，是站在旅游者的角度，体现着旅游者的利益。所以，旅游企业争取到了旅游中间商，就等于争取到了旅游者。旅游目的地企业（如旅行社、饭店等）必须借助于旅游代理商的支持，发展与旅游代理商的长期合作，通过这种支持与合作，才能够争取更多旅游者，实现扩大销售的目的。

（2）提高旅游企业的市场占有率。

这是一些旅游企业在市场竞争中所确定的重要目标。一个企业市场占有率的大小，是它的竞争实力和竞争地位的表现，是企业争取更多旅游者目标能否实现的具体体现。扩大市场销售量与提高市场占有率是相关的，销售量的扩大，会提高市场的占有率。在市场的扩张期，尽管各个企业都在不断扩大市场销售量，但是每个企业的市场占有率未必都提高。因此，一个企业是将市场占有率指标作为经营目标，还是将销售量指标作为经营目标，体现出企业在市场竞争中的态度。市场占有率一般可区分为市场绝对占有率和市场相对占有率。**旅游市场绝对占有率**是指在一定时期内，某一个国家、地区或企业实现的旅游产品销售量与同期、同一旅游市场的旅游产品销售总量的比率。其通常以接待人次来表示：

$$\text{旅游市场绝对占有率}=\frac{\text{同期某企业接待的旅游人次}}{\text{同期旅游市场接待的旅游总人次}}\times 100\% \tag{4-1}$$

旅游市场绝对占有率反映了该企业在销售同类旅游产品的市场中所占的份额，表明了企业在市场竞争中的地位，也表明了企业的竞争实力。

旅游企业的竞争地位还可以通过市场相对占有率来体现。**旅游市场相对占有率**是指一定时期内某旅游经营者的市场绝对占有率与同期、同一旅游市场范围内最大竞争者的市场绝对占有率的比率。其用公式表示如下：

$$\text{旅游市场相对占有率}=\frac{\text{同期某旅游企业的市场占有率}}{\text{同期、同旅游市场最大竞争者的市场占有率}}\times 100\% \tag{4-2}$$

相对市场占有率主要反映某一企业在某一市场上与其最强大的竞争者的相对关系。若某一市场经营者的相对占有率大于1，则表明该经营者的市场占有份额最大，说明它在市场竞争中处于领先地位；若相对占有率小于1，则说明该经营者在市场竞争中的地位不如对手，应采取一定的策略和手段力图赶上或超出。

总之，无论旅游企业采取什么样的具体目标，它在竞争中的最根本目标是争夺更多的旅游者，或者说企业吸引更多旅游者的目标最终要通过市场竞争来实现。目标的实现归根结底要依靠企业自身的竞争实力。要提高企业的竞争力，就必须了解旅游市场竞争包括的主要内容。

2）旅游市场竞争的主要内容

竞争是一种比较、一种较量。在旅游市场中，各企业要进行各方面的比较或较量。其主要内容如下：

（1）比较旅游资源，比较旅游产品。

旅游资源是形成旅游产品的基础，拥有的旅游资源越丰富、越具有吸引力，潜在竞争力也越强。因此，一个国家、一个地区或一个企业在旅游市场上的竞争，首先表现为对旅游资源占有的竞争，但是丰富的旅游资源必须经过有效的开发，生产出具有竞争性的旅游产品，才能形成现实的市场竞争力。我国的旅游资源十分丰富，是世界上最具旅游竞争力的国家之一。

（2）比较接待条件。

接待条件实质上也是一种旅游产品。如果旅游企业仅有丰富的资源型旅游产品，而没有良好的旅游接待条件，也很难具有较强的竞争力。接待条件包括旅游地的基础设施和专门设施，通常称为硬件。在旅游市场竞争中，硬件越强，竞争力越强，但“硬件硬”不等于“硬件高档次”，在实际工作中，有人认为加强硬件建设，就是要建一些高星级的酒店，星级越高越好，这是对硬件建设的一种误解。一个地区的旅游硬件建设应做到种类齐全、设施完善、布局合理、结构协调。

（3）比较服务质量。

旅游业是以提供服务为主的行业，服务是旅游产品固有的、不可或缺的内容。在旅游活动中，旅游者消费的每一个环节都离不开服务。高质量的服务是保障旅游活动顺利进行的必要条件，也是提高市场竞争力的关键因素。服务质量是旅游产品中的“软件”部分，“软件不软”才具有更强的吸引力。

3）旅游市场竞争的主要手段

在市场竞争中，实力是基础。没有一定的竞争实力，最终是无法在竞争中获胜的。一定的经济实力必须与适当的方法、有效的措施结合起来才能产生实际效果。因此，参与市场竞争的各旅游企业为了争夺旅游者，扩大市场占有率，必然在旅游市场上运用各种手段展开竞争。

（1）价格竞争手段。

价格手段是市场竞争中最常用的手段，也是最有效的手段之一。运用价格手段进行竞争，首先，要体现在价格的合理制定上。按质论价、优质优价，才有竞争力。我国旅游市场低成本的潜在优势，为我国在国际市场上制定富有竞争力的价格奠定了基础。其次，要根据市场供求状况，采取灵活的定价形式，及时地调整价格，并按照国际惯例，实行旅游差价和优惠价格，如季节差价、团体优惠、领队免费等。最后，要实行薄利多销的价格策略。运用价格手段进行竞争，在客源有限的情况下，往往容易造成恶性削价的局面，导致市场在无序化状态中运行。旅游管理部门应当时刻关注此类问题，加强宏观价格管理和价格监督，同时企业也要加强自律性。

（2）质量竞争手段。

旅游产品的质量优劣，不仅影响到旅游企业的声誉，更直接地影响旅游客源的数量。因此，在质量竞争中一般包括以下方面：①提高旅游服务设施、设备的现代化服务水平；②增强服务意识，增加服务项目，通过采取灵活多样的服务形式等手段提高服务水平；③不断调整旅游产品结构，要有预见性地淘汰那些不受欢迎的旧产品，不断开发新的旅游产品。

（3）促销手段。

促销手段是现代旅游市场上运用最频繁的竞争手段。促销的具体手段很多：①通过广告、招贴画、小册子、旅游风光宣传片等，对旅游地进行广泛的宣传。②设计具有当地特色及有较大影响的大型活动。如旅游年、旅游文化节、名人纪念活动以及民俗节日活动等。③举办或参加旅游博览会、展销会等。各国都把旅游博览会、展销会作为展示优势、扩大影响、招徕顾客的重要舞台。④在互利的基础上，展开联合招徕活动。如不同的企业之间、集团之间乃至不同国家和地区之间就旅游招徕举行联合行动，通过各种社交活动扩大影响，增强吸引力。

（4）简化出入境手续。

各国政府都十分重视旅游地对外国旅游者的吸引力。为了吸引国外旅游者，各国在为旅游者办理入境手续方面都尽可能地提供方便条件，如简化签证和入关手续、提高工作效率、缩短旅游者入境的等候时间等。有的国家之间甚至采取互免签证的方法，力求给两国间的旅游者往来提供更加方便的条件。

（5）信息竞争手段。

信息竞争手段正成为市场竞争中的重要手段。信息是一种无形财富，谁掌握了及时、准确、可靠的信息，谁就赢得市场竞争的主动权。如今网络技术在各个领域中的广泛应用，使信息的传播和收集已变成举手之劳。要及时科学地分析搜集来的大量信息，准确掌握旅游市场发展动态，有针对性地采取有利于企业竞争的决策。

总之，旅游市场的激烈竞争是客观的现实。旅游企业要生存、要发展，也只能在竞争中获胜。害怕竞争、回避竞争，都无济于事。企业只有直面竞争，积极地参与竞争，在竞争中不断增强实力，采取灵活有效的竞争策略和措施，才能赢得竞争的胜利。

【同步案例4-2】

在线旅游市场竞争愈演愈烈

背景与情境：市场竞争是市场经济的基本特征，在市场经济条件下，企业从各自的利益出发，为取得较好的产销条件，获得更多的市场资源而竞争。

随着人们经济收入的不断提高，人们对于旅游的需求越来越旺盛，由此带动在线旅游预订市场的急速升温，同时网络营销为越来越多的酒店经营者所采用。巨大的市场需求，导致越来越多的电商企业进入在线旅游预订市场，开拓酒店在线分销和旅游在线分销业务。

除携程网、艺龙网等老牌旅游分销商之外，天下酒店网、同程网、芒果网等新兴旅游分销网站迅速崛起。此外，电商巨头京东商城也高调宣布，将于近期上线新的酒店预订服务，并以此进入在线旅游领域。原本就竞争激烈、百家争鸣的在线旅游行业，或将再次引发新一轮混战。

2011年年底，艾瑞咨询发布的报告显示，2011年我国在线旅游市场规模达到1 672亿元，较2010年的1 037.4亿元增长了61.3%。由此看来，中国旅游网络营销前景良好，酒店线上预订市场潜力巨大，而与网络营销如影随形相伴而生的旅游体验经济也同样受到了业界人士的好评。

面对竞争日益激烈的在线旅游市场，各主要旅游分销网站各出奇招，希望借此在纷乱的市场中杀出一条血路，快速地发展壮大。

携程网全新推出“全日特价”的酒店专区，以折上折的超低价格优势吸引顾客。消费者通过在线预订、电话预订、手机客户端预订“全日特价”酒店，均可在携程会员价基础上再打5折。

艺龙网也在近年来逐步“砍”掉商旅和度假业务，专注于酒店预订。并同京东商城达成战略合作，共同开拓在线旅游和酒店预订市场。

作为新兴的电商企业，天下酒店网也不甘示弱，于2012年投入大量人力物力，酝酿全新的网站改版，并与58同城达成战略合作意向，加强线上推广力度以更加完善的产品和优质的服务加入到激烈的市场竞争中。

中国在线旅游快速发展，在线旅游占整个旅游市场的份额也将会继续扩大，这对各个旅游业电商企业来说，既是机遇也是挑战！

学习微平台

延伸阅读4-1

资料来源　根据中国经济网相关内容整理。

问题：导致在线旅游市场行业内部竞争加剧的主要原因是什么？未来的主要挑战是什么？

分析提示：从强大的在线旅游预定市场需求的存在来分析。未来不能单纯以价格战来争夺在线旅游市场应是各电商企业所面临的主要挑战。

4.4　旅游市场的调查与开拓

4.4.1　旅游市场调查

旅游市场调查是指用科学的方法搜集、分析大量的有关旅游市场及与其相联系的各方面的信息和资料，为有关部门准确可靠地做出正确的经营发展决策或预测未来提供科学依据的一项活动。

1）旅游市场调查的主要内容

旅游市场调查的内容十分广泛，由于调查的目的不同，调查时间不一，其内容要求也不相同，但从总体上看，旅游市场调查的基本内容可归纳为以下几点：

（1）旅游市场环境调查。旅游市场环境调查主要包括政治法律环境调查、经济环境调查和社会环境调查等。

①政治法律环境调查。政治环境调查包括世界政治环境是否稳定；旅游客源国与旅游目的地国双边政治关系状况及发展趋势；各国方针政策的变化，尤其是有关旅游方面的方针、政策的变化。法律环境调查主要是了解双边国家的有关旅游法律和法规，以及办理出入境手续等方面的规定等。

② 经济环境调查。经济环境调查包括各客源国或地区的社会经济制度；经济特征及经济发展速度和国民收入总水平；双边国家的物价水平；双边国家的货币汇率以及变化趋势等。

③ 社会环境调查。社会环境调查包括人口的总量及分布；生活习惯和闲暇时间；价值观念；受教育程度与文化水平；宗教信仰；民族分布以及文化意识等。

（2）旅游市场需求调查。旅游市场需求调查主要包括现有的旅游产品需求量；人均消费水平及消费结构；不同阶层的旅游者的不同需求及其变化趋势；旅游方式的现状及其变化趋势；对旅游地旅游设施与服务等方面的评价与要求等。

（3）旅游市场供给调查。旅游市场供给调查包括旅游吸引物的调查；旅游设施设备调查；旅游可进入性调查；旅游服务调查；旅游企业形象调查等。

（4）市场竞争状况的调查。市场竞争状况的调查主要是竞争对手的调查。竞争对手是指与本国、本地区或本企业争夺客源的国家、地区或企业。对竞争对手的调查包括竞争对手的现有客源市场状况；旅游产品的优势和劣势；所处的地理位置和接待条件；市场营销策略；促销方式和渠道；旅游价格以及该国关于旅游的有关政策和法令等。在调查竞争对手状况的同时，应当将每次调查情况与本国、本地区或本企业相比较，做到知己知彼。通过对比分析，采取有针对性的竞争措施。

2）旅游市场调查的方法

旅游市场调查的方法很多，其基本方法可以分为间接调查法和直接调查法。

（1）间接调查法，又称文案调查法。间接调查法是通过搜集旅游企业内部和外部各种现成的信息数据和情报资料，从中摘取与调查课题有关的内容进行分析研究的一种调查方法。这种方法相对简单、易行，并能够在较短时间内达到调查的目的，因为获取现有的信息数据和情报资料可以通过很多信息载体来进行。例如，各企业内部的报表；有关旅游的报纸、杂志、年鉴、专辑、学术研究资料；国际或区域旅游组织和专业旅游市场调查研究机构的年报或其他资料；网络上的信息资料等。获取这些资料的速度快、成本低，只要我们客观全面地进行科学分析，就可以达到调查的目的。因此，此种方法常被作为旅游市场调查的首选方法。

（2）直接调查法，又称实地调查法。直接调查法是在周密的调查设计和组织下，由调查人员直接向被调查者搜集原始资料的一种调查方法。实地调查法主要有询问法、观察法和实验法。

① 询问法，又称访谈法。询问法是调查人员采用访谈询问的方式向被调查者了解旅游市场情况的一种方法。这种方法又可分为面谈调查法、电话调查法、邮寄调查法、留置问卷调查法等。

② 观察法。观察法是指调查者在现场对被调查对象和事物进行直接观察或借助仪器设备进行记录，以获得旅游市场信息资料的调查方法。此种方法的最大

特点是被调查对象并不感到正在被调查，心理干扰较少，能客观地反映被调查对象的实际行为，资料的真实性强。

③ 实验法。实验法是指把调查对象置于特定的控制环境下，通过控制外部变量和检验结果差异来发现变量之间的因果关系，以获取信息资料的调查方法。

4.4.2 旅游市场细分与目标市场的选择

1）旅游市场细分

现代旅游市场是极其广阔的市场，任何旅游目的地或旅游企业很难以自身的有限资源和力量，开发出各种不同的旅游产品，全面地满足各类旅游者的所有需求。因此，每一个旅游目的地或旅游企业都只能在整体市场中找准对自己最富有吸引力的某一个或某些客源市场，把它作为目标市场来进行开拓。正确地选择目标市场，必须以市场细分为前提。**旅游市场细分**是指按照一定标准将整体市场分为若干个不同类型的小市场，这些不同的小市场就是细分市场。

市场细分是以市场的差异性和相似性为客观基础的。旅游市场细分必须符合以下原则：①可衡量性原则，即各细分市场的需求特征、购买行为等要能被明确地区分开来，各细分市场的规模和购买力大小等要能被具体测度；②可盈利原则，即经济原则，要求细分市场要有被开发的经济价值，有利可图；③可进入原则，即开发的旅游产品可进入市场，能够占有一定市场份额，旅游者可以顺利抵达细分后开发的市场，不被阻隔在外；④稳定性原则，即细分后的市场应具相对的稳定性。

旅游市场细分是按照一定的标准进行的，按主要标准可分四类，即人口属性细分、心理类型细分、地理环境细分和购买行为细分。

（1）人口属性细分。

人口属性包括旅游者外在的自然属性和社会属性两方面因素，具体可按年龄、性别、家庭规模、婚姻状况、家庭生命周期、收入水平、职业、文化程度、宗教、民族等因素来细分。如按年龄来细分市场，可分为老年人、中年人、青年人等细分市场；按性别可分为男性旅游市场和女性旅游市场。按人口属性来细分市场是最常用的一种标准，细分因素之间的差异明显，很容易确定。

（2）心理类型细分。

心理类型细分主要指按照旅游者的性格气质、旅游动机等因素来细分市场。旅游者的旅游动机和目的，是实现旅游活动的主观条件，心理特征在形成旅游动机上起着首要作用。如依据旅游的动机和目的，可以将市场细分为观光旅游市场、度假旅游市场、康体旅游市场、探险旅游市场、探亲访友旅游市场等。

（3）地理环境细分。

地理环境细分指可以按地理区域、气候环境、空间位置等因素来细分市场。按地理区域来细分，可以分为洲际旅游市场、国际旅游市场和区际旅游市场。如世界旅游组织根据地区间在自然、经济、文化、交通以及旅游者流向流量等方面的联系与区别，将世界旅游市场细分为六大区域市场。通常我们较多地按照国别来细分旅游市场。由于国界因素，一个国家内部的消费需求往往有更多的相似性，而国与国之间则往往表现出较多的差异性，这样细分的市场会有针对性地开发某一国家的旅游客源。国际上还通行按不同客源国旅游者流向某一旅游目的地国的人数占该旅游目的地国总接待人数的比例来细分市场，通常分为一级市场、二级市场、机会市场。把占接待国旅游人数比例大的两三个客源国称为一级市场，次之称为二级市场，来目的地国人数最少的国家被称为机会市场。

（4）购买行为细分。

购买行为细分指按购买形式、购买时间、购买频率等因素细分市场，如按购买形式可细分为团体旅游市场和散客旅游市场。团体旅游市场具有省心、省时、省事以及节约费用、安全系数大、语言障碍小等特点，但同时存在着个体适应性与过程灵活性差的突出问题；而散客旅游市场近几年在世界范围内发展势头很强，散客旅游人数已超过团体旅游人数。按照购买时间来细分，可分为淡季旅游市场、旺季旅游市场和平季旅游市场等。

总之，按不同细分标准，可以将整个旅游市场细分为若干个子市场。在实施市场细分时，我们有时不是采取单一标准细分，而是采取几个标准组合来细分，如女性中年市场就是两个标准的组合。每一个细分市场都具有明显的个性特征，便于有针对性地开拓旅游市场。

2）旅游目标市场的选择

旅游市场细分的目的是选择旅游目标市场，目标市场的选择必须在市场细分的基础上进行。在选择旅游目标市场的同时，还必须选择实现旅游目标市场的策略，一般有三种目标市场策略可供选择：

（1）无差异性目标市场策略。

它是指市场开拓单位将旅游市场视为一个整体，忽视整体市场内部旅游者需求的差异性，求同存异，然后针对该市场只推出一种旅游产品，利用一种统一的旅游营销组合，为满足共同的需求服务。

选择无差异性目标市场策略，可以发挥规模效益的优势，并容易形成名牌产品轰动效应，如我国的长城、秦始皇陵及兵马俑等旅游产品就基本上以此种策略创出品牌。这种策略的缺点是不能完全满足旅游者差异性的需求。因此，选择此种策略应限于少数垄断性较强的旅游产品或供不应求的旅游产品。

（2）差异性目标市场策略。

它是指在整体市场中选择若干个细分市场作为自己的目标市场，针对不同细分市场的需求特点，提供不同的旅游产品，即制定不同的营销组合，为满足不同的细分市场需求服务。如饭店同时推出普通客房、商务客房、别墅或庭园等不同的产品；旅行社也可以同时推出各种不同的旅游线路等。此种策略的主要优点是：能有针对性地满足各类旅游者的不同需求，有利于提高旅游产品的竞争力，有利于降低经营风险等。其缺点是难以降低经营成本，形成规模效益，同时由于细分市场较多，对营销能力有较高的要求，实力弱小的旅游企业一般不宜采用。

【同步思考4-3】

问题：差异性目标市场策略与无差异性目标市场策略的主要区别是什么？

理解要点：主要是旅游产品供给的品种数量差异和采取策略的差异。

（3）集中性目标市场策略。

它是指市场开拓单位只选择其中一个细分市场或少量的细分市场作为目标市场，集中企业的全部营销力量实行高度的专业化经营，为充分满足特定的旅游需求服务。如有的旅行社开发具有特色的专题旅游线路，有的宾馆只接待度假旅游等。这种策略的突出特点在于企业营销对象集中，能充分发挥企业优势，使企业在特定的市场上具有很强的竞争力。其缺点是企业要承受市场单一化的风险，一旦这部分市场情况发生变化，企业经营就会出现危机。

上述三种目标市场策略各有千秋、利弊共存，企业必须根据自身实力和特点以及其他因素做出合乎实际的选择。

4.4.3 旅游市场的开拓策略

目标市场选定之后，就要进行开拓。为确保一定时期内旅游市场目标的实现，需要制定一套与之相适应的市场开拓策略，主要包括旅游产品策略、价格策略、销售渠道策略和促销策略。

1）旅游产品策略

旅游产品是吸引旅游者、开拓市场的基础。世界旅游市场发展至今，旅游产品日趋丰富，已形成不同的产品体系。我们在制定旅游产品开发策略时，必须从旅游者的需求出发，以旅游者的需求为导向，使新的旅游产品具有鲜明的个性特征。我国旅游资源十分丰富，待开发的潜力巨大，我们要充分利用旅游资源的这种优势，尽快把它转化为旅游产品优势。随着我国国际地位的不断提高，经济实力的不断壮大，古老的东方文化对西方人越来越具有旅游吸引力。我们在进行旅游产品开发时，首先，要充分注意新产品开发中的民族文化含量；其次，要注意在一个旅游区内的旅游资源的配套开发，加强旅游景点的环境建设，增强区域内旅游的吸引力；最后，在开发新产品时，要注意使用现代高科技技术，注意对环境的保护。

2）旅游价格策略

旅游产品对价格变动的敏感程度较高。实施正确的价格策略，对增强旅游产品的市场竞争力非常重要。在制定旅游价格时，首先，要根据企业发展的总体战略目标以及市场状况，确定新产品的定价目标，避免定价的盲目性；其次，要根据定价目标，选择适当的定价方法和灵活的定价策略；最后，价格确定后，要保持它的相对稳定性，不能频繁地变动。

3）旅游产品销售渠道策略

旅游产品必须经过一定的销售渠道才能实现交换。销售渠道是指旅游产品从生产领域到达消费领域所经过的路线或途径。旅游产品的销售渠道主要有直接和间接两种。直接渠道是指旅游产品不经过中间商直接销售给旅游者的途径。间接渠道是指旅游产品经过中间商销售给旅游者的途径。旅游产品销售渠道选择是否合理，直接影响着旅游产品的销售。目前，我国的国际客源市场在相当程度上要借助外国旅游批发商和零售商的支持来发展，我们应当选择那些与我国目标游客群的要求相适应的旅行商，特别要注意发展与国外大型的、信誉较高的旅行商的长期业务关系。同时，我们要大力发展我国自己的旅游销售网络，利用现代营销手段，促进旅游产品的销售。

4）旅游促销策略

旅游促销是促进旅游产品销售的多种手段的综合。促销手段主要有广告、营业推广、人员推销和公共关系等。促销策略就是对促销方式、促销手段的运用以及对促销效果进行科学的选择、配置、调控以及评价的过程。促销已成为旅游市场竞争的重要手段，也是我国进一步开拓旅游市场亟待加强的战略重点。当前我国在旅游促销上的主要问题是：认识水平不高、促销形式简单、促销经费短缺等。国家要从总体上加强对促销工作的指导和支持。

【同步资料4-1】

我国"银发旅游市场"开发大有作为

目前，我国老年出游的比例已高达20%，并且呈现高速增长的态势，但也面临市场供给不足、服务项目不全、产品开发单一等问题。

究其原因，不少旅游业者仅仅着眼于目前比较赚钱的市场，把"银发旅游"看作是"鸡肋"。或者，一方面欲从这个市场分取一杯羹；另一方面又不愿意投入资金为老年人旅游提供更健全的服务体系。

2015年7月1日起实施的新修订的《中华人民共和国老年人权益保障法》提出，积极应对人口老龄化是国家的一项长期战略任务。需要引起人们注意的是，随着人口老龄化的快速发展，我国老年人口消费规模快速增长，"银发旅游"将迎来发展高潮。有专家预言，未来30年，每年的老年旅游者将保持7.3%的增幅。据国际老年大学协会估计，到2025年，"银发旅游"带来的产值将超过34万亿元。

我国老年旅游发展是迅速的，但与发达国家相比还有很大差距。根据世界旅游和旅行理事会的调查结果，在欧美等发达国家，老年旅游占世界旅游市场的50%至60%，远远高于我国的20%的比例。

目前，"银发旅游"存在的问题有：市场细分不够到位；旅游景区、景点的产品设计缺乏针对性；旅游服务项目的专业性不强；产品线路比较单一。因此，如何充分开发挖掘"银发旅游"是一个摆在我们面前的重大课题。要研究老年人群特征，推出个性化服务，并依据差别服务制订不同差价，以满足老年游客的不同需求。

资料来源　根据《中国旅游报》相关报道整理。

学习微平台

延伸阅读4-2

【教学互动4-1】

互动问题： 旅游市场竞争可以使用哪些方面手段？不正当竞争的表现有哪些？

要求： 同"教学互动2-1"的"要求"。

■ 本章概要

□ 内容提要

旅游市场是旅游经济活动的载体，旅游市场的发展过程就是旅游业不断发展的过程。研究旅游业的发展离不开对旅游市场的研究。

旅游市场属于专业性市场。旅游市场具有鲜明的消费异地性、较强的波动性、天然的开放性、明显的季节性和高层次的竞争性等特征，了解和掌握旅游市场特征，有利于我们搞好旅游市场营销和旅游市场管理工作。

旅游市场在社会经济运行中发挥着十分重要的作用，主要表现为：旅游市场是旅游供给和旅游需求的连接器；是旅游经济活动正常进行的调节器；是旅游经济活动状况的指示器；是旅游企业经营活动评价的标准器。

旅游市场运行所遵循的基本规律是价值规律，市场竞争是价值规律的客观要求。总体而言，市场可分成四种类型：完全竞争市场、完全垄断市场、垄断竞争市场和寡头垄断市场。旅游市场一般属于不完全竞争市场类型。旅游市场竞争的目标是旅游客源的争夺。为了争取更多的客源，旅游企业必须在旅游产品、接待条件和旅游服务质量等上面下工夫，以增强企业的竞争力。旅游企业在市场竞争中通常采用的手段有：价格竞争、质量竞争、促销竞争、信息竞争以及简化手续等手段。

旅游市场调查是一项经常性的基础工作。其主要内容包括：旅游市场环境调查、旅游市场需求调查、旅游市场供给调查以及旅游市场竞争状况调查等。旅游市场调查的方法很多，其基本方法可分为间接调查法和直接调查法两大类。旅游企业要结合企业实际情况和市场竞争状况选择企业的营销目标。在目标选定后，通过旅游产品策略、价格策略、渠道策略和促销策略等大力开拓旅游市场。

□ 主要概念和观念

▲主要概念

广义旅游市场　狭义旅游市场　旅游市场绝对占有率　旅游市场相对占有率　旅游市场调查　旅游市场细分

▲主要观念

旅游市场的分类　旅游市场竞争的类型

□ 重点实务

旅游市场竞争的主要手段　旅游市场调查的主要内容和方法　旅游市场的开拓策略

■ 基本训练

□ 知识训练

▲复习题

1）旅游市场的作用主要表现在哪几个方面？

2）为什么说旅游市场竞争的存在是必然的？

3）简述旅游市场竞争的主要手段。

4）简述旅游市场调查的主要内容和基本方法。

5）旅游目标市场开拓的策略有哪些？

▲选择题

(1) 世界旅游组织将世界划分为六大区域旅游市场，目前在这六大区域旅游市场中，(　　) 市场最发达。

A.欧洲　　　　　　　　B.美洲

C.东亚及太平洋地区　　D.南亚

E.中东　　　　　　　　F.非洲

(2) 目前旅游市场竞争主要属于 (　　) 的类型。

A.完全竞争　　B.垄断竞争　　C.完全垄断　　D.寡头垄断

(3) 某一旅游企业较长时期采用低价的营销策略，其目的主要是 (　　)。

A.获取短期的高额利润　　B.获得超额利润

C.增强企业经营实力　　　D.扩大市场占有率

▲判断题

(1) 旅游市场竞争是由各地旅游资源的差异性和政府管理不力造成的。(　　)

(2) 旅游市场是联系旅游供给与旅游需求的桥梁和纽带，是商品交换的载体。(　　)

(3) 旅游市场细分应当是越细越好。(　　)

(4) 旅游消费属于高层次消费，旅游市场高层次的竞争就是由旅游市场消费的特征所决定的。(　　)

▲讨论题

旅游市场高竞争性的表现有哪些？旅游地区或企业应如何参与旅游市场的竞争？

□ 能力训练

▲理解与评价

广义旅游市场与狭义旅游市场的区别是什么？从广义角度来理解旅游市场，对全面、健康发展旅游产业有何意义？

▲计算题

1）大连市2019年共接待游客8 500万人次，某旅行社接待了旅客600万人次，请计算该旅行社在该市的市场绝对占有率是多少。

2）如上题，在同一市场上，另一主要竞争对手的旅行社市场绝对占有率为8%，请计算该旅行社的相对市场占有率是多少。

▲案例分析

"正规军"能否破局北京一日游顽疾

背景与情境：一日游，北京旅游的重灾区，如今却受到了大型旅游企业的青睐。近日，多家出境游旅游企业都开发出一日游产品，以往主攻出境游市场的大型旅游企业缘何频频关注短途高频的一日游市场？北京市旅游发展委员会主任宋宇在接受媒体采访时表示，以往针对“非法一日游”都是“堵、打、抓”，2017年会在“堵”的基础上加大“疏”的工作。实际上，大型旅游企业的介入在一定程度上起到了规范一日游市场的作用。然而，短途高频的一日游产品并非像出境游产品具备一定的利润，因此，大型旅游企业真的能够做好一日游吗？

大型旅游企业青睐一日游

大型旅游企业开始试水一日游项目，中国旅行社总社（以下简称“中旅总社”）推出的“故宫一日游”就是一例，中旅总社旗下自由行独立品牌“自游派”推出了区别于传统故宫游览路线的一日游产品。中旅总社官方网站显示，故宫一日游项目从4月2日开始于每周六集结出发，由中旅总社的导游带队讲解，总费用299元（包括故宫门票和特色午餐），针对的人群主要是亲子游家庭。

除了线下旅行社，线上平台也紧跟着推出了一日游定制服务。近日，由北京市旅游委与途牛网合作创建的“北京一日游”旗舰服务平台上线运营，游客可通过平台查询、预订一日游产品，而且如果遇到投诉，途牛网可以对游客进行先行赔付。

目前，该旗舰服务平台已经聚集20家专长于北京一日游服务的供应商，提供150余项北京一日游产品，涵盖了天安门、故宫、长城、颐和园、王府井、奥林匹克公园等景点。北京商报记者在该平台查询后发现，目前一日游的不同线路价格在100～300元之间不等。其中，北京八达岭、十三陵和京郊古北水镇路线最为热门，各产品好评率都在95%以上。

一日游乱象给了大型旅游企业机会

北京市旅游发展委员会主任宋宇在接受媒体采访时曾表示，2017年会对“非法一日游”加大“疏”的工作，不排除政府层面的支持。而“疏”就需要途径消解“非法一日游”被取缔后的一日游市场游客，此时高质量和有保证的“北京一日游”产品也就应运而生。同时，宋宇还表示，北京市旅游发展委员会将为平台运营提供必要支持。希望途牛网发挥大数据优势，为政企合作寻找出一个新的发展模式。

此次途牛网上线的“北京一日游”旗舰服务平台提出了“先行赔付”原则，解决了游客“投诉无门”的担忧，同时对供应商准入和产品上线制定遴选规则，通过市场公平竞争实现“非法一日游”被正规旅游企业淘汰。

有业内人士表示，在这样的情况下，一日游市场给了大型正规旅游企业商机。与此同时，正规旅游企业的进入也能够起到规范一日游市场的作用。

“正规一日游”仍存挑战

有业内人士分析称，一日游的利润空间并不大，并且对一些也在发力做出境游市场的旅游企业来说，一日游和出境游的利润空间相比要小很多。

从事多年旅行社导游工作的刘京平告诉北京商报记者，目前正规旅行社的一日游产品基本在一二百元的价位，同时要负责门票、交通以及午餐费用，剩下的利润空间并不大，这样的产品更需要的是数量上的规模化。然而，出境游团费动辄几千元甚至上万元，高团费的情况下获得利润就更容易，并且出境游一般时间都比较长，吃、住、行、游、购、娱等项目打包销售的出境游团队除了利润点更多，成团也有保证。而一日游产品的各个路线、每天的游客数量不固定，操作成本、人工成本和时间成本都高于出境游产品。

北京联合大学教授李柏文也表示，一些“非法一日游”正是打着低价的幌子招揽生意，让“正规一日游”相对较高的价格不能很好立足，外地参加“北京一日游”的人群接收一日游信息途径有限，尤其是一些中老年人对OTA模式也是知之甚少，这些游客被不知名的“非法一日游”产品抢占，“正规一日游”产品难以匹敌。李柏文分析称，实际上旅游企业和政府部门合作整改旅游市场，不仅能够得到政府背书、获得政府方面的旅游优惠政策，还能树立良好的企业形象，这是一种无形资产的积累。

业内人士还分析指出，正规旅游企业做一日游产品实际上早就有，甚至也有产品无疾而终，归根结底是被低价所打败。此次“正规一日游”产品能否破局“北京一日游”市场的乱象，除了要看政府部门之间的“组合拳”，还需要看旅游企业的产品能否真正站得住脚。

资料来源　关子辰．“正规军”能否破局北京一日游顽疾［N］．北京商报，2017-03-30.

问题：正规旅游企业进入一日游市场就能治理好市场乱象吗？你对上文中的观点有何评价？

分析要求：同第1章“基本训练”中本题型的“分析要求”。

▲实训操练

实训项目：“旅游市场调查与开拓”知识应用

实训要求：假定在你们学校周边开设一家饭店，试通过市场调查对该项目进行市场定位，并确定分析产品、价格、渠道、促销等方面的开拓策略。

实训步骤：

1）将班级学生分成若干训练小组，通过网上或周末市场调研，分别搜集相关资料。

2）各组根据调查和收集到的资料，对拟开办的饭店进行市场定位，并确定其产品、价格、渠道、促销等方面的开拓策略，在此基础上形成《关于开设××饭店的项目论证》。

3）在班级里，讨论、交流和修订各组的《关于开设××饭店的项目论证》。

5）各组根据上述调研、问题分析、组内讨论和班级交流等体验、心得与收获，形成本次实训操练总结，形成《“‘旅游市场调查与开拓’知识应用”实训报告》，并将《关于开设××饭店的项目论证》作为其“附录”。

6）在校园网的本课程教学平台上展示各组的《“‘旅游市场调查与开拓’知识应用”实训报告》。

□课程思政

记者体验：350元的九寨沟、黄龙三日游

背景与情境：2016年11月，《消费主张》曾报道过四川九寨沟部分购物店与

旅行社相互串通诱导游客购物收取提成的现象，随后九寨沟、黄龙旅游线路也成为了四川旅游部门重点整治的对象。可是让记者没有想到的是，九寨沟、黄龙的低价旅游团仍然在继续经营。

一家中国国旅的工作人员告诉记者，如果参加购物团，九寨沟、黄龙三天两晚的团费只需350元即可。而2017年四川旅行社协会发布的九寨沟、黄龙四日游参考价为880元；2016年，四川旅行社协会发布的九寨沟、黄龙三日游参考价为600元，无论从哪个指标来衡量，350元的九寨沟、黄龙三日游都属于不合理低价游。

记者在某家旅行社花350元报了一个三天两晚的九寨沟、黄龙之旅。可是让记者没有想到的是，旅行第一天，刚一上车，导游就提前收取了每人200元观看演出的门票钱。

导游："200元你揣在包里面买不了车，买不了房，但是你花了这200元，你不光可以感受到我们浓郁的藏族文化，在接下来的工作当中，师傅和多吉会更加卖力，让大家真正感觉到来一次九寨沟是乘兴而来，满意而归。"

接下来的行程，一路上都是在购物，仅第一天就进了两家综合超市和一个藏民家访，在藏民家里游客被强行和藏民合影每人收费20元。

第二天，全天游览九寨沟，晚上观看演出。第三天，进了一家藏药店以及一个麻衣藏寨，在藏寨，卓玛给大家介绍银器的各种好处以及用处，还现场为大家演示如何用银手镯为病人刮痧治病，不少游客纷纷掏钱购买了这里的银器。

进完了藏寨，下午又进入了一个羌寨，简单的浏览之后，一位当地导游又把大家带到了一个卖牦牛角梳子的地方，而且一直跟游客强调这种梳子的好处，在现场记者看到，不少旅游团都被带到了这里购买梳子。

逛完羌寨已经是下午6点，晚上8点，全车游客被带回成都，结束了三天两晚的九寨沟、黄龙之旅。

这三天记者所看到真正的景点只有九寨沟和黄龙两个地方，而遭遇的购物店却多达9家。

注：央视财经《消费主张》记者2016年曾曝光了九寨沟、黄龙线路上购物店以每克16.8元的价格向游客兜售银器，同时把销售收入的60%私下返还给旅行社，而今年我们的记者发现九寨沟、黄龙线路上的银器售价不降反升，今年售价居然高达每克19.8元。

资料来源　根据央视网相关内容整理。

问题：国家为何要禁止不合理的低价旅游？其主要危害是什么？

要求：同第1章"基本训练"中本题型的"研判要求"。

第5章 旅游需求与旅游供给

◆ 学习目标

通过本章学习，应该达到以下目标：

职业知识：学习和把握旅游需求的概念、特点、影响因素、规律和需求价格弹性，旅游供给的含义、特点、影响因素、规律和供给价格弹性，旅游需求与供给矛盾的形成、表现形式和调节等理论与实务知识；能用其指导或规范本章认知活动和技能活动，正确解答“基本训练”中“知识训练”各题型的相关问题。

职业能力：点评“人民币币值持续上升对我国旅游市场发展的作用”，训练专业理解力与评价力；根据相关公式计算价格弹性，强化与“旅游需求和供给”相关的“规则意识”和“综合能力”；运用本章理论与实务知识研究相关案例，培养在“旅游需求与旅游供给”情境中的多元表征能力；通过搜集、整理与综合近三年关于“旅游需求与供给的矛盾运动”知识，撰写、讨论与交流《“旅游需求与供给的矛盾运动”最新文献综述》，培养关于“旅游需求与旅游供给”的“自主学习”通用能力。

课程思政：结合本章教学内容，依照相关规范或要求，对“课程思政5-1”和章后“景区升级观光车‘圈路’又收费”等案例中的企业或其从业人员行为进行思政研判，强化企业的道德伦理观念。

【引例】

丰富旅游产品供给，引导旅游新需求

背景与情境： 2022年全国文化和旅游厅局长会议提出，要深化旅游资源开发，推进旅游业高质量发展，丰富旅游产品供给，更好满足大众旅游特色化、多层次需求。

通过不断丰富旅游产品供给，引导旅游新需求、拉动旅游新消费、促进旅游新增长，是当前构建国内国际“双循环”新发展格局、消费拉动增长和高质量发展背景下，旅游行业积极响应和参与国家战略的重要举措。特别是在常态化疫情防控下，旅游行业更应该主动适应人们旅游需求特征和旅游市场趋势变化，以更加积极的行动，创新产品、创新业态、创新服务，用种类更加多样、内容更加丰富、功能更加齐全的产品供给，更好满足广大人民群众日益增长的美好生活需要。

资料来源 根据中国旅游新闻网相关资料整理。

为了达到上述要求，我们从旅游需求和旅游供给两个方面展开工作。

5.1 旅游需求

5.1.1 旅游需求的概念

旅游经济学中的旅游需求是指人们为了满足旅游欲望或意愿而购买某种旅游产品的要求。**旅游需求量**是指在一定的价格水平和时间条件下，人们愿意购买旅游产品的数量。

理解旅游需求，还应把握以下几层含义：

（1）旅游需求从总体上应包括消费需求和投资需求。本章所研究的旅游需求是指旅游消费者的需求，属于消费需求部分。旅游也有投资方面的需求，这部分需求的问题放在后面的章节中研究。

（2）旅游需求表现为旅游者的购买行为。购买行为是在市场交换中实现的，所以任何需求都是有条件的需求。首先，旅游需求表现为货币支付能力的需求，是通过购买而实现的需求。其次，旅游需求表现为一种有闲余时间的需求。旅游活动要花费一定的时间，没有时间，旅游活动就无法实现。

（3）旅游需求包括现实的旅游需求和潜在的旅游需求。现实需求是指人们在实际购买旅游产品的行为中所表现出来的需求。潜在需求是指人们对旅游产品的一种购买意向。这种意向既有可能发展成现实的购买，从而变成现实的需求，也有可能只停留在意向本身，继续成为一种潜在需求。潜在需求是一种未来需求，表现为未来市场的一种潜力。因此，对于旅游企业来说，现实需求规模大小具有现实的意义，而潜在需求具有市场发展的战略意义。

旅游需求实质上是指对旅游产品的需求。旅游产品既可以是具体的单项旅游产品，又可以是总体的或整体性的旅游产品。研究需求问题，我们通常是指对旅游产品的总需求进行研究。

【同步思考5-1】

问题：旅游企业在制定营销策略时，旅游消费者的现实需求和潜在需求哪个更重要？

理解要点：潜在需求。

【同步资料5-1】

旅游需求是什么

从消费角度看，旅游需求是最终需求，是直接拉动旅游发展的动力。因为旅游消费是一种综合性的消费，涉及众多行业的生产。旅游消费又是一种重复性消费，可以持续拉动生产。旅游需求是差距性需求，由于旅游者收入水平的差异和旅游目的的不同，需求的内容和档次差异很大，富人有富人的玩法，穷人有穷人的玩法，老人有老人的需求，年轻人有年轻人的需求。

资料来源 根据中国旅游新闻网相关内容整理。

5.1.2 旅游需求的特点

与一般的商品需求相比较，旅游需求主要有以下特点：

1）旅游需求的整体性

旅游需求是旅游者在外出旅游过程中的一切需要。旅游者在旅游活动的全程中，不可能仅需求某一单项旅游产品，是对与旅游活动相关的多项产品的系列需求。一次旅游活动的完成，要涉及行、住、食、游、购、娱等各个方面，尽管旅游者的主要目的只是为了实现精神上的某种满足，但离开对住、食、行等方面的需求，其旅游目的就无法实现。因此，旅游需求客观上就是一种整体性的需求，是各种不同旅游产品的组合需求。这种需求的实现要依靠众多旅游企业通力协作才能予以满足。

2）旅游需求的指向性

旅游需求的指向性是指旅游者对主要旅游产品的需求是定向的。旅游者外出旅游，总是要事先确定一个旅游目的地。这些旅游目的地，大都是以自然、历史资源为基础而形成的具有一定吸引力的旅游景点和景观。它们在空间上具有不可移动性，旅游者只能亲自前往旅游目的地才能实现旅游的目的。尽管他们在往返旅游过程中，也要有多种需求，但这些需求都是从旅游者对核心旅游产品的需求中派生出来的。如果旅游者对主要旅游产品的需求不能实现，或者说未能预期到达旅游目的地，那么这些派生出来的需求将变得毫无意义。旅游需求的指向性是由旅游者的目的性和旅游活动的异地性所决定的。这种指向性的需求特点，要求我们千方百计地增强核心旅游产品的吸引力，开发出具有特色的旅游景点、景观来。

3）旅游需求的高弹性

影响旅游需求的因素是繁杂多样的。现实中每一个因素都处于变动状态。这些变动着的因素与旅游需求之间的关系，我们可以用需求弹性来衡量。所谓需求弹性，是指需求量同其他变量之间的关系。如果某一变量的变动对需求量的影响不大，则称为需求弹性较小；反之则称需求弹性较大。目前，由于受社会生产力发展水平和社会多种因素的制约，尽管旅游业发展很快，但是旅游需求还未成为所有人生活中的基本需求，对大多数旅游者来说，还主要表现为一种闲暇的消遣性旅游需求。同时，由于旅游产品具有较强的替代性，某一市场发生变化，旅游者可以选择另一市场作为旅游目的地。如国际旅游市场发生变化，旅游者可以转向国内旅游市场。旅游者对各种因素变动的反应极其敏感，从而决定了旅游需求具有高弹性的特点。

4）旅游需求的季节性

一方面由于旅游目的地大都是直接暴露于大自然中的自然景观和人文景观，受自然条件的影响较大；另一方面受旅游者所在地的传统习惯和余暇时间所限，旅游需求带有明显的季节性。季节性的需求，必然给旅游经营者带来经营上的困难。

【同步思考 5-2】

问题：为什么说旅游者的旅游需求是整体性的需求？

理解要点：旅游者的旅游需求就其核心来说是满足他的旅游目的所需的产品。由于旅游的异地性，在满足核心产品需求的同时，必须有相应的、保障其目的实现的系列性产品的满足，即在异地生活的必需。所以，我们说旅游者的旅游需求是整体性的需求。

5.1.3 影响旅游需求的因素

分析影响旅游需求的变动因素，应当从两个角度切入：一是在旅游产品价格一定的情况下，社会其他因素的变化所引致的旅游需求的变动，这是属于价格之外的因素；二是在社会其他因素一定的条件下，旅游产品的价格变化对旅游需求量变化的影响，这是价格本身因素。这里主要从前者来论述影响旅游需求的因素。

旅游需求是总体上的旅游者的购买行为。影响旅游需求的因素，除了旅游者自身的旅游动机以及个人的经济收入条件和时间条件外，人口、经济、政治、社会等条件也是影响旅游需求的因素。

1）人口因素

旅游活动是人的行为，人口状况是影响旅游需求的最重要因素之一。研究人口因素可以从多方面进行，从人口的统计特征看，主要包括以下几个方面：

（1）总人口数。

总人口数是指需要研究范围内的人口总量，它可以是全世界，也可以是某一个国家或地区内部。从历史上看，各国或地区人口数与旅游人数之间没有直接的相关性，但是从旅游发展的角度看，一个国家人口数量的多少，则是影响旅游者数量的基本因素。

（2）人口结构因素。

人口结构是指人口的年龄、性别、职业等方面的构成。

① 年龄构成。人口年龄构成对旅游的影响很大，因为不同年龄的人其收入水平、兴趣爱好、消费需求等各不相同。据美国有关资料表明，20-64岁之间的人出游率最高，其中35-44岁之间的人最具旅游活力。中年人旅游市场是当今人数最多、潜力最大的旅游市场，他们年富力强，收入较高，较讲究食宿和享乐条件，其中以观光、会议、商务旅游者居多，携家人度假的旅游者也不少。老年人一般有经济积累，又很少有子女负担，闲暇时间充裕，无工作压力或少有压力，他们出游一般以观光、探亲为主。

② 性别构成。男女性别差异对旅游需求的影响也是明显的。由于一些国家或地区传统习惯、社会地位、心理需求以及经济上的原因，一般男性外出旅游的人数居多。近年来，随着妇女社会地位的不断提高和就业比例的增长，女性旅游市场发展很快。就旅游项目的选择而言，男女之间也存在着差别。男性一般倾向知识性、运动性、刺激性较强的旅游活动，喜欢康乐、公务、体育的旅游者较多；而女性一般喜欢结伴出游，喜好购物，对价格更敏感，在旅游活动中注重自尊，对人身与财产安全等因素考虑得更多一些。

③ 职业构成。由于人们职业上的差别，其旅游需求也表现出不同的特征。个人品位一般与受教育程度有关，受教育程度越高，品位越高。职业特征对旅游需求的时机、类型影响较大。管理人员、商务人员一般多为公务旅游，在旅游中消费较高；科技人员、医务工作人员职业较稳定，因公出差机会较少，自费旅游的可能性较大；教师和学生一般只能利用寒暑假外出旅游，且在旅游中消费水平较低。

（3）家庭结构。

家庭是社会的基本单位。家庭结构、规模以及收入等状况，都会直接影响旅游需求。家庭人口较少，子女负担较轻，人们外出旅游机会就可能较多。一个家庭处在家庭生命周期的不同阶段上，其旅游需求也是不同的。新婚夫妇，外出旅游需求较高；而有一个未满3周岁的小孩的年轻家庭，外出旅游需求则可能很低；当处于老年人阶段时，经济上有了一定积累，退休有了时间，又加上没有子女的负担，出游的机会则可能较多。

（4）人口分布状况。

一个国家或地区城市化水平越高，表明一个国家的经济越相对发达，人们外出旅游的需求就会越高。就目前市场状况而言，城市居民要求外出旅游的比例远远高于农村居民，这是因为城市居民经济收入高一些。同时，由于现代城市的环境质量以及紧张单调的工作状态等原因，使人们更渴望通过旅游去调节生活的节奏和享受走进大自然的欢乐。

2）经济因素

经济因素是旅游活动产生和发展的基本因素。没有经济的发展，便没有今天的旅游经济活动。经济条件是产生一切需求的基础。因此，一个国家或地区的经济发展水平，人们的收入状况，旅游产品的价格以及外汇的汇率等都影响着旅游需求的规模和结构。

一个国家或地区的经济发展水平，通常用国内生产总值（GDP）来表示。它反映了一个国家或地区在一定时期内整个社会物质财富的增长状况。国内生产总值的高低决定了收入水平的高低。旅游需求与人们可支配的收入水平呈正相关关系，一般说来，人们的收入水平越高，旅游需求越多。在人们收入水平一定的条件下，旅游价格又是影响需求变化的重要因素，在其他条件不变的情况下，旅游价格上涨，旅游需求就会减少；反之，当旅游价格降低时，旅游需求就会增加。

另外，货币汇率的变化，对国际旅游需求的影响也是非常明显的。旅游客源国与旅游目的地国之间的货币汇率发生变动，实质是旅游价格的变化。如旅游目的地国的货币贬值，就相当于该国旅游价格下降，这就会增强旅游的吸引力。反之，当旅游目的地国的货币升值时，就相当于旅游价格上涨，旅游需求则会减少。如果一个国家的货币一直处于坚挺状态，则会刺激该国人们外出旅游的需求。前些年，日本居民曾一度兴起国际旅游热潮，一个重要的原因就是日元在较长时期内一直处于坚挺的状态。

3）社会因素

社会因素包括的内容很多，如人们不同的文化背景、民族的传统习惯、消费方式的转变等，其中社会的政治、法律以及文化因素对旅游需求的影响最大。稳定的社会政治环境，能给人们外出旅游带来安全感，会增加旅游需求。不稳定的社会政治环境则使旅游者在外出旅游时承担一定的风险，会减少到该国的旅游需求。一个国家对旅游活动所采取的态度以及相应的政策和法律规定，也将影响到旅游需求的变化。如1983年3月25日法国政府颁布新的出国旅游外汇管理规定，规定法国公民出国旅游时只允许携带2 000法郎，结果这一年的4—8月法国出国旅游人次比上一年同期减少了25%～30%；相反，一些鼓励人们外出旅游的国家（如美国、日本等）对旅游者出国旅游时携带的外汇完全不加干涉。当然一个国家在办理出入境手续等方面的规定，也会对旅游需求产生一定的影响。

【同步案例5-1】

旅游需求的不同

背景与情境：人民网2013年2月22日发表田伦的文章，《走，玩一把深度“体验游”》，下面是该文中的部分内容：

在高弘眼里，旅游分三个阶段：首先是观光，就是“上车睡觉，下车看庙”，突出一个“看”；第二层是度假，即“头顶椰子树，伸手鸡尾酒”，注重一个“享受”；最后一层，着力在“体验”，“更深层的东西”指的正是“体验”。

如今“九十行深度旅行社区”推出的所有路线都围绕“体验”二字，让旅行者摆脱传统旅游模式的被动了解，取而代之的是一种崭新的主动体验。“我们曾经组织过游客前往中影基地。没错，那儿是很多旅行团都会去的地方。不过我们不单单让游客看一圈，重头戏是让他们亲自尝试演绎电影！”在张艺谋指导《三枪拍案惊奇》的片场，除去摄影等专业人员，游客亲自饰演包括演员、导演、音响师、灯光师、剧务等各种角色，通力拍摄自己的电影。

参观葡萄酒庄园，亲手榨汁、灌酒；去云南白马雪山的藏民村子，做一周的护林员，这种类似的体验式旅行线路还有许多。

很多人说，“老外旅游是为了受罪，国人旅游是为了享受”，这道出了旅游的不同诉求。

问题：

1）从社会总体上看，人们的需求为何呈阶段性变化，其原因主要有哪些？

2）从我国旅游需求的发展趋势看，旅游需求主要的发展方向是什么？

分析提示：

1）旅游需求呈阶段性变化的主要原因是经济因素和精神需求的变化所致。

2）未来的旅游需求主要是为了满足旅游体验的需要。

5.1.4 旅游需求规律

在影响旅游需求的因素中，假设其他因素不变，那么旅游产品的价格水平与需求量二者之间的关系是：当某产品的价格上升时，人们对该产品的需求量就减少；反之，当产品的价格下跌时，人们对该产品的需求量就会上升。旅游产品价格与需求量之间的这种反比例关系，就是所谓的旅游需求规律或称为旅游需求法则。这一规律如图5-1所示。

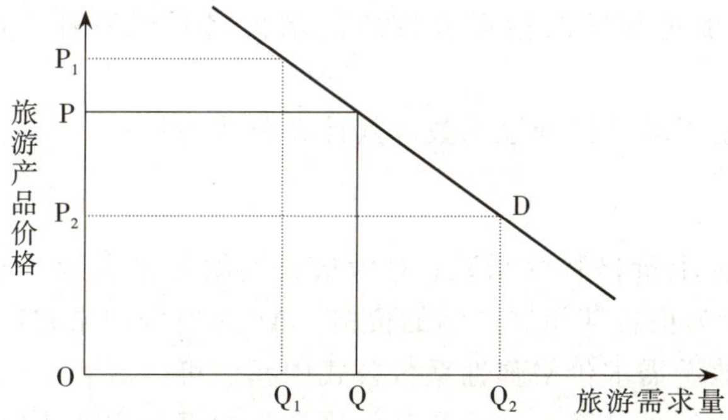

图5-1 旅游需求量与旅游产品价格的关系图

图5-1中，D为旅游需求曲线，P、P_1、P_2分别代表不同旅游价格，Q、Q_1、Q_2分别代表不同的旅游需求量。当某种旅游产品的价格在P点时，人们对旅游产品的需求量为Q；当产品的价格上升为P_1时，人们对该旅游产品的需求量则会减少到Q_1；当产品的价格降低到P_2时，人们对该旅游产品的需求量则会增加到Q_2。因此，在这一图标上，旅游曲线D是自左上方向右下方倾斜的。

这里应当说明，在图5-1中，价格是自变量，需求量是因变量。按照一般规则，自变量价格应在横轴上，因变量需求量应在纵轴上，但是由于此图的第一位采用者就是这样画的，所以就一直沿用下来。另外，这一图示反映的旅游需求量与旅游价格之间的关系，是在假定其他影响旅游需求量的因素不变条件下的状态，因此当其他影响因素变化时，需求曲线D在坐标图上的位置就要发生移动，但需求曲线D本身不会发生变化，就是说，当其他因素发生变化时，价格与需求量之间的关系依然成立。

对于旅游需求规律，我们还可以从以下两个方面来理解：一是在人们可供自由支配的收入一定的条件下，如果旅游价格便宜，他们就能够以少量的旅游支出购买到预想的旅游产品，或者以同样的旅游支出使自己的旅游需求欲望得到更好的满足。因此，人们能以较便宜的价格购买到尽可能多、尽可能好的旅游产品。这种“收入效应”导致旅游需求量与旅游价格之间呈反比例关系。二是旅游商品同其他商品之间存在着某种替代关系。以外出旅游和当地娱乐为例，如果旅游产品价格下降，而当地的娱乐价格不变，则意味着当地娱乐价格提高，从而使人们对当地娱乐的需求减少，外出旅游的需求增加；反之亦然。这种价格下落的商品取代其他价格不变的商品，被称为价格变化影响需求的替代效果。

综上所述，旅游需求规律是旅游需求量同旅游价格成反比例关系的规律。

5.1.5　旅游需求价格弹性

旅游需求量随着旅游产品价格的变化而发生相应的变化，我们把*旅游需求量的变化与旅游产品价格的变化之间的比率关系称为***旅游需求价格弹性**。旅游需求价格弹性的大小，用价格弹性系数来表示。它是用以反映旅游需求量的变化对旅游产品价格变化敏感程度的指标。旅游需求价格弹性系数有两种形式的计算公式：

（1）点形旅游需求价格弹性系数。其计算公式为：

$$E_P=\frac{\Delta Q}{Q}\div\frac{\Delta P}{P} \tag{5-1}$$

式中：E_P为旅游需求价格弹性系数；Q为报告期旅游需求量；ΔQ为报告期旅游需求量的增量；P为报告期旅游产品的价格；ΔP为报告期旅游产品价格的增量。

从上述点形旅游需求价格弹性系数公式中我们可以看到，旅游需求价格弹性是旅游需求量变化的百分率与旅游产品价格变化的百分率的比值。因为需求量与价格成反比例的关系，所以式中的ΔQ如果是增加量，数学上就为正值，而ΔP就必然是负增量即减量，数学上就为负值；反之亦然。因此，价格弹性系数E_P永远为负值。在实际运用中，旅游需求价格弹性系数通常取其绝对值，让其永远为正值。另外，点形旅游需求价格弹性系数公式中的增量ΔQ和ΔP从数学的意义上来说只是微小的变化，这样在数学中就具有微分的意义。因此，点形旅游需求价格弹性系数只具有理论上的意义。在实际使用中，我们运用第二种公式。

（2）弧形旅游需求价格弹性系数。其计算公式为：

$$E_P=\frac{Q_1-Q_0}{\frac{Q_1+Q_0}{2}}\div\frac{P_1-P_0}{\frac{P_1+P_0}{2}} \tag{5-2}$$

式中：E_P为旅游需求价格弹性系数；Q_1为报告期旅游需求量；Q_0为基期旅游需求量；P_1为报告期旅游产品价格；P_0为基期旅游产品价格。

例如，某地旅游产品价格从每天60美元下降为50美元，人们去该地旅游的平均天数（即需求量）则从11天增加到15天，求该地旅游需求价格弹性系数。

解：$E_P=\dfrac{15-11}{\dfrac{15+11}{2}}\div\dfrac{50-60}{\dfrac{50+60}{2}}=-1.70$

E_P取其绝对值为1.70，该地旅游需求价格弹性系数为1.70。

弧形旅游需求价格弹性系数计算的结果，一般会出现四种情况：

当$E_P>1$时，表明旅游需求量对旅游价格具有较大的弹性，或称为富有弹性。

当$E_P<1$时，表明旅游需求量对旅游价格具有较小的弹性，或称为缺乏弹性。

当$E_P=1$时，表明旅游需求量与旅游价格二者变化程度相一致，或称为单一弹性。

当$E_P=0$时，表明旅游需求量对旅游价格的变动毫无反应，或称为完全无弹性。

旅游需求价格弹性系数的计算，有着现实的意义。它有利于我们正确运用价格策略进行促销。若某地或某种旅游产品富有弹性，我们就可以实施薄利多销的营销策略，这样会给企业带来良好的收益。因为产品价格降低，可以增加更多的需求量，企业的总盈利就会增加。如果某地或某种旅游产品缺乏弹性，则不宜采取薄利多销的营销策略，因为一旦这样做，会使企业因增加了的需求量所带来的收益抵补不了由于降价所造成的损失。

【同步思考5-3】

问题：就一般的经验判断，风景区旅游产品的需求价格弹性是高还是低？为什么？

理解要点：风景区旅游产品的需求价格弹性低。因为它是旅游者的核心需求，或者说是基本需求。

【同步资料5-2】

合理地运用价格机制需要考虑的因素

由于旅游是一种最终消费，而人们在进行旅游活动的时候必然离不开吃饭、住宿、购物和娱乐等活动。这样一来，旅游目的地的最终消费就会带动一系列的食、住、行、娱、购等中间环节的消费，其辐射力强、带动面广，在刺激消费、扩大有效需求方面作用非常明显，能全面拉动国民经济和地区经济的增长。因此，旅游经济强调的是对于比旅游业更为广泛的经济领域的影响，在国民经济体系中，与其他产业相比，旅游业具有明显的关联作用和先导作用。旅游经济不仅强调了和旅游有着直接联系的物质产品和服务的消费，更强调了和旅游有间接联系的物质产品的生产、消费以及社会服务的提供。因此，合理地运用价格机制除了要考虑旅游产品自身的需求弹性以外，还要考虑当价格变动时对其关联产品的辐射效益影响，这样才能达到预期目的。

资料来源　龚云．论需求弹性在旅游市场价格机制中的运用［J］．商场现代化，2005（5）．

学习微平台

延伸阅读5-1

5.2 旅游供给

5.2.1 旅游供给的含义

经济学中的旅游供给是指旅游商品生产者向旅游市场提供商品的行为。旅游供给量是指在一定时间和一定价格水平下，旅游生产经营者愿意并能够向旅游市场提供的各种旅游产品的数量。对旅游供给概念的理解，要把握以下几点：

1）旅游供给与旅游需求是一对对应的概念

旅游需求是旅游供给的前提条件和客观依据，旅游供给是保证旅游需求实现的具体内容。从总体上说，旅游供给与旅游需求二者相互依存、相互制约。在现代旅游经济活动中，由于科学技术的不断发展，生产力水平的不断提高，人民生活水平的不断改善，旅游市场的不断拓展，旅游供给不断增加，旅游需求已成为供求矛盾中的主要矛盾方面。旅游供给应以旅游需求为导向，因此旅游生产经营单位，必须以旅游者的需求层次和需求内容为客观依据，建立起一套适应旅游活动的旅游供给体系，保证提供旅游活动需要的全部内容。

2）旅游供给必须是有效供给

在市场经济条件下，旅游供给实质上是一种商品性的供给。旅游需求决定旅游供给的内容，但这仅仅是一个前提条件。要真正提供有效的供给，即企业愿意并可能向市场提供旅游产品，一方面取决于生产者的生产成本低于市场价格水平，也就是企业有利可图；另一方面取决于生产者已掌握的生产手段和技术，能够生产出旅游者所需的产品。当然从旅游市场的发展趋势上看，凡是旅游者的需求，社会一定会通过生产来满足，但不是在任何时点上都能够实现任何具体的供给的。因此，有效供给必须是生产者的意愿与可能相结合的供给。

3）旅游供给由基本旅游供给和辅助旅游供给两大类组成

基本旅游供给是指一切直接与旅游者发生联系，并使旅游者在活动全过程中亲自接触和感受到的，保证旅游者获得最大满足的综合性旅游产品。它主要包括借以吸引旅游者前来旅游的旅游景点、景观，为保障旅游活动的顺利开展而专门提供的各种旅游设施设备以及与此相配套的各种旅游服务。辅助旅游供给是指旅游目的地的基础设施，其中主要包括当地的公共事业和满足现代社会生活需要的基本服务设施。辅助旅游供给的特征是：这类设施服务的主要对象是当地居民，而不是旅游者，但是，旅游者在旅游目的地停留期间也不可避免地需要使用这些设施。因此，这类设施也构成了旅游供给的内容。

【同步思考5-4】

问题：通往旅游景区的公路是属于基本旅游供给还是辅助旅游供给？

理解要点：应属于基本旅游供给。

5.2.2 旅游供给的特点

从旅游供给的具体内容来看，一定时间和空间上的供给，必然是某些具体旅游产品的供给。旅游产品的特征决定着旅游供给较之一般商品的供给主要有以下特点：

1）旅游供给的协作性

旅游者的需求是多种产品的组合需求，旅游供给是多个企业、多个行业的组合性协作供给。

由于旅游需求是一种综合需求，旅游者在旅游过程中的食、住、行、游、购、娱等各方面的需求，单靠某一个旅游企业的供给是无法满足的。因此，旅游供给必然是社会多个旅游企业、多个行业共同协作来完成的。

2）旅游供给的固定性

旅游供给是旅游产品的供给。在旅游产品的供给中，其中相当部分的旅游产品在空间上是不可移动的，它的供给只能是在固定空间上的供给。如旅游景点、饭店、酒楼等，这些旅游资源一旦形成，就只能在当地供给，不像一般商品那样，通过运输就能轻而易举地直接送达消费者手中。

3）旅游供给的均衡性

我们已经知道，旅游供给分为基本供给和辅助供给两大类。旅游资源、旅游设备以及旅游基础设施部分，是实物化了的产品，已经凝结了过去的人类劳动，投入了一定的资金，企业在经营活动中，需要通过均衡的销售，使已经消耗了的价值得到不断的补偿。我们知道，旅游产品在时间上是无法储存的，在空间上，生产与消费是无法分割的，如果没有游客的需要，它便无法生产出来。旅游企业不能做到均衡性的供给，会导致产品在时间上的损失无法弥补。从这一点来说，旅游供给必然要求供给的均衡性。

4）旅游供给的低弹性

影响旅游供给的因素是多方面的，概括起来说有自然条件、历史条件、社会经济发展状况以及科学技术的发展水平等。在这些因素中，由于某个因素的变动会使较短的时间里能产生大量旅游供给的因素很难被找到。旅游资源大都是自然的和历史的结果；而某些旅游设施的增加，不仅需要大量的资金投入和必要的科技手段，其建设也需要一定的时间。由此可见，旅游供给表现为一种低弹性。

5.2.3 影响旅游供给的因素

分析影响旅游供给的因素，与分析旅游需求一样，也应该从两个角度切入：一是在一定的价格水平下，各种因素的变化对供给的影响；二是在其他因素不变的条件下，价格的变化对供给量的影响。这里是从前者的角度进行的分析。

一个国家或地区的旅游资源状况、旅游价格水平以及生产成本、科学技术发展水平、政府发展旅游的政策及举措等，都是影响旅游供给的主要因素。

1）旅游资源因素

旅游资源是旅游产品开发的基础，是影响旅游供给的基本因素。一个国家或地区旅游产品的总供给量，首先取决于这个国家或地区可供开发的旅游资源的状况。有了旅游资源的开发，有了旅游的吸引力，才能为其他旅游产品提供发展的空间。因此，一个国家或地区的旅游资源状况，不仅决定其旅游产品开发的方向和特色，而且影响着旅游供给的数量和质量。

2）外汇汇率变动因素

国际市场上的汇率变动，对旅游供给状况会产生一定的影响。分析这种影响可以从旅游目的地已有的产品生产能力和新增生产能力两个方面来考虑。从旅游目的地新增生产能力的角度看，汇率变动对旅游投资产生的影响表现为激励或限制旅游投资。例如，旅游目的地国家的币值上涨，依赖本国资源进行旅游产品的生产，其投资成本不会发生变化，如果部分或全部依赖进口资料进行旅游产品的生产，其生产成本必然上升，这样就会抑制本地开发商的投资积极性。如果旅游生产商利用已有的生产能力进行生产，本国汇率的提高，就会增加开发商的收益，这样会激励开发商进一步挖掘生产潜力。研究旅游市场上的供给，应当充分考虑本国汇率政策变化与汇率的变动趋势。

【同步思考5-5】

问题：人民币外汇价格上升，对发展入境旅游有利还是对发展出境旅游有利？

理解要点：对发展出境旅游有利。

3）科学技术因素

科学技术的发展，为旅游资源的有效开发和利用提供了更多的手段，为旅游发展提供了完善的服务设施，为保护旅游资源、实现旅游资源的永续利用提供了可能，这些都将有效地增加旅游供给的数量和质量。在以自然景观为主的旅游景点中，运用高科技作为辅助手段可以使这些自然景观的供给更具广泛性。如索道技术在旅游景点中的成功运用，使得不少原本难以到达的旅游景点、景观被开发出来；运用高科技手段开发的各种主题公园，大大增加了旅游供给量。另外，现代科学技术的发展，电子技术在服务领域中的广泛使用，极大地提高了服务效率和服务水平，也相应地增加了旅游供给量。

【同步资料5-3】

旅游业核心技术有三个层次

一是信息化，在市场上旅游产品的表现主要是信息化产品。同时，旅游运营过程中信息化所起到的作用是根本的，所以网络的大规模普及给旅游业的腾飞插上了翅膀。

二是数字化，形成新型工具。数字化起到覆盖整合的作用，主要解决旅游发展中职能功效的问题。

三是智能化，构造新的发展模式，大幅度提高运营效能。

核心技术涉及智能设备、智能技术，还应该包括智能头脑，即掌握技术、使用技术的人和决策者。

从旅游业新技术的发展趋势看，主要有五个方面：一是个性定制普遍化；二是营销网络普遍化；三是消费档案普遍化；四是弹性供给普遍化；五是快乐追求普遍化。

这五个普遍化是未来的发展趋势，都是以新技术的引进和推广为基础的。所以，得科技者得天下，得智能者得未来，这是旅游行业重要的发展方向。

资料来源 根据中国旅游新闻网相关内容整理。

4）政府的政策因素

旅游目的地国家或地区的政府，对发展旅游业的认识、观念以及所制定的各项有关旅游的政策和规定对旅游业的发展将起到支持或限制的作用。一些国家在旅游税收、价格、投资等方面都实行了优惠政策，大大激发了供给者的积极性，对于扩大旅游供给的规模、数量、品种和质量，都起到了极大的激励作用。

【课程思政5-1】

景区的某些做法

背景与情境：近些年来，随着旅游市场竞争的日益激烈，国内某些旅游景区为了增加对旅游者的吸引力，组织和招徕一些表演项目。有的让低龄的儿童走钢丝，更有甚者，为了增加项目的刺激性，在钢丝绳下面放几只老虎，跟随走在钢丝绳上的表演者往返跑动与跳跃。有的景区招徕国外的一些演员，在景区内从事某些不健康的演出等。

问题：你认为景区这样做符合企业的经营伦理吗？

研判提示：从保护儿童的权益出发和提供健康文明的旅游供给的角度来分析。

5.2.4 旅游供给规律

旅游供给量与旅游产品价格之间存在着一定的关系。旅游业是以营利为主要目的的行业，旅游产品的价格波动和变化趋势对一个国家或地区以及企业的旅游供给量都会产生一定的影响。一般来说，当旅游产品价格提高时，旅游供给量就会增加，当旅游产品价格降低时，旅游供给量便会减少。因此，旅游供给规律可以表述为：在影响旅游供给的其他因素不变的条件下，旅游的供给量与旅游价格之间呈正比例关系。这种关系用图5-2来表示。

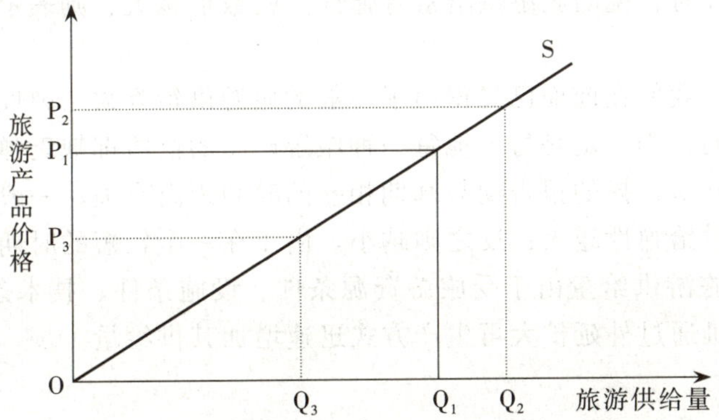

图5-2 旅游供给量与旅游产品价格的关系图

图5-2中，曲线S是旅游供给曲线。P_1、P_2、P_3分别代表不同的旅游产品价格，Q_1、Q_2、Q_3分别代表不同的旅游供给量。当旅游产品价格上升到P_1时，旅游供给量为Q_1；当旅游产品价格上升到P_2时，旅游供给量增加到Q_2；当旅游产品价格下降到P_3时，旅游供给量则减少到Q_3。

还要说明的是，在假定其他因素不变的情况下，旅游产品的价格变化将导致旅游供给量沿着旅游供给曲线S发生移动。实际上，影响供给量的其他因素也处于动态变化之中，也将发生变化，影响供给量的变动，但是当旅游产品价格不变时，其他影响供给量变化的因素并不影响旅游供给曲线的形状，而只是使旅游供给曲线发生位置的移动。

5.2.5 旅游供给价格弹性

旅游供给量随旅游产品价格变化而发生相应的变化。我们把旅游价格变动幅度与旅游供给量变动幅度之间的比率关系称为**旅游供给价格弹性**。测定供给量对价格变化反应程度大小的指标，称为旅游供给价格弹性系数。其计算公式为：

$$E_s = \frac{Q_1 - Q_0}{\frac{Q_1 + Q_0}{2}} \div \frac{P_1 - P_0}{\frac{P_1 + P_0}{2}} \tag{5-3}$$

式中：E_S为旅游供给的价格弹性系数；Q_1为报告期供给量；Q_0为基期供给量；P_1为报告期供给价格；P_0为基期供给价格。

从计算公式中可以看出，旅游供给的价格弹性系数与旅游需求的价格弹性系数的计算公式是一致的，但是，由于旅游产品价格与旅游供给量成正比例变化关系，因此旅游供给的价格弹性系数始终是正值，其计算结果一般有以下四种情况：

当时$E_S = 0$ =0，说明该地的旅游供给完全无弹性。

当$E_S = 0$ =1时，说明该地的旅游供给是单一弹性，即旅游价格变动的幅度与旅游供给量变动的幅度相同。

当$E_S < 1$<1时，说明旅游供给缺乏弹性或弹性小。

当$E_S > 1$>1时，说明旅游供给富有弹性。E_S数值越大，则表示旅游供给的弹性越大。

应当说明，我们在前面已经得出了一般的旅游供给都缺乏弹性的结论，但这是就总体而言的，不一定是每一地每一种旅游产品的供给都缺乏弹性。另外，供给弹性的大小同所选择的报告期与基期相差的时间距离有关。一般来说，分析的时期越长，则供给弹性越大；反之则越小。由于在一个较短的时期内，尽管旅游价格上升，但旅游供给量由于受旅游资源条件、设施条件、技术条件等的约束，旅游目的地很难通过外延扩大再生产方式迅速增加其供给量。

5.3 旅游需求与供给的矛盾运动

5.3.1 旅游供求矛盾的形成

旅游市场上的供给，通常表现为单个企业的供给行为。旅游市场上的需求表现为每一旅游者的具体需求。然而从社会的总体上看，在市场上总是存在一个供给者的集合与一个需求者的集合。由于供给与需求各自形成的要素不同，影响的因素也不同，因此旅游供给与旅游需求作为两个不同的集合，它们既相互依存，又相互对立，既要相互适应，又必然相互矛盾。这是由以下因素决定的：

（1）由供求双方的利益所决定。

旅游价格的高低与供求双方各自的切身利益密切相关，旅游供给者总是力图使自己提供的旅游产品能够以较高的价格销售出去，而旅游需求者也总是希望自己能够以更便宜的价格购买到所需的旅游产品，二者在讨价还价的过程中必然产生矛盾。

（2）供给与需求的各自特点不同，矛盾的产生具有客观必然性。

在现代旅游市场竞争中，旅游市场是以需求为导向的，旅游供给要以旅游的需求为基础，要用最大的努力去满足旅游者多样多变的旅游需求，但是，由于旅游需求的特点和旅游供给的特点各不相同，通过努力只能使矛盾得以缓解或部分解决，不可能从根本上消除供给与需求的矛盾。比如，旅游需求的高弹性与旅游供给的低弹性的矛盾；旅游需求的综合性与旅游供给的分散性的矛盾；旅游需求的季节性要求与旅游供给的均衡性要求的矛盾等。人们在旅游工作的实践中每天都是在分析矛盾、解决矛盾，在矛盾的运动中不断地推动旅游业发展的。

旅游市场上的供求矛盾实质上是供给与需求是否相适应的矛盾。一般来说，供给与需求大体相适应，矛盾不突出，我们称为供求平衡；反之，供给与需求矛盾突出，我们便称为供求不平衡，或谓之供求失衡。旅游市场上的供求平衡是有条件的、暂时的，而供求不平衡是绝对的、无条件的。因此，旅游市场上的供求总是由不平衡转化为平衡，在供求双方的矛盾运动中，旧的平衡被打破，转化为新的不平衡。旅游市场上的这种供求矛盾总是表现为螺旋上升式的不断运动过程。为此，我们把旅游供求之间这种“不平衡—平衡—不平衡”的循环往复变化过程，称为**旅游供求矛盾的运动形式或旅游供求矛盾的运动规律**。

5.3.2 旅游市场供求矛盾的表现形式

旅游市场上供求矛盾的表现是错综复杂的，矛盾无时不有、无处不在。从总体上看，其主要表现为供求总量、供求结构、供求时间和供求空间等方面的矛盾。

（1）旅游供求总量上的矛盾。

旅游市场上的旅游供给总量与旅游需求总量都是综合的概念。由于旅游供给和旅游需求的复杂性，在实践中难以将所有旅游产品的供给和需求在总量上进行加总，但是我们可以从总量的各种具体表现形式上来加以分析。旅游供求总量的矛盾，主要表现为旅游接待能力与旅游总人次之间的矛盾。如果某一旅游地一定时期内的旅游接待能力与旅游总人次所表示的旅游需求量相适应，就可以认为旅游市场上供求关系基本协调，供求是平衡的。当然，供求平衡只能是相对的、暂时的，在实践中更多地表现为接待能力不足，或者接待能力过剩。接待能力可用不同的指标来衡量，如以旅游住宿的接待能力衡量，以交通运输的接待能力衡量，或以旅游景点的承载能力衡量等。一般情况下，应以其中的最低接待能力为衡量标准。

（2）旅游供求结构上的矛盾。

由于旅游需求具有灵活多样、复杂多变的特点，而旅游供给具有相对的稳定性、固定性，使得旅游供求之间存在着明显的矛盾。有时尽管从旅游总量上看大体是平衡的，但就旅游供求之间的具体品种、数量、质量来看，矛盾还是十分突出的。比如，有时旅游者对景观产品很满意，但对住宿产品却不满意；在一定时期内，可能经济型旅游饭店供不应求，而高档的旅游饭店供给过剩，但过了一段时间后，有可能出现相反的情况。

（3）旅游供求时间上的矛盾。

旅游供求在时间上的矛盾是旅游业务经营者在经营过程中经常遇到的棘手问题之一。旅游需求在时间上的差异性和某些旅游地本身的自然条件方面的限制，使旅游需求的季节性特征表现得很明显。旅游供给一般是根据旅游者的一系列需求特征，形成一定的供给能力，实行配套性的供给，具有常年的同一性，即供给的均衡性特征。因此，旅游需求的季节性与旅游供给的均衡性之间的矛盾，造成了旅游供求在时间上的矛盾。

（4）旅游供求在空间上的矛盾。

任何旅游景点和景观，都是处于一定的地理空间位置上的旅游景点、景观，这些景点、景观的空间容量是有限的，而旅游者在前往某一旅游地时，总希望在一定的时间内能够观赏到更多的景点、景观，这样就必然造成旅游供求在空间上的矛盾。因此，不断开辟新的旅游资源，尤其是注重旅游景点地理位置上的相互衔接，对于缓解旅游供求在空间上的矛盾是非常有益的。

【同步思考5-6】

问题：饭店业通过降低价格来解决总量供给大于需求的矛盾，能实现其目的吗？

理解要点：从短期看是不能解决的，但是从长期看，是可以实现的。

5.3.3 旅游供求矛盾的调节

旅游市场上的供求矛盾，需要我们通过一定的手段和方法对其进行调节，来促进供求矛盾的不断转化，推动旅游市场的供给与需求不断趋于平衡。在市场经济条件下，调节旅游市场上的供求矛盾，主要依靠经济手段，即依靠价值规律和旅游需求规律的自身作用进行调节。同时，还必须辅以一定的法律手段和必要的行政手段，只有各种调节手段综合运用，才能保证旅游市场稳定、健康地发展。

1）经济手段的调节

运用经济手段调节旅游市场的供求矛盾是市场经济的基本要求。经济手段主要指价格、利率、汇率、税率等经济参数。在各项经济参数中，调节供求矛盾最敏感的杠杆是价格。价值规律对旅游供求矛盾的调节作用主要是通过价格机制来实现的。在旅游市场上，供给与需求是两股相互依存又相互制约的力量，进行着激烈的竞争。在一定时期内，双方通过竞争趋于势均力敌，供求达到平衡，价格趋于稳定。这时的商品供求量称为均衡数量，而此时的价格称为均衡价格。我们在前面分析供给量和需求量时，都是把价格作为自变量，而把供给量或需求量作为因变量，这是为了使问题的分析更简单、更明了，但在市场上，作为自变量的价格又是怎样确定的呢？其实，价格从本质上说是由价值所决定的，受供求关系的影响。因此，价值规律的运动过程，实质上是价格与供求关系相互作用的运动过程。现实的价格决定供求关系的变化，供求关系的变化又决定着价格水平的变动。

旅游供求量与旅游产品价格变动的相互关系可以通过图5-3来加以说明。

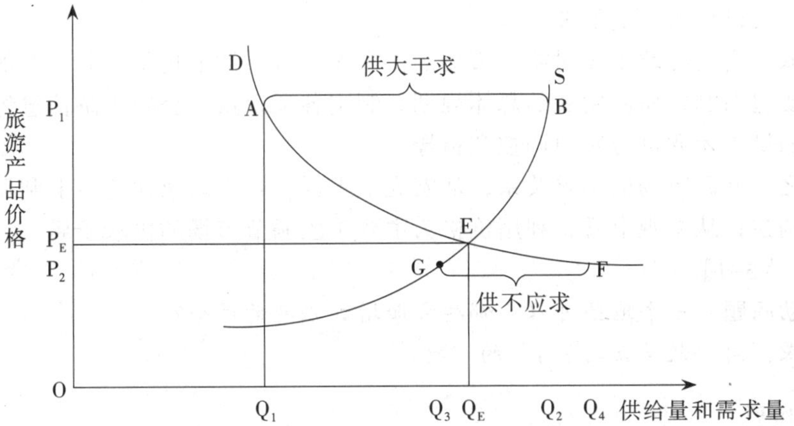

图5-3　旅游供求量与旅游产品价格变动的相互关系

图5-3中，曲线D为旅游需求曲线，曲线S为旅游供给曲线。当旅游供给曲线*S*与旅游需求曲线D相交于E点时，所对应的旅游供给量与需求量都为Q_E，说明供求平衡，E点所对应的价格为P_E，此时的价格就是均衡价格。假如由于某种原因，使旅游产品的价格上升到P_1时，供给便会沿着供给曲线S向右上方移动，移至B点，对应的供给量为Q_2，比供求平衡时的供给量Q_E增加了；同时旅游需求量便会沿着需求曲线D向左上方移动，移至A点，对应的需求量是Q_1，比供求平衡时的需求量减少了。此时我们可以看到在价格上升到P_1时，供给量Q_2大大超过了需求量Q_1，在旅游市场上表现为供给大于需求，这样必然造成一部分旅游产品销售不出去，迫使旅游供给者或是压缩生产，减少供给，或是降低价格，刺激需求。这使得价格又逐渐地回落到原来的P_E点上，供给量与需求量也回到

原来的Q_E点上，重新达到供求平衡。同理，如果产品价格在P_2点时，旅游市场上便会出现供不应求的局面，在图上则表现为Q_3远远小于Q_4，这样由于供求关系的作用，又会推动价格的上涨，价格上涨又进一步推动供给量的增加，需求量的减少。供给与需求又会分别沿着自己的曲线进行移动，最终又使二者回到E点，供求平衡，价格又回到P_E上。

通过上述分析，我们可以看到，市场价格始终在围绕着均衡价格上下波动，通过价格的波动调节着旅游市场上的供求平衡。当价格达到均衡价格时，供求也就平衡了。

2）法律手段和行政手段的调节

行政手段和法律手段都是国家所运用的手段。国家通过立法的形式，从法律上规定旅游市场的哪些供给行为和需求行为是法律所允许的，是合法的；哪些行为是不允许的，不合法的，以此来规范市场行为。

我国已制定了多部与旅游活动相关的法律和法规，如环境保护法、资源保护法、消费者权益保护法等。很多省、市根据国家有关法律、法规，结合本地的实际情况，进一步制定了旅游管理条例。这些旅游法规的制定，是为了加强旅游管理，合理利用和保护旅游资源，建立良好的市场秩序，维护旅游者和经营者的合法权益，促进旅游业的发展。

采取一定的行政手段对旅游市场的供求矛盾进行调节也是十分重要的。行政手段主要包括制定旅游发展的总体规划、制定各项政策、公布旅游信息等，对旅游市场的供求矛盾进行宏观调控和指导。

学习微平台

延伸阅读5-2

总之，旅游市场的供求关系，从宏观上来说，依靠国家在总体上利用各种手段进行调控；从微观上看，利用价格为主要手段调节市场的供求矛盾。

【教学互动5-1】

互动问题：一个地区可以从哪些方面增加旅游的供给？

要求：同“教学互动2-1”的“要求”。

■ 本章概要

□ 内容提要

旅游需求与旅游供给是一对对应的概念，从总体上研究旅游需求与旅游供给，是将众多的旅游需求者与旅游供给者作为两个集合来研究。旅游需求是旅游者的行为。人们为了满足旅游的欲望或意愿而购买某种产品的要求，被称为旅游需求。它与一般商品需求相比具有整体性、指向性、高弹性与季节性等特点。旅游需求量与旅游价格之间的反比例关系，被称为旅游需求规律或旅游需求法则。旅游需求量随着旅游产品价格的变化而发生相应的变化，我们把旅游需求量的变化与旅游产品价格变化之间的比率关系称为旅游需求价格弹性。计算旅游需求价格弹性大小可以使用弹性系数计算公式。弹性系数计算公式分点形弹性系数公式和弧形弹性系数公式。在实践中通常使用的是弧形弹性系数计算公式。

旅游供给是旅游生产经营者的行为。旅游供给是指在一定的时间和价格水平下，旅游经营者愿意并能够向旅游市场提供的旅游产品。旅游供给具有以下特点：旅游供给的协作性、旅游供给的固定性、旅游供给的均衡性和旅游供给的低弹性。旅游供给量与旅游价格之间呈正比例关系，被称为旅游供给规律或旅游供给法则。旅游供给弹性及旅游供给价格的计算公式与旅游需求弹性及旅游需求价格的计算公式在原理上是一样的，但是，旅游供给价格弹性系数的计算，如果采用的时间较短，一般说来，其弹性系数都会较小。

旅游市场的供求矛盾是客观的，由于旅游供给和旅游需求各自的特点不同和旅游者与旅游企业的各自利益不同，形成了旅游市场上的客观矛盾。矛盾的总体表现为供求平衡或供求不平衡（或称失衡）。供求平衡是有条件的，不平衡是无条件的，因此供求由“不平衡—平衡—不平衡”的相互转化运动称为旅游市场供求矛盾的运动规律。旅游市场供求矛盾的具体表现形式有：供求总量上的矛盾、供求结构方面的矛盾、供求时间上的矛盾和供求空间上的矛盾等。认识供求矛盾客观性的目的，是为了在实际工作中不断地调节供求矛盾。旅游市场供求矛盾调节的主要手段是：价格手段、行政手段和法律手段。

□ 主要概念和观念

▲主要概念

旅游需求　旅游需求量　旅游需求的指向性　旅游需求价格弹性　旅游供给　旅游供给价格弹性　旅游供求矛盾的运动形式或旅游供求矛盾的运动规律

▲主要观念

旅游需求规律　旅游供给规律　旅游供求矛盾的运动规律

□ 重点实务

旅游需求价格弹性系数的计算 旅游供给价格弹性系数的计算

■ 基本训练

□ 知识训练

▲复习题

1）影响旅游需求的因素有哪些？

2）影响旅游供给的因素有哪些？

3）如何调节旅游市场上的供求矛盾？

4）旅游市场的供求矛盾表现在哪些方面？

▲选择题

(1) 旅游需求的特点有（　　）。

A.整体性　B.均衡性　C.高弹性　D.指向性

E.季节性

(2) 旅游供给的特点是（　　）。

A.协作性　B.均衡性　C.低弹性　D.季节性

E.固定性

（3）在旅游需求中，与基本旅游需求相比，非基本旅游需求具有（　）的特点。

A.需求价格弹性较小　　B.需求价格弹性较大

C.需求价格弹性相等　　D.单位价格弹性较大

（4）旅游需求价格弹性是用来表明（　）的。

A.在不同的价格水平下，旅游需求量的变化

B.需求量的变化，引起价格的变化

C.价格的相对变化，引起需求量相对变化的程度

D.价格与需求量之间成反比例变化

▲判断题

（1）近年来，我国旅游市场的供求关系基本上是平衡的，因此，今后我们的工作中心点应放在对市场竞争秩序的规范和管理上。（　）

（2）旅游需求曲线在一定的外部条件下是一条固定的正比例曲线。（　）

（3）在市场经济条件下，价格是调节经济运行的唯一手段。（　）

（4）旅游市场供求关系的平衡，主要表现在供求总量的平衡上。（　）

▲讨论题

结合我国旅游市场的供给特点，你认为一个地区或企业如何组织旅游产品的供给？

▲计算题

1）某旅行社设计一条新的旅游线路（产品），销售价格为5 000元时，每天平均有40人购买，当销售价格降到4 600元时，每天平均有50人购买，请计算该旅游线路（产品）的需求价格弹性。

2）某企业生产海上垂钓旅艇，当每条垂钓游艇价格为50万元时，企业年生产量为30条，当每条价格上调到60万元时，企业年产量增加了2条。请计算垂钓游艇的供给价格弹性。

□ 能力训练

▲理解与评价

近几年来，我国人民币币值持续不断上升，这将极大地促进我国旅游市场的发展，你对此是如何理解与评价的？

▲案例分析

提升文化品位，打造水乡新亮点

背景与情境：昆山是一把折扇，一面有经济之风，一面有文化之风。“文旅结合、借文兴旅、以文促旅”的双面绣战略让昆山旅游有了形与神的灵性和鲜活张力，每年10%的上升空间让人们看到“文旅探戈”所带来的惊艳和震撼。

面对游客求新、求知、求乐的需求，昆山利用独特的文化资源，动静结合，提升旅游景观吸引力。突显渔文化特色的江南采珠游、联湖渔家村，体验农耕文化的富贵园、星期九农庄，崇尚生态休闲文化的森林公园、东阳澄湖水上公园以及展示企业文化的全国工业旅游示范点集群等，已成为昆山旅游新的看点。千灯

古商业街恢复重建，锦溪拓展的“水文化”“服饰文化”“稻作文化”，修缮古桥古驳，修复柿园书画馆，重建老街牌坊、南宋街、中原文化博物馆等景点，做足了水乡文化文章，特别是周庄不断深度挖掘民俗文化内涵，将古镇夜游、画家村推向市场，还改造了贞固堂、贞丰人家等一批特色民居客栈，重建贞丰轩、南湖会所等精品客栈，创意产业园、太史淀生态湿地等文化休闲项目进一步提升了古镇文化品位。目前已有50多个文化休闲创意项目集聚周庄，旅游文化、艺术品交易文化、农业休闲文化和旅游工艺品文化四条产业链正在周庄快速成型，每年吸引300多万游客。

资料来源　周伟民，黎友成. 昆山“文旅相融”留住江南水乡背影［N］. 中国旅游报，2013-07-26.

问题：昆山是怎样不断创新旅游产品，以满足游客求新、求知、求乐的需求的？

分析要求：同第1章“基本训练”中本题型的“分析要求”。

▲自主学习

自主学习-Ⅲ

【训练项目】

“旅游需求与供给的矛盾运动”知识更新。

【训练目的】

同第1章本题型的“训练目的”。

【训练步骤】

1）将班级同学组成若干“自主学习”训练团队，每队确定一人负责。

2）各团队根据训练项目需要进行角色分工。

3）通过校图书馆、院资料室和互联网，查阅“文献综述格式、范文及书写规范要求”和近三年关于“旅游需求与供给的矛盾运动”研究的前沿学术文献资料。

4）综合和整理“旅游需求与供给的矛盾运动”研究的前沿学术文献资料，依照“文献综述格式、范文及书写规范要求”，撰写《“旅游需求与供给的矛盾运动”最新文献综述》。

5）在班级交流各团队的《“旅游需求与供给的矛盾运动”最新文献综述》。

6）在校园网的本课程平台上展出经过修订并附有教师点评的各组《“旅游需求与供给的矛盾运动”最新文献综述》，供学生相互借鉴。

□课程思政

景区升级观光车“圈路”又收费

背景与情境：“辛辛苦苦从广州驱车7个小时来到广西德天瀑布景区，却被告知景区门口没有门票出售”6位从广东赶来的游客，因直接来到景区门口无法购买门票感到恼怒。如要购买门票，他们需要再回到10公里外的新游客中心，来回需走20公里。大部分游客无奈掉头前往其他景区。

“这种情况时有发生，有的时段更严重。”一位景区工作人员说，游客愤怒的原因是景区门口的原售票点于2015年9月搬迁至距景区10公里远的新游客中心，游客要进入景区，必须在此购票。根据游客中心的公告，自2016年1月11日起，乘坐景区观光车前往景区的游客还需购买观光车票。记者了解到，游客前往景区只有两种选择，要么花45元坐观光车，要么步行。

有游客说，从大新县汽车站乘车到景区65公里，也就一个多小时，每人只要15元。就算双程30元，也比观光车的费用45元便宜多了，还不用这么折腾。多位游客表示，观光车确实太贵了，他们索性把车停在大新县城，然后从县城坐客车过来。

资料来源 根据新华网相关内容整理。

问题：

（1）以景区升级之名，强制游客乘坐高价的观光车，将对景区的长远发展带来怎样的影响？

（2）不管背后的原因是什么，企业这样做的错误在哪里？

要求：同第1章“基本训练”中本题型的“研判要求”。

第6章 旅游价格

◆ 学习目标

通过本章学习，应该达到以下目标：

职业知识： 学习和把握旅游价格的本质、影响因素、构成和种类，旅游产品定价目标与方法，旅游价格管理的作用、形式与监督检查；能用其指导或规范本章认知活动和技能活动，正确解答“基本训练”中“知识训练”各题型的相关问题。

职业能力： 点评“旅游差价就是旅游优惠价”观点和“企业实施优惠价格的意义”，训练专业理解力与评价力；根据相关公式计算“旅行路线销售价格”、“饭店盈亏平衡点”和“门票价格”，强化与“旅游价格”相关的“规则意识”和“综合能力”；运用本章理论与实务知识研究相关案例，培养在“旅游价格”情境中的多元表征能力；通过“旅行社价格构成分析”的实训操练，培养相应专业能力。

课程思政： 结合本章教学内容，依照相关规范或要求，对章后“某动物园门票玩猫腻 低价门票遭‘雪藏’”案例情境中企业及其从业人员行为进行思政研判，强化旅游企业的法制观念。

【引例】

"价格战"下的牺牲品

背景与情境：近两年来，OTA（在线旅游代理商）之间为了争夺客源，应对市场竞争而"价格战"不断。从一开始的小打小闹，到酒店业者贴钱促销，之后直接演变成由在线旅游商自己贴钱促销，对折、送券还不够，同程网等甚至推出1元景区门票，而OTA的补贴费用从数百万元飙升到数千万元，之后直接变成数亿元。从2016年开始，数亿元价格战营销费用已经成为"基本款"，财大气粗的携程网一年就投入逾10亿元进行"价格战"，驴妈妈网、途牛网等进行持续融资"输血"后再砸数亿元进行"价格战"。近期，刚获得万达注资的同程网则直接发出千亿元红包促销。

"价格战"的高额成本让途牛网、艺龙网等业者巨额亏损，也让一直盈利的携程网减少了利润。

"这些背后有BAT（百度、阿里巴巴、腾讯）或者万达之类巨头支撑的在线旅游商都会因价格战而亏损或大幅减少利润，那么其他缺乏资金基础的中小型旅游网站就更难以立足。对于这些中小型旅游网站而言，不促销则失去市场份额，最终倒闭，但如果砸钱促销，很可能因难以负荷成本而倒闭得更快。价格战的确不健康，可是现在所有的业者几乎都骑虎难下，你不做促销，别家就会做，为了客源只能拼了。那么问题来了，没有钱进行促销的中小型业者就被大型业者挤出了市场。"一位曾在艺龙担任管理层多年的资深人士透露。

资料来源　根据第一旅游网相关内容整理。

各旅游网站为何要在价格上展开激烈的"价格战"？"价格战"对旅游产业的健康发展会产生怎样的影响？要正确回答这些问题，需要了解旅游价格的相关知识。

6.1　旅游价格的本质与形成

旅游产品是一种综合性的产品，旅游价格也是一种综合性的价格。所谓综合性的价格是指旅游者在购买旅游产品时，往往是向旅行社一次性购买旅游历程的整个产品，通常称为统包旅游价格。实际上，统包旅游价格是由各个具体的单项旅游产品价格组合而成的。为了从理论上掌握统包旅游价格，我们以单项旅游产品价格为例，对旅游价格的有关问题进行阐述。

6.1.1　旅游价格的本质

马克思主义政治经济学原理告诉我们，价格是商品经济的范畴。就价格的本质而言，旅游价格是旅游产品价值的货币表现。价值是凝结在产品中的人类无差别劳动，但价值不能自我表现，它必须在交换中通过价格表现出来。

价值通过货币表现为价格，一方面反映了商品价值的大小决定商品价格的高低；另一方面反映了价格高低还要受单位货币所代表的价值量的影响。因此，从量的角度来定义，旅游价格是旅游产品价值与货币价值交换比例的指数。价值是价格的正影，货币是价格的倒影。

价格是处在运动之中的，支配价格运动的是价值规律，或者说价格运动是价值规律运动的表现形式。在市场经济条件下，充分运用价值规律在经济运行中的调节作用在实际工作中的体现，就是如何充分有效地运用价格在国民经济运行中的调节作用。

6.1.2 旅游价格形成的影响因素

价格在经济运行中发挥调节作用的范围与程度，与价格形成的方式与条件直接相关。新中国成立后长期实行的计划经济体制，排斥市场机制作用，价格由各级政府统一制定，因而使价格丧失了在经济运行中的调节作用。我国社会主义市场经济体制的确立，实质上是实行一种政府调控市场，市场形成价格，价格引导资源配置的经济运行机制，这种新机制的基本要求是：价格要能够灵敏地反映市场供求关系的变动和资源的稀缺程度，使价格真正成为反映市场运行状况的主要经济参数；通过价格变动合理地调整各方面的经济利益，从而调节市场的供给与需求关系。

旅游价格在市场中形成，它必然要受到多种因素的制约，如旅游产品价值量的变动、市场供求关系的变化、货币发行数量的多少以及外汇汇率升降等因素。这些因素在市场运行中相互作用，共同决定着价格变动的方向和水平。

1）旅游产品的价值量决定旅游理论价格

旅游价格是旅游产品价值的表现形态，产品的价值量是价格形成的基础，价格如果离开价值这个基础，就失去了科学依据。所谓理论价格，是以马克思价值理论为依据，按照一定的方法测算出来的价格，理论价格不等于现实价格，但是它是我们研究问题、评价价格水平的基础和依据。一种旅游产品价格的高低，取决于这种旅游产品价值量的大小，产品在生产过程中的劳动耗费，必须通过产品出售才能得以补偿。如果一种旅游产品的价格长期低于其价值，企业就无利润可言，便不会有人去生产它。因此，从价格的长期运动趋势来看，价格围绕着价值上下波动，这是必然的趋势。

2）市场供求关系决定着现实价格

现实的价格又称为市场成交价格。旅游价格是在市场中形成的，必然要受供求关系的制约。任何旅游产品的生产都是为了交换，为了出售给消费者，只有当旅游产品被广大消费者认可，并以一定的价格被购买时，旅游产品的生产才是有意义的，它的生产目的才能得以实现。市场供求关系的状况，是决定旅游价格的现实条件。当市场上供大于求时，就会出现卖家争夺买家的竞争，必然导致价格下降；当市场供不应求时，便会出现买家争夺产品的竞争，必然导致价格上涨。因此，从市场运动的各个时点上看，旅游价格的高低取决于市场供求关系的状况，供求关系是价格形成的现实条件。

【同步思考6-1】

问题：旅游价格波动性大的主要原因是什么？

理解要点：供求关系制约着市场价格的波动。旅游活动容易受各种条件的约束或影响，市场供求关系变化大，因而价格的波动性大。

3）货币发行数量影响旅游价格

货币也是商品，是一种特殊的商品。我们在研究某一种商品的价格时，通常都是将一定时期内的单位货币所代表的价值量不变作为假设条件，但是在现实的经济活动中，在纸币流通的条件下，如果发行的纸币量超过流通中所需要的量，就会出现通货膨胀，单位货币所代表的价值量就会降低，从而引起价格的上涨。

4）汇率的变动影响国际旅游价格

汇率又称汇价，是两国货币之间的比价，即用一国单位货币表示的另一国单位货币的价格。就旅游目的地国与旅游客源国的汇率变化而言，若旅游目的地国的货币贬值，汇率上升，就相当于旅游客源国货币升值，这样旅游者用同样单位的货币在旅游目的地国就能够购得更多的旅游产品。所以在国际旅游市场上，旅游目的地国家的货币贬值，就相当于其旅游产品价格下降，这有利于吸引更多的旅游者前往该国旅游。例如，由于1997年东南亚金融危机，东南亚各国的货币大幅度贬值，使旅游价格相对下降，从大连去“新、马、泰”旅游的价格（用人民币购买），每人次由原来的14 000元下降到8 000元左右。世界各国的旅游者也纷纷前往这些国家旅游。

【同步资料6-1】

欧元贬值催生旅游“扫货族”

近期欧元贬值给赴欧留学、旅游、“扫货”的市民带来了福音，买个“普拉达”都可以省将近2 000元，更不用说价值不菲的钻石珠宝了。

市民王先生刚从欧洲旅游回来，此行买了一个“普拉达”的包让他省了不少钱。“1 270欧元，折合人民币9 000多元，国内要卖15 000元，省了不少钱呢。”王先生的算法，是按照1欧元兑人民币8元多时计算的，如果是2011年到欧洲，他省不了这么多钱。

据了解，2012年是欧元诞生的第十个年头。现在正经历的是2011年5月份开始的第三次贬值，从当时1欧元兑换9.64元人民币到2012年7月25日跌至1欧元兑换7.6473元人民币，创下了十年新低。

学习微平台

延伸阅读6-1

蒋先生说，欧洲的商家也抓住了中国消费者的这种心理。巴黎春天甚至推出了黄金周促销期，娇韵诗、倩碧、雅诗兰黛等大牌不但可以打九折，还设有专门的华人退税区（退12%的税）。

资料来源 根据新浪网相关内容整理。

6.2 旅游价格的构成与种类

6.2.1 旅游价格的构成

价格以价值为基础，因此，研究价格的构成，就要了解价值构成要素，以及这些要素的具体表现形态。

1）旅游产品的价值构成

价值是凝结在商品中的人类无差别劳动，人们要从事生产活动，就要有生产资料。生产资料与劳动力的结合过程就构成了现实的生产过程，生产过程是价值的形成过程。因此在旅游产品的价值构成中，包括物化劳动的转移部分和活劳动新创造的价值部分。活劳动新创造的价值又可分为两部分，即劳动者为自己的劳动所创造的价值和为社会所创造的价值。因此，旅游产品的价值由三部分构成：①在生产过程中已消耗掉的生产资料的转移价值，通常用C表示；②在生产过程中劳动者为自己劳动所创造的价值，通常用V表示；③劳动者为社会所创造的价值，通常用M表示。从总体上说，任何商品的价值都是由C+V+M三部分构成的。

2）旅游产品的价格构成

所谓旅游产品价格构成，是指构成旅游产品价格的各个要素及其在价格中的组成情况。旅游产品价值构成的各个部分，在货币形态上分别转化为旅游价格构成的有关部分，其中物化劳动转移的价值和劳动者为自己劳动所创造的价值在货币形态上转化为生产成本；劳动者为社会所创造的新价值部分在货币形态上转化为税金和利润。产品在流通过程中的部分生产性劳动耗费和非生产性劳动耗费是对产品价值的追加，这部分追加是必须的，因为生产的产品不能销售出去，价值就无法实现。这部分追加的价值在货币形态上表现为流通费用。所以，旅游产品的价格一般由四部分构成，即生产成本、流通费用、税金、利润。用公式表示为：

$$价格=生产成本+流通费用+税金+利润 \tag{6-1}$$

（1）生产成本。

生产成本是生产单位产品所需费用的总和。生产成本是价格的主要组成部分，是价格形成的主要依据。成本是制定价格的最低经济界限。旅游产品的生产成本包括：①提供服务所凭借的各种建筑物、交通运输工具、各种服务设施设备，以及原材料、辅料、燃料等的成本。②企业从业人员的工资。工资是旅游企业员工提供劳务的价值补偿，是活劳动的耗费部分。③企业经营管理费用，即企业为生产经营活动所必须支付的一定费用，这部分费用也包括在生产成本之中。旅游产品价格中的生产成本，是指生产同类旅游产品的社会平均成本，而不是指某个企业的个别生产成本。在旅游市场上，生产同种旅游产品可能有众多的企业，由于各企业的生产条件和经营管理水平存在差别，产品的个别劳动耗费是不一样的，从而决定了同类产品的个别价值有高有低。但在市场中，社会对同一种旅游产品只能承认一个社会价值，因此价格中的生产成本只能是社会的平均成本。

（2）流通费用。

流通费用是旅游产品在流通领域中所耗费的一切物化劳动和活劳动的货币表现。流通费用，按其经济性质的不同，从理论上可以分为两种：一种是生产性流通费用，另一种是纯粹流通费用。生产性流通费用是由旅游产品的使用价值运动引起的，是生产过程在流通领域继续进行所花费的费用，如某些产品的运输费、保管费、包装费等。纯粹流通费用是由产品的价值形态变化引起的，是与产品买卖活动相关的各种费用，如用在旅游产品推销上的广告费、流通企业用于管理的各项费用、各种通信联系费用等。由于旅游产品的多样性，导致了各种旅游产品所需的流通费用差异性很大。作为价格构成来说，流通费用是不可缺少的一部分。

（3）税金和利润。

税金和利润是旅游产品价格构成中的另外两个要素，税金是纳税人依法向国家缴纳的税款。旅游企业是从事旅游产品生产和经营的单位，向国家纳税是应尽的义务。利润是企业通过自己的生产经营活动所获得的收入扣除生产成本、流通费用以及税金后的余额。因此，在其他条件不变的情况下，价格与利润二者之间是正相关关系。旅游企业利润的多少，取决于价格水平，价格越高，企业获得的利润就越多。

以上是就单项旅游产品的价格构成而言的。通常我们讲旅游价格，是指综合性旅游产品价格，即旅行社出售的整体旅游产品的价格。旅行社将其购买的单项旅游产品加以组合，实行旅行社项目定价，即根据该项目组合中所应包括的食、行、住、游（门票）等各项费用，即购进成本（也称代办费），再加上旅行社自身的费用，以及税金、利润等，构成对外报价，即该项目的旅游价格。目前，我国旅行社的价格制定通常采用综合加价率的方法，即一般在购进成本的基础上加价15%左右。

当然，旅行社代办的交通费、餐饮费、住宿费，以及门票等费用，不是由旅行社所决定的，但是，它可以采取批量代办形式，价格比这些企业自身销售的价格要低一些，旅行社可以从中得到回扣或打折的收益。

6.2.2 旅游价格的种类

根据不同的划分标准，旅游价格可以分为以下几种类型：

1）依照满足旅游者不同需求的角度来划分

依照满足旅游者不同需求的角度来划分，旅游价格可分为基本旅游价格与非基本旅游价格。

基本旅游价格是指满足旅游者在旅游活动中基本需求的各种单项旅游产品价格。主要包括住宿、交通、餐饮、游览、娱乐等产品的价格。这些旅游产品在旅游活动中无论缺少哪一项，都将直接影响整个旅游活动的正常进行，是旅游不可缺少的消费内容。

非基本旅游价格是指旅游者在旅游活动中不是必须消费的那些旅游产品的价格，如旅游纪念品、日用品、医疗、美容、邮电等项服务价格。这些旅游品，可能是旅游者随机的需要，也可能是旅游者的特殊需要，但没有这些产品，旅游活动也可以进行。

这种划分的目的，是使旅行社在组合产品时明确哪些项目应当包括在内，并计算价格，哪些项目可以由旅游者自行解决，不包括在旅游价格之中。

2）依照旅游者购买旅游产品的方式来划分

依照旅游者购买旅游产品的方式来划分，旅游价格可分为随团统包价格、小包旅游价格和单项旅游价格。

随团统包价格是指旅游者参加旅行社组织的旅游，按旅行社推出的某条旅游线路一次性支付的价格。

小包旅游价格是指旅游者通过旅行社购买旅游路线，但不一定随团旅游，旅行社只负责提供机票、预订客房等部分旅游服务项目，其他全部由旅游者自己负责安排，旅游价格中只包括部分旅游项目的价格。

单项旅游价格是指旅游者不通过任何中介机构，自己外出旅游时所购买的各种旅游产品的价格。

随团统包价格和小包旅游价格合称为旅行社价格。旅行社价格实际上是它所组合的旅游产品项目中，各单项旅游产品价格的总和，再加上旅行社的各项费用、税金和利润。在国际旅游活动中，采用随团包价旅游的较多。旅行社在组织旅游者到某一旅游地旅游时，都要采取报价形式，以便旅游者对其旅游项目进行选择。

3）依照旅游的范围来划分

依照旅游的范围来划分，旅游价格可分为国内旅游价格与国际旅游价格。

国内旅游价格是指旅游者在本国国内旅游的价格。

国际旅游价格包括出境旅游价格和入境旅游价格。不论是出境旅游价格还是入境旅游价格，其价格都要包括三部分内容：①国际交通费；②旅游目的地国或地区的旅游产品价格；③旅行社的中介费用。

4）依照旅游价格的具体形式来划分

依照旅游价格的具体形式来划分，旅游价格可分为旅游差价和旅游优惠价。

（1）旅游差价。

旅游差价是指同种旅游产品，由于时间、地点、质量以及经营环节等差异所引起的价格差额。旅游差价主要有：批零差价、季节差价、地区差价和质量差价等。

①批零差价。批零差价是指同种旅游产品，在同一市场上、同一时间内零售价格与批发价格之间的差额。旅行社向各旅游企业购买各单项旅游产品时，由于它一次性购买批量较大，所以能够得到批发价格，经过组合后形成一个整体的旅游产品，再出售给旅游者，从而获得批零差价的好处。

②季节差价。**季节差价**是指同种旅游产品在同一市场上由于季节不同而形成的价格差额。由于旅游活动的季节性很强，为了调整旅游在淡旺季之间的矛盾，利用季节差价可以调节旅游者的需求，有利于旅游企业经营活动的正常进行。

③地区差价。**地区差价**是指同种旅游产品在不同地区的差额。由于旅游活动的空间性限制，在旅游旺季，一些"热点"地区可能游客过于拥挤，给旅游地带来极大压力，而另一些"冷门"地区可能游客稀疏，为了调节各旅游地间的游客流量和流向，实行地区差价是很有必要的。

④质量差价。**质量差价**是指同种旅游产品在同一市场上由于质量的不同而形成的价格差额。质量差价是按质论价、优质优价原则的具体体现。比如，同是住宿产品，设备、设施质量和服务质量上的差异是很大的，不同星级的饭店，其质量差异是客观存在的，必然存在着不同的价格。

（2）旅游优惠价。

旅游优惠价是指旅游产品供给者在明码标价的基础上，给予购买者一定折扣的价格。旅游优惠价主要有以下几种：

①批量优惠。批量优惠是指根据购买者一次购买的数量或是积累购买的数量大小，给予一定的折扣价格。

②同业优惠。同业优惠是指对同业的旅游消费者给予一定的价格折扣。如旅游消费者尽管不是本公司职员但同是航空公司的职员，在购买机票时可以给予优惠价。一般说来，凡是旅游行业之间或与旅游系统、单位之间经常来往的，一般都给予一定的折价优惠。优惠额的大小，一般视双方交往的深度由自定或协议形成。

③老客户优惠。老客户优惠是指企业为了扩大销售，稳定客源，一般对老客户都给予一定的价格折扣，吸引他们经常光顾，而不转向别的经营企业。

当然，旅游差价和旅游优惠价从形式上看，都表现为一种价格上的差额，但实际上二者是存在着区别的。首先，旅游差价一般指旅游产品经营者的转卖价格，由于转卖，上一个环节不得不让利于下一个环节，或者由某一地区经营费用的差别所致。优惠价一般不是为了转卖，它直接给予消费者。其次，旅游差价是以价值为基础，明确不同环节、地区、时间以及质量上的差异性而形成的价格差。优惠价是在明码标价的基础上，针对不同的购买者实行优惠，即不同消费者会有不同的优惠价格。

【同步思考6-2】

问题：旅行社价格就是由旅行社向各旅游企业购买的各种产品的价格总和加上旅行社的利润所构成，这种说法对吗？

理解要点：不对，还应包括旅行社的费用和税金。

【同步资料6-2】

旅行社价格

旅行社价格有两层含义：一是指旅行社提供各项服务的收费价格，包括导游服务收费、接送游客服务收费、行李服务收费、订房服务收费、订餐服务收费、订票服务收费以及代办其他各项服务的收费等，这类价格一般是针对散客需求的单项服务价格。二是指旅行社组织游客旅游期间，安排各项旅游活动项目价格的总和，它包括旅行社安排活动代付的“吃、住、行、游、购、娱”费用，也包括旅行社的综合服务费。这种价格针对包价旅游的客人，又称旅游包价。旅行社价格按服务质量等级大体划分为3个档次：标准档、经济档、豪华档。为了合理定价并拉开等级、档次间的差价，每个质量规格等级可按旅行团10人以上团队级、6~9人级、2~5人级和1人级4个档次，对每个档次分别制定不同的价格标准。标准档，是按照中等和中上等消费水平的游客对旅行游览服务的一般要求划定的。经济档，是按照消费水平较低的游客对旅行游览服务的基本要求划定的。对于经济旅行团队，一般是安排住低档饭店或中档饭店较低水平的标准客房，并提供一般水平的餐饮、一般标准的旅行车辆。豪华档，也称特别档，是按照消费水平较高的游客对旅行游览服务质量的要求划定的……

资料来源　覃文乐. 浅谈旅行社价格类型及构成［J］. 中国物价，2004（5）.

6.3　旅游产品定价目标与方法

6.3.1　旅游产品的定价目标

旅游产品的定价目标是指旅游企业对其生产和经营的旅游产品价格预先设定期望要达到的目的和标准。旅游产品价格在具体制定之前，必须要确定定价目标。定价目标是企业经营发展总目标的组成部分，由旅游企业生产经营发展的总目标所决定。旅游企业在市场经营活动中，根本目标是获得利润，追求利益最大化，价格是实现企业利益的主要手段，但它不是唯一的手段，因为有的企业追求的是企业长远的利润目标，而有的企业则是急功近利，只考虑企业的眼前利益，因而决定了它们在价格目标制定上的差别。通常有以下几种企业定价目标可供选择：

1）以获取最大利润为定价目标

这是旅游企业为在短期内获得最大利润，制定较高价格的一种目标，适合选择此种定价目标的企业，通常其产品或服务处于绝对的优势地位，同时高价也容易被旅游消费者所接受，不会遭到消费者的抵制，影响销售量。但是在市场激烈竞争的条件下，高价带来的高额利润，必然引起更多的竞争者加入，或者导致替代品不断涌现，也容易使企业原有的优势地位很快失去。因此，短期内追求利润最大化的定价目标，一般企业不宜选择，但并不排斥拥有一定特色的或带有垄断性的旅游企业选择这种定价目标。

2）以不断扩大市场占有率为定价目标

在现代旅游市场中，谁能够拥有旅游消费者，谁才会拥有利润，企业的利润是消费者贡献的。因此，一些旅游企业把眼光放得更长远，不急于追求眼前利益，通过制定较低的价格，吸引更多的旅游消费者，达到不断提高市场占有率的目的，从而赢得长远的利润最大化。企业市场占有率的高低，是一个企业市场竞争力大小的反映，表明该企业在市场竞争中所处的地位和实力。企业在选择此种定价目标时，要量力而行，要对市场上已有的竞争对手的实力进行充分估计，因为此种目标的选择，可能会刺激旅游者的需求量急剧增加，企业必须有充足的产品或服务去满足需求，否则出现供不应求的情况时，更有损于企业形象。另外，为了长期占领市场，除了实行低价之外，还要运用其他手段与之配合。

3）以获取投资报酬率为定价目标

投资报酬率是企业的预期收益水平占投资总额的比率。任何企业对于所投资金都希望获得一定报酬，以使企业能够在一定时期内收回投资成本。采取这种定价目标的旅游企业，一般是根据投资额规定的利润率计算出各单位旅游产品的利润额，再把它加在产品的成本上，成为该产品的出售价格。旅游企业选择这一定价目标时，必须是企业具有较强的实力，产品能够畅销，不怕竞争对手。一般企业确定的预期利润率应当高于同期银行存款利息率，否则就没有必要进行投资。当然，如果预期利润率太高，产品在价格方面失去竞争力，也很容易使企业在市场上难以争得一定的份额，使预期的投资报酬无法实现。

4）以应对竞争为定价目标

在市场竞争中，价格是最有效而又最简单的竞争手段之一，运用价格手段进行竞争，往往会导致企业间相互报复，最终两败俱伤。以应对竞争为定价目标，是指旅游企业通过服从竞争需要来制定旅游产品的价格，一般是将对旅游市场价格有决定性影响的竞争者的价格作为定价的基础。这种定价目标的目的，是为了尽量避免和减少价格竞争，以适应多变的市场竞争环境。它一般适合实力较弱的中小型企业，它们在产品定价之前，可根据市场上同类产品的质量等状况，跟随别人定价，这样不容易引起竞争对手的关注，不易招致竞争对手的排斥。

6.3.2 旅游产品的定价方法

1）成本导向定价法

成本导向定价法是指旅游企业在定价时，主要以成本作为定价依据的一种定价方法。由于旅游产品的种类繁多，各种不同产品的生产成本在计算上也有差异。因此，成本导向定价法可分为成本加成定价法、盈亏平衡定价法和边际贡献定价法。

（1）成本加成定价法。

成本加成定价法是指在旅游产品的单位成本基础上加上一定比例的毛利制定销售价格。毛利包括产品的经营费用、应纳税金和预期的利润等。毛利的大小，通常用毛利率来表示，又可称为几成毛利。其基本公式为：

单位产品价格=单位产品成本×（1+成本加成率） （6-2）

成本加成定价法简单、易行，应用广泛，在旅游企业市场营销中，主要用于制定旅行社产品、饭店餐饮食品的价格。采用这种定价方法，必须事前能准确核算产品成本，并以社会平均成本为标准进行适当调整。否则按此种方法制定的产品价格会与市场上同行业的同类产品价格相差悬殊，有的可能价格很低，有的可能价格奇高，这都不利于企业正常经营活动的进行。

（2）盈亏平衡定价法。

盈亏平衡定价法又称保本定价法，是指旅游企业根据产量和成本状况来制定保本价格。其计算公式是：

$$P = V + \frac{F}{Q} \tag{6-3}$$

式中：P为产品保本价格；V为单位产品的变动成本；Q为保本点产品产量；F为总固定成本。

例如，某饭店有标准客房120间，饭店每天应摊销的固定成本为10 800元，预计客房入住率为60%，每间客房日平均变动成本为50元，不考虑纳税，试计算该饭店盈亏平衡点的价格水平应是多少？

解：根据公式计算，即：

P=50+10 800÷（120×60%）=200（元）

该企业客房每标准间按200元的价格出售，企业不会亏损，也没有盈利，收支平衡。这里保本入住率是60%，如果企业入住率提高，企业便会有盈利；反之，若达不到60%的入住率，企业便会发生亏损。

保本定价法的意义在于，以一定价格水平与相应产量相结合给出企业产品产量的盈亏点，使企业明确在一定价格下，应达到多少产量以上企业才能盈利，这里期望达到的产量是最关键的因素。

（3）边际贡献定价法。

边际贡献定价法又称变动成本定价法，即企业在定价时，只计算变动成本，不计算固定成本，只要价格高于单位产品的变动成本，就可以继续生产和销售。所谓边际贡献，是指每增加单位销售量所得到的收入超过增加的成本部分，或者说预期的销售收入减去变动成本后的收益。

边际贡献定价法的基点是：不求盈利，只求少亏。通常适用于两种情况：一种是市场供大于求，企业产品积压，企业坚持以总成本为基础定价，产品难以被市场接受，其结果不仅不能补偿固定成本，连变动成本也无法收回；另一种是当企业生产能力过剩，企业开工不足时，与其让厂房机器设备闲置，不如利用低于总成本但高于变动成本的低价来扩大销售，以维持生存。这种方法在饭店定价中应用最广泛。如某饭店每间标准房的总成本为120元/日，其中变动成本为50元/日，固定成本为70元/日，如按原来的定价无法销售，而价格降到90元/日，便可以有旅客接受。如果销售，每间每天实亏30元，但不销售每天则亏70元，因此还是销售为好。这样，销售收益90元/日，不仅补偿了变动成本50元/日，还有边际贡献额40元/日，即可以补偿股东成本40元/日。当然，如果售价低于50元/日，还是不销售为好。

虽然这种定价方法使企业可接受的价格范围扩大了，但它只能是在一种特殊的市场条件下，迫不得已采取的一种定价方法，因为边际贡献定价法实质是一种企业亏损定价法，它不可能成为企业长期使用的定价方法，如果这种方法长期使用，企业将陷入严重亏损局面，无法生存、发展。

以成本导向定价的三种具体方法，实际上是企业在盈利点、保本点和亏损点上的三种定价法。三种方法可以在市场条件的不断变化中，根据情况适时选择。另外，在这几种方法中，我们没有充分考虑企业的纳税因素。在实际工作中，旅游企业还要缴纳一定的税金。因此，在每种方法的实际应用中，还应包括纳税因素。

【同步思考6-3】

问题：在经营过程中，总会有人说："能卖的总比不卖强"，你是否认同这种说法？

理解要点：不认同。要看以何种价格水平出售，通常从经济的角度看，最低的界限应当是出售的价格等于或大于企业的变动成本，若以低于变动成本的价格出售，企业不如停止营业。

2）需求导向定价法

需求导向定价法，是以市场对旅游产品需求的强度和旅游消费者对产品价值的理解程度来确定产品价格的一种方法。采用需求导向定价法时，企业虽然仍要考虑产品成本因素，但产品成本因素已不是定价的主要依据，企业定价的主要依据是市场的需求程度和消费者对产品价值的理解程度。同样的产品，市场需求量大，消费者偏好程度高，价格就可以定得高些；反之，就应降低价格。需求导向定价的方法很多，主要有习惯定价法、反向定价法和差别定价法。

（1）习惯定价法。

对于某些旅游产品，旅游者在长期的购买使用中，已经养成了一种习惯，他们在购买时，比较习惯地接受在以往的消费中对产品属性和价格形成的印象。因此，企业在开发出新的旅游产品向市场提供时，不管新产品的生产成本是否变化，只要此种产品的基本功能和用途没有发生很大变化，就不要轻易地改变其价格，因为涨价可能引起旅游者对新产品购买的抵制，影响销售量，而降低价格则会引起消费者对产品质量的怀疑。比如，一些新旅游景点的门票价格，旅游者经常购买的某些旅游纪念品的价格等，往往都是依消费者习惯而确定的。

（2）反向定价法。

反向定价法又称可销价格倒推法，首先以消费者对某种商品愿意且能够接受的价格作为市场销售价格，然后再反向推算出产品的出厂价格。这种作价方法，显然没有与生产成本直接发生联系，而是在制定价格之前，先进行市场调查，确定购买者可以接受的价格，具体可采取以下方法：①主观评估法。由企业内部有关人员通过对市场的调查，与市场上的同类产品进行比质比价，以及对消费者购买力和消费偏好等方面的分析，对市场销售价进行评估、确定。②客观评估法。由企业外部的有关部门和消费者代表，对商品的性能、效用以及消费者偏好程度等方面进行评议、鉴定和估价。③实销评估法。以一种或几种不同价格，在一定区域中进行实地销售，并征得消费者对产品价格的评价，判明试销价格的可行性，再进行价格的最后确定。

(3) 差别定价法。

差别定价法是指把单位成本相同或相近的同类产品，根据不同细分市场的需求，制定不同的价格，这种方法又称差别需求定价法。其具体做法主要有：①以产品为基础的差别定价；②以旅游消费者为基础的差别定价；③以旅游产品和劳务的地理位置的不同为基础的差别定价；④以时间为基础的差别定价。

实施差别定价法是有条件的。一般而言，必须是市场细分之后，细分市场在不同的条件下表现出的需求强度有明显的差别。同时，实行差别定价，尤其是针对不同的旅游消费者实行差别定价，往往会引起消费者的不满。因此，实行差别定价必须以不引起消费者反感为条件。

3) 市场竞争导向定价法

市场竞争导向定价法，是指企业定价不直接考虑产品的成本及市场需求强度，而主要是依据市场竞争因素，尤其是以竞争对手的价格为参照，来确定价格的定价方法。这种方法是以市场竞争为中心，同时结合本企业自身的实力、发展战略等因素的要求来确定价格，这种定价的具体形式有两种：

(1) 随行就市定价法。

随行就市定价法是指根据现行市场价格水平来确定企业产品的价格。在激烈的旅游市场竞争中，可能有众多的旅游企业生产经营同一旅游产品，如果本企业的旅游产品价格高于其他企业，就有可能失去市场销售额；若价格低于其他企业，就会减少企业的销售利润。因此，企业应将现行市场价格水平视为自己的定价水平。这样做，一方面可以减少市场竞争的压力，另一方面要考虑在现有价格水平上，企业能否获得合理利润。实施这种定价方法，对旅游行业内部各企业间的冲击较小，往往是各方都易接受的定价方法。

(2) 率先定价法。

率先定价法是一种主动竞争的定价方法。首先，旅游企业将市场上的竞争产品价格与本企业产品的估价进行比较，分为高于、低于和等于市场现有的价格水平；其次，将本企业产品的性能、质量、成本以及企业自身的实力等状况与市场上生产的同类产品和同类企业进行比较，从而寻找出本企业产品的特色、优势在何处；最后，分析本企业产品确定的价位是否能使广大旅游消费者乐意接受，确定企业产品的价格水平。率先定价法与随行就市定价法的主要区别是：它制定出的价格与现有市场同类产品的价格不一致，可能高于或低于现有市场价格，因此，这种产品定价方法很容易引起市场震动，所以一般为实力雄厚或产品独具特色的旅游企业所采用。在产品价格确定后，还必须跟踪竞争产品的价格变化，客观全面地分析原因，及时地进行调整。

【同步案例6-1】

地中海邮轮实行新票价体系

背景与情境：从2013—2014年冬季航程开始，地中海邮轮公司在其旗下12艘邮轮中开始实行全新的船票定价体系，用“美妙级、梦幻级、水疗级、贵宾级”四个等级区分。地中海邮轮公司在上海表示，不同价格等级的区别不仅在舱房的类型上，还包括不同的船上体验，乘客可以在选择舱房时定制在海上的精彩生活以及理想航程。

美妙级乘客可使用船上的泳池、健身房和体育设施，观看百老汇风格的剧院表演。

梦幻级乘客可选择特权舱房，自由更改预订信息，享受24小时客房服务、免费送餐以及特别为孩子准备的有趣活动。

水疗级乘客可以优先登船，保留餐厅座位，享受自由的用餐时间，还可前往专属的阳光甲板，获得超值水疗礼包。

贵宾级乘客可享受配备有24小时管家服务的奢华套间、专属贵宾接待区、随时享用美食的专属点菜餐厅、无限畅饮以及前往OneSun甲板和海景酒廊的专属通道等。

资料来源 丁宁. 地中海邮轮实行新票价体系[N]. 中国旅游报，2013-08-09.

问题：在同一条游轮上实施不同的价格等级，对经营者和游客的各自意义是什么？

分析提示：对经营者而言，针对不同需求的游客，有针对性地提供服务，能获得不同游客的满意度的提高，有利于企业经营效益的提升；对游客而言，购买不同等级的价格，就有不同的服务期望和不同的旅游体验，有利于满足旅游的心理需求。

6.4 旅游价格管理与监督

价格管理是国民经济管理的重要组成部分。可以说，当今世界上，几乎没有一个国家对市场价格不实施一定的干预政策，差别只是表现为干预的程度、干预的形式不同而已。

6.4.1 旅游价格管理的作用

1）促进旅游市场机制的正常运转，维护竞争的正常进行

市场机制是社会资源有效配置的基本力量，但是必须看到，在现代社会经济系统十分庞大和复杂的条件下，只有在国家合理有效的干预下，市场机制才能在遵循社会全面发展的前提下充分发挥作用。价格是市场机制的核心，完全自由的价格调节并不能保证价格体系的合理化，混乱的价格极易导致价格体系的崩溃，导致资源配置的失衡。完全依靠市场价格的波动来调节经济活动具有很大的盲目性。另外，由于在市场经济活动中，非经济因素大量存在，很多情况下价格不一定反映市场供求的真实状况。因此，国家必须采取有效的管理措施，对市场价格的运行实施一定程度的干预，以保证市场机制的正常运转，维护市场竞争的正常进行。

2）防止旅游市场价格大起大落，保持旅游业稳定发展

在市场经济条件下，价格的起伏是由市场供求关系决定的。旅游业是十分敏感的行业，由于某种原因而导致市场上的供求关系发生急剧变化的现象会经常发生，造成市场上价格的大起大落，这对于社会经济正常运行和旅游业的稳定发展都是极其不利的。前些年在我国做出了兴建长江三峡工程的决策后，由于舆论上的误导，引发了全国的告别三峡游的浪潮，使长江的游轮票价急剧上涨，给一些企业带来了失真导向，很多企业都相继建造了豪华游轮投入长江旅游热线中。结果，热浪过后，旅游客源急剧下降，几折的船票也无人问津，很多企业因此蒙受了巨大损失。从社会总体上看，这不仅造成了个别旅游企业巨大的经济损失，也给旅游业的稳定发展带来了不利的影响。因此，政府对市场价格给予正确的引导、进行有效的管理是完全必要的。

3）加强旅游市场价格管理，保护广大消费者的利益

在激烈的市场竞争中，一些企业往往不是采用正常手段去获取利益，而是采取一些不正常的手段牟取暴利。由于旅游活动的异地性，旅游者一旦参加了某一旅游团，他对产品整体购买的选择权就已结束，而在旅游活动中旅游企业是否能真实地兑现原有的承诺，旅游者在购买时是无法得到证实的。因此，为了防止旅游活动中宰客现象的发生，维护旅游者的利益，政府有关部门必须对旅游价格进行有效的管理和监督。

6.4.2 旅游价格管理的形式

旅游价格管理形式是指在价格形成过程中市场机制与其他机制相互作用、相互联系的类型和方式。也可以说是政府在管理价格上采取的基本形式。

我国已经确立了社会主义市场经济条件下价格管理的三种基本形式，即市场调节价、政府指导价以及政府定价。

1）市场调节价

市场调节价是指由经营者自主制定，通过市场竞争形成的价格。这种价格的特点是：

（1）市场调节价是由市场独立主体即经营者制定的。这种独立主体就是市场经济条件下自负盈亏、自主经营的经营者，他们依据生产经营成本和市场供求状况等决定自己经营商品的价格。

（2）市场调节价是由经营者在经营过程中自主制定的。所谓自主，一是表示经营者定价是相对于政府指导价格及政府定价而言的，它是经营者按照自己的意志制定和调整的价格；二是表示经营者在制定价格时，主要依据生产经营成本和市场供求状况来决定价格的高低，经营者的定价权力不受任何单位和个人的干涉。

（3）市场调节价是一种竞争性的价格，经营者具有自主的定价权只是市场调节价发挥作用的必要条件，而不是充分条件。让市场调节价发挥合理配置资源的作用还要求经营者之间有充分的竞争关系。因为经营者有了自主权后，就要寻找一种对自己有利的经营条件，经营者之间将会产生排他性。如果没有竞争，经营

者的定价自主权就可能变成垄断权。

（4）市场调节价也是经营者依法制定的价格。虽然经营者是自主制定价格，不受任何单位和个人干涉，但经营者必须是在遵守国家法律、法规、规章和有关政策的前提下，自主制定价格，不能存在任何违法行为。

2）政府指导价

政府指导价是指由政府价格主管部门或者其他有关部门按照定价权限和范围规定基准价及其浮动幅度，指导经营者制定的价格。它有以下几个特点：

（1）政府指导价的定价主体是双重的，即由政府和经营者共同制定价格，其中第一主体是政府，第二主体是生产经营者。政府指政府价格主管部门、其他相关部门。政府价格主管部门指县级以上各级人民政府主管价格工作的部门；其他相关部门是县级以上各级人民政府有关行业的主管部门。政府指导价的定价权限主要集中在中央和省两级人民政府，只有少数省级人民政府难以具体确定的商品和服务价格才能由县级人民政府制定。

（2）第一定价主体即政府，必须按照规定的定价权限和范围，先制定一个基准价及其浮动幅度。

（3）政府指导价是两个定价主体结合的产物。政府制定一个基准价及其浮动幅度后，经营者可以在这一基准价及其浮动幅度的范围内自主制定价格。

政府指导价是一种半放开状态的价格，在不同的市场条件下，政府可以根据实际情况加以调整。

3）政府定价

政府定价是由政府价格主管部门或者其他有关部门，按照定价权限和范围制定的价格。其主要特点是：

（1）定价主体是政府，即单一主体而不是双重主体。

（2）政府定价也必须按规定的定价权限和范围进行。

（3）政府对商品和服务直接制定价格，有很大的强制性和相对的稳定性。

一般说来，只有垄断性的、资源稀缺需要保护的、关系社会稳定的和公益性行业的价格需要保留政府定价。从国外情况来看，发达国家一般也都采取这三种形式。

【同步资料6-3】

拉萨市大力整治景点乱象

拉萨市公安局城关公安分局始终把群众满意、群众幸福作为整治工作的着眼点、着力点和出发点、落脚点，近日，该局广场派出所以辖区群众和观光游客反映强烈的尾随兜售、强买强卖、占用街道摆摊设点、流浪犬等烦心事、揪心事作为整治重点，对布达拉宫周边开展了乱象清理整治工作，取得了显著成效。

为确保旅游景点乱象整治工作形成工作合力，努力为辖区群众和观光游客营造一个治安秩序井然、温馨的旅游环境，拉萨市公安局城关公安分局广场派出所始终紧盯群众和游客关注的烦心事、揪心事，主动作为、持续用劲，特别是在政法队伍教育整顿过程中，该所坚持把布达拉宫周边环境治理作为“为群众办实事”的重要工作来落实。

尾随兜售、强买强卖、占用街道摆摊设点不仅是旅游景点的顽疾，更是严重影响拉萨文明城市、旅游城市形象的毒瘤。在清理整治工作中，广场派出所联合相关部门采取“外围过滤、便衣蹲点、重点盯防、巡逻防范、发动举报”等措施，持续开展整治工作。2021年3月以来，该所主动联合相关职能部门先后清理、移交、遣送、处理各类人员202名。

占用街道摆摊设点行为既影响市民游客，也影响市容市貌。工作中，广场派出所在布达拉宫、宗角禄康公园等人群集中活动区域开展不间断巡查，排摸清理占用街道摊点，对恶意占用街道的摊贩做到“发现一个、清理一个”。

在多措并举积极开展整治工作的同时，广场派出所注重在营造全民动员、全民参与的良好氛围上下功夫，通过设立警示牌、悬挂宣传横幅、定期开展法制宣传等方式主动开展形式多样、内容丰富的宣传活动，不断提升群众对乱象的认知、不断凝聚各方力量对整治乱象的共识、不断打牢全民参与防范的社会基础。

资料来源　佚名．城关公安大力整治景点乱象［N］．西藏商报，2021-05-12.

6.4.3　旅游价格的监督检查

旅游价格的监督检查是指县级以上各级人民政府价格主管部门及受其委托的组织对管理相对人执行价格法律、法规、规章和政策情况进行的监督检查活动。

1）价格监督检查的主要内容

（1）宣传国家价格法律和政策，保证其贯彻执行。国家价格法律和政策是国家实现宏观经济管理目标及价格总水平控制目标的首要保证，其正确贯彻实施，依赖于全体公民对国家价格法律、政策的认识水平和贯彻国家价格法律、政策的自觉性。因此，开展价格监督检查工作，既要监督检查价格法律、政策的执行情况，及时纠正和处理价格违法行为，又要大力宣传，加强各方面自觉守法的意识，维护其严肃性。

（2）监督中央和地方各项价格调控措施的贯彻落实，确保价格改革和管理任务的实施。中央和地方各项价格调控措施是促进国民经济两个根本性转变，实现经济建设持续、健康发展的重要手段，需要有计划、有步骤地贯彻落实。价格监督检查，通过查处各种价格越权行为和价格违法行为，发挥推动和保障价格调控措施贯彻落实的作用，从而保证各项任务的顺利完成。

（3）建立完善的价格监督检查网络，有效地规范价格行为。

（4）加强领导，改进工作，搞好队伍建设。建立一支高素质的价格监督检查队伍，是保证我国价格监督检查工作顺利、有效开展的可靠保证，各级组织都要为此而努力。

2）价格监督检查的组织形式

（1）国家监督检查。国家监督检查是指各级政府的物价检查机构对价格进行监督检查，这是价格监督检查的主要形式。我国从1983年开始建立各省、市、县物价检查所，它们是物价监督检查的行政执法机关。

（2）社会监督检查。社会监督检查是指消费者组织、职工价格监督组织、居民或村民委员会等组织以及消费者、新闻单位等对价格行为进行监督检查。

（3）企业内部监督检查。企业内部监督检查是指企业价格管理机构或人员对本企业执行价格法规政策的情况进行监督检查。

【同步思考6-4】

问题： 各级政府的物价检查所与消费者协会都对旅游市场价格负有监督责任，二者有何不同？

理解要点： 各级政府物价检查所的监督是行政执法部门的监督，而消费者协会的监督属于社会监督。

【同步资料6-4】

我国“春季行动”第二轮整治剑指出境游乱象

日前，国家旅游局办公室印发《关于持续深入开展旅游市场秩序整顿“春季行动”的通知》（以下简称《通知》），将“春季行动”第二轮整治工作的重点对准出境游市场乱象。

《通知》指出，近年来，我国公民出境游发展迅猛，出境游市场已经成为旅游监管的新热点。各地要把出境游市场中涉嫌“不合理低价”等违法违规行为作为旅游市场整治的重点，组织力量对所有出境游旅行社和经营出境游的OTA（在线旅游代理商）进行全面检查，查处一批违法违规经营出境游的旅行社和OTA，曝光一批虚假宣传的OTA，吊销一批违法违规旅行社的出境游经营资质，处罚一批无资质经营出境游业务的旅游企业，切实净化出境旅游市场秩序，保障我国公民出境游的合法权益。

“春季行动”第二轮整治工作重点包括：一是严格检查OTA涉嫌虚假宣传、经营“不合理低价”出境游产品等问题，勒令下架涉嫌“不合理低价”产品，组织OTA公开诚信经营承诺，对违法违规OTA进行约谈曝光，并依法从严惩处。二是严格检查出境游旅行社合同签订不规范、文明旅游引导重视不够、涉嫌经营“不合理低价”产品等问题。对经营“不合理低价”产品的出境游旅行社，要依法依规取消出境游资质。组团旅行社要认真填写和规范使用《名单表》，坚决查处不依法使用《名单表》和伪造倒卖《名单表》的行为。三是严格检查旅行社超范围经营、无资质经营等违法违规行为。

资料来源　佚名．我国“春季行动”第二轮整治剑指出境游乱象［N］．中国旅游报，2017-05-04.

学习微平台

延伸阅读6-2

【教学互动6-1】

互动问题： 目前我国旅游市场价格乱象的表现有哪些？如何治理？

要求： 同“教学互动2-1”的“要求”。

■ 本章概要

□ 内容提要

在市场经济条件下，价格是经济活动中最敏感的经济杠杆。旅游价格是旅游产品价值的货币表现。价值构成是价格构成的基础，在现实的价格构成中，旅游产品价值构成的各要素分别转化为价格构成的相关部分，通常旅游价格由生产成本、流通费用、税金和企业利润等要素构成。

影响旅游价格形成的因素是极其复杂的，其主要因素有：旅游产品自身所包含的价值量、旅游市场的供求状况、市场货币发行量以及外汇汇率变动等。

旅游企业可以在符合国家政策的前提下自主地制定定价目标、定价策略和定价方法。企业的定价目标是企业经营战略目标的组成部分，通常可供企业选择的定价目标有：以获取最大利润为定价目标、以不断扩大市场占有率为定价目标、以获取预期投资报酬率为定价目标，以及以应对和防止激烈竞争为定价目标等。

旅游产品的定价方法概括起来可分成三类：成本导向法、需求导向法和市场竞争导向法。在三类定价方法中，每一类又包括很多具体的方法，在实际工作中，可以根据条件进行具体的选择。

国家管理经济的一个重要职能是对市场实施价格管理。旅游市场的价格监督检查是国家实施价格管理的具体措施。

□ 主要概念和观念

▲主要概念

基本旅游价格　非基本旅游价格　旅游差价　季节差价　地区差价　质量差价　旅游优惠价　旅游产品的定价目标　成本加成定价法　边际贡献定价法

▲主要观念

旅游价格的本质与影响因素　旅游价格的管理形式与作用

□ 重点实务

旅游产品定价目标与方法　旅游价格管理与监督

■ 基本训练

□ 知识训练

▲复习题

1）影响旅游价格形成的因素有哪些？

2）一般的旅游价格构成有哪些因素？

3）旅行社的价格构成具体有哪些项目？

4）旅游价格的种类有哪些？

5）旅游企业的产品定价有哪几种目标？

6）旅游产品定价有哪几种方法？

7）旅游市场价格监督检查的主要组织形式有哪几种？

▲选择题

(1) 按照马克思主义理论，价值是价格的基础。旅游价格是旅游产品的货币表现。因此旅游产品的价格水平与单位货币的价值之间是（　　）关系。

A.正影　　B.倒影　　C.单影　　D.双影

(2) 影响单项旅游产品价格形成的直接因素有（ ）。

A.产品的价值　B.外出时间　C.供求关系　D.通货膨胀

E.汇率　F.旅游距离

(3) 新闻媒体对旅游市场的价格监督属于（ ）。

A.国家监督　B.社会监督　C.企业监督　D.消费者监督

▲判断题

(1) 旅游产品的价格一般由成本、流通费用和企业利润所构成。（ ）

(2) 价格是一把双刃剑，降低价格可以刺激消费，同时又会抑制供给。（ ）

(3) 政府制定价格就是对市场价值规律的否定。（ ）

(4) 当一国货币价格上升时，会更有利于本国居民出境旅游。（ ）

▲讨论题

我国对旅游价格管理的基本形式有哪几种？每种价格形式的定价主体是谁？

▲计算题

1) 某旅行社设计一条旅游线路，其成本（包括交通费、食宿费、门票、导游费及各项经营杂费等）共计6 000元，企业确定加成率为12%，请计算该旅行线路的销售价格。

2) 某饭店为了吸引游客，在旅游淡季时实行盈亏平衡定价法。该饭店共有客房150间，预计客房入住率为50%，客房每天需摊销的固定成本共4 500元，每间客房日平均变动成本为60元，在不考虑企业纳税的情况下，试计算该饭店盈亏平衡点的价格。

3) 某人造旅游景点，在旅游淡季时，为维持企业持续经营，不求盈利，只求少亏，通常采用边际贡献法。如该景点每日变动成本为2万元，预计每日接待游客500人，门票价格降到多少才能保证变动成本的补偿？

□ 能力训练

▲理解与评价

有人认为旅游差价就是旅游优惠价，运用本章所学知识，你认为这种说法是否正确？企业实施优惠价格的意义何在？

▲案例分析

不能只算“门票账”

背景与情境： 正值暑期旅游旺季，山西平遥古城拟提高门票价格的消息把舆论对旅游景区价格不断上涨的不满推向新高潮。综合媒体反应，除对涨价合理性的质疑外，旅游经济究竟该如何发展等深层次问题更值得关注。

平遥古城门票涨价的主要理由之一是增加古城保护资金。这也是近年来各地景区提高门票价格的一个主要理由。但近年来各地景区门票价格一路上涨之后，似乎并未实现这样的“初衷”，资金缺口不但依然存在，而且似乎越来越大，于是陷入试图靠不断涨价弥补资金缺口的怪圈。

事实上，近年来各地旅游业发展对地方经济社会发展的带动作用有目共睹。与此相比，景区门票收入只是很小的一部分。只有把景区发展放在经济社会发展的“大盘子”里统筹安排，才能实现各方共赢和利益最大化。在这方面，杭州对西湖景区的管理经验值得借鉴。

近年来，杭州通过开放式管理西湖“还湖于民”，换来了旅游收入剧增。2009年杭州接待国内游客人数、国外游客人数、旅游收入分别比2002年增长92%、117%、173%。

舆论对景区门票价格一路上涨的强烈不满提醒我们，把旅游经济简单化为“门票经济”，片面看重门票价格上涨的好处，违背了作为自然遗产或公共产品的旅游景区应该向更多人开放的公益性原则，不但有碍民众旅游权利的实现和维护，而且无益于地方经济社会发展。

资料来源　根据中国旅游新闻网相关内容整理。

问题：为何一些地区以提高景区门票价格来解决资金的缺口，却往往适得其反？

分析要求：同第1章“基本训练”中本题型的“分析要求”。

▲实训操练

实训项目：旅行社价格构成分析

实训要求：以某旅行社的旅游报价为例，分析价格中各构成要素的比例。

实训步骤：

1）将班级学生分成若干训练小组，通过网上或实际调研，分别搜集一个旅行社某一线路的报价案例资料。

2）各组依照案例资料，分析讨论该案例中价格构成的要素及比例，形成组内讨论纪要。

3）在班级里，讨论、交流和修订各组的讨论纪要。

4）各组根据上述调研、问题分析、组内讨论和班级交流等体验、心得与收获，形成本次训练总结。

5）在校园网的本课程教学平台上展示各组的训练总结。

□ 课程思政

某动物园门票玩猫腻　低价门票遭“雪藏”

背景与情境：《京华时报》2013年11月19日报道，来自黑龙江的李先生，国庆期间其家人来北京，他带着游玩。在某动物园售票处排了很长时间队，买了2张40元联票。购票前，他和家人还特意仔细看了售票窗每个窗口的价目表，看到票价显示40元一张。李先生说：“我给售票员钱之后，她就直接给了我联票，找了我20元钱。等我刚走出窗口前排着的长队，就有一位热心游客提示我，还有便宜点的票。我去窗口要求换，售票员就给我换成了15元一张的，但我没想到居然还有10元一张的普通门票。”

实际上动物园共有三种价位的门票，包括40元的动物城堡联票（含木偶剧、熊猫馆和门票)、15元的门票（含熊猫馆）和10元的门票。但动物园售票窗口，仅张贴40元联票信息，15元、10元价格的门票则未明示。致使大量的外地游客在不知情的情况下，都购买了40元联票。

问题：某动物园这种票务信息不公开的做法是否违法，侵害消费者权益？

研判要求：同第1章“基本训练”中本题型的“研判要求”。

第7章 旅游消费

◆ 学习目标

通过本章学习，应该达到以下目标：

职业知识：学习和把握旅游消费的概念、作用与特征，旅游消费结构的分类与影响因素，旅游消费合理化结构的工作要求，旅游消费效果的含义，旅游消费者获得最大满足的决策等理论与实务知识；能用其指导或规范本章认知活动和技能活动，正确解答“基本训练”中“知识训练”各题型的相关问题。

职业能力：点评“在一个地区的旅游消费结构中，非基本旅游消费所占比重越大，说明该地区的旅游发展水平越高”观点，训练专业理解力与评价力；运用本章理论与实务知识研究相关案例，培养在“旅游消费”情境中的多元表征能力；通过搜集、整理与综合近三年关于“旅游消费结构”前沿知识，撰写、讨论与交流《“旅游消费结构”最新文献综述》，培养关于“旅游消费”的“自主学习”通用能力。

课程思政：结合本章教学内容，依照相关规范或要求，对章后“乘景区内交通工具的遭遇”特定业务情境中企业及其从业人员行为进行思政研判，强化法制观念和职业道德素质。

【引例】

我国国民旅游消费趋于常态化

背景与情境：2017年3月30日，国家外汇管理局发布了《2016年中国国际收支报告》，列明当年我国旅游服务支出为2 611亿美元。世界旅游组织发布的2016年《UNWTO：2016世界旅游晴雨表》中的中国旅游服务支出使用的正是我国外汇管理局发布的这一数据。此外，该报告还列明美国旅游支出为1 220亿美元。该数据为美国国际收支平衡表旅行项支出的初步数，包括教育等在内的所有目的的旅行支出，最终数据为1 215.26亿美元。可见，世界旅游组织在报告中使用的是同一口径的数据。目前，我国国民旅游消费正趋向常态化、日常生活化，居民旅游消费变得更加频繁，购买决策时间进一步缩短，决策过程越来越简化，逐渐趋同于生活用品的购买。其中，以亲子游、爸妈游为代表的家庭旅游成为旅游消费市场主力。

7.1 旅游消费的特征及其作用

7.1.1 旅游消费的概念

旅游消费是社会总消费的组成部分，是现代旅游经济活动中一个重要的经济范畴。没有旅游消费的不断扩大，便没有蓬勃发展的现代旅游业。因此，旅游消费是旅游业发展的原动力。**旅游消费**是旅游者在外出旅行游览活动中，为了满足旅游活动的需要，顺利实现其旅游目的而耗费各种物质产品和劳务的行为。

旅游消费这一概念的界定，包括以下内容：

（1）旅游消费是指旅游者的消费。单个旅游者的消费行为，从总体上构成了旅游消费活动，形成了旅游市场的需求。没有具体旅游者的消费行为，便没有旅游消费活动的存在。因此，旅游者的消费行为，是社会旅游消费的基础。

（2）旅游消费是指旅游者在外出旅游过程中为满足自己的需要而进行活动的行为，如对旅游产品的选择、比较、购买等。没有这些行为的发生，便不可能完成旅游活动。

7.1.2 旅游消费的作用

1）旅游消费是实现旅游活动的必要条件

消费是由需求引起的。从广泛的意义上讲，人类社会的需求有生产性需求和生活性需求两种，生产性需求的满足属于生产资料的消费，生活性需求的满足属于生活资料的消费。一般说来，生产资料的消费属于中间消费，通过生产资料的消费，又生产出新的物质产品；而生活资料的消费是人类为自己生存、发展而进行的消费，属于社会最终的消费。我们通常把生活资料的消费分为三种消费：一是生存需要的消费；二是发展需要的消费；三是享受需要的消费。旅游消费主要属于发展需要的消费和享受需要的消费。旅游活动也是一种需要，这种需要主要是一种体验的需要，如到异国去体验不同民族的文化氛围；到名山胜景中去体验大自然的神韵美；参加滑雪、跳伞等探险旅游活动体验征服自然后的胜利喜悦等。有这些体验需要，就必然要通过一定的消费来满足。在旅游活动中，为实现某种有目的的体验需要而进行的消费属于旅游活动中的核心消费，旅游的核心消费主要表现为一种精神上的消费。此外，为实现旅游活动体验的满足，还必然需要一定的辅助消费。在现代旅游活动所需的行、住、食、游、购、娱等需求要素中，旅游者首先要满足其作为生物体的存在所需，这部分需要与其在居住地的需要并没有任何区别，但却表现为一种在旅游过程中的消费，没有这种消费，旅游活动便无法实现。

现代旅游消费以商品性消费的形式存在。在社会再生产的过程中，社会经济活动是通过生产、支配、交换、消费四个环节来实现的。一般说来，生产是起点，消费是终点；生产是手段，消费是目的。生产与消费是相互依存、相互促进的辩证关系。从历史发展的逻辑关系来看，没有生产便没有消费，因此，生产决定着消费，但是从社会再生产的不断循环过程来看，消费又影响着生产、制约着生产，没有消费，生产便失去意义，也就失去了存在的必要。从这个意义上说，消费又决定着生产。因此，旅游消费是现代旅游产品生产和交换顺利进行的必要条件。

旅游消费是一种高层次的消费行为，随着社会的发展，当人们对基本生活必需品的需要被满足之后，必将越来越多地追求精神上的消费，用于发展需要和享受需要。旅游活动正是人们追求高质量的生活享受的一种消费行为。

2）旅游消费是高质量劳动力再生产的创造过程

人类社会经济的发展过程，实际上是生活资料消费的过程。劳动力不断再生产的过程是通过消费过程实现的。从社会发展的总过程来看，没有人类的自身消费，便没有人类自身的发展；没有高水平的消费，便不可能有高素质的劳动力生产出来。这是因为：一方面，消费的物质资料本身是劳动力创造的结果，是以往劳动者智慧的凝结；另一方面，消费的过程是劳动力再生产的创造过程。在当前科学技术迅猛发展的条件下，社会生产的发展需要劳动者具有很强的专业技能、广博的文化知识、高度的主动性和创造精神，同时还要使知识的载体即劳动者具有强健的体魄和充沛的精力，这些素质的提高，需要相应的消费水平才能得以实现。旅游消费是一种潜移默化的思想品质、意志品格以及文化素养的教育与培养，能陶冶情操、增进健康、开阔视野、增长知识，这必将有利于高质量劳动力的再生产。发展旅游消费，也是提高劳动者素质的一条重要途径。

3）旅游消费成为现代化生活设施普及的先导和桥梁

现代旅游活动是一种高层次的消费，这种高层次的消费本身决定了旅游消费具有一般消费发展的方向性。旅游消费是一种娱乐性、享受性的消费活动，能够满足人们发展和享受的需要。因此，旅游企业为了最大限度地满足旅游者的需要，必须使旅游服务所凭借的各种物资设备和设施具有高水平和高档次的特点，在科学技术不断发展的今天，新的高科技含量的消费品不断涌现，这些新产品一般都先在旅游业中得到应用，然后再向一般家庭推广普及。

4）旅游消费是评价旅游经济活动成果的标准

首先，旅游企业提供的旅游产品是否能够满足旅游者的需要，要通过旅游消费才能得到验证，如果一个企业自称其提供的旅游产品是优质的，但没有旅游者的消费，这种自我评价是毫无意义的。其次，旅游企业提供的产品，总是指一定价格水平下的产品。消费者愿意以较高的价格购买该产品，企业将会获得较好的经济效益；如果消费者不愿意支付较高的价格或在支付一定价格进行消费后，大失所望，丧失了继续购买的动力，那么良好的经济效益也就无从谈起。最后，通过旅游消费活动所提供的信息，可以判断旅游企业结构和产业结构是否合理、市场供求关系是否协调、市场秩序是否稳定等，这些信息的提供，可以为旅游主管部门加强对旅游产业的宏观调控，为旅游产业制定政策提供决策依据。总之，评价旅游企业经济活动效益的好坏，必须通过旅游消费来实现。

【同步思考7-1】

问题：高层次消费等于高档消费吗？

理解要点：不等于。高层次消费是从人们消费需求不同功能层次的角度来归类的，与价格无关；而高档消费是与低档消费相对应的概念，一般与价格相关。

7.1.3 旅游消费的特征

旅游消费属于个人生活消费的范畴，旅游活动的特殊性，使得旅游消费与一般的生活消费相比较，具有不同的特征。

1）旅游消费的系列性

旅游者的一次外出旅游就是一次经历。在实现这次经历中，他需要进行各种不同产品的消费，其中包括对饮食、住宿、交通、游览、娱乐、购物、通信、医疗等多种形式的产品和服务的系列性消费。一般而言，饮食、住宿、交通、通信以及医疗等消费提供了旅游者在旅游活动中所必须具有的基本生活条件，而游览、娱乐等消费则是核心的旅游消费，是旅游消费的目的所在。这些消费是相互联系、相互依托的，如果旅游者在旅游过程中有某一方面的消费无法得到满足，将使其旅游活动无法进行或损坏整体的旅游效果。当交通消费达不到满足时，旅游者将无法进入或不能按时进入旅游目的地；当住宿消费、饮食消费得不到满足时，旅游者就无法使自己的体力得到及时的恢复和补充。这些情况表明，只有旅游者的系列性消费得到满足后，旅游才会顺利，才能达到旅游的目的。

2）旅游消费过程与旅游生产过程的同一性

旅游消费从其本质上看，是为了实现一次体验而进行的消费。因此，在旅游消费中，旅游服务的消费是其主要部分。服务是以劳务的形式存在的，是满足某种特殊需要的经济活动。旅游者在旅行游览过程中，尽管其生理需要是基本消费，但服务消费占主导地位。旅游服务消费不仅在量上占有相当比重，而且贯穿整个旅游活动的全过程，旅游者不论是从常住地到旅游地，还是在旅游地的游览观光过程中，都离不开旅游服务。这些服务包括饭店服务、交通服务、导游服务、代办服务、文化娱乐服务、商业服务以及咨询服务等。

以劳务形式存在的旅游服务产品，只有在被享用时，它的价值才能实现，一旦旅游活动结束，消费者不再享用，旅游服务也就不复存在。因此，服务消费同时就是服务产品生产的过程，没有服务消费，就没有服务产品的生产，二者在时间上是严格同一的。另外，由于旅游消费的异地性，旅游者的消费必须离开常住地，离开熟悉的基本生活环境，克服空间距离才能实现，为此，旅游服务产品的生产与消费在空间上也是同一的。旅游消费与旅游服务产品的生产在时间上和空间上的同一性，决定了旅游消费的不可重复性。也就是说，旅游服务产品的使用价值，对于消费者来说只有一次，一次生产只能是一次消费，一次消费的结束就是一次生产的完成。旅游消费不可能像购买一般消费品那样，购买后可以反复地使用。对于旅游服务产品效果的评价，一般难以确定一个统一的标准。由于这种服务产品的好坏及质量如何，往往是根据消费者的自我感受体会来判断的，因此即使是同一服务员提供的服务产品，不同的消费者也会有不同的感受。

3）旅游消费是伸缩性强的消费

旅游消费的伸缩性，是指旅游者所需消费品的数量和质量有很大的差异性。这种差异性会随着影响消费的诸多因素的变化而变化。旅游消费的伸缩性主要表现在以下几个方面：

（1）旅游消费是弹性较大的消费。这里讲的弹性，主要指需求价格弹性。一般说来，满足人们生存需要的消费弹性较小，而满足人们发展需要、享受需要的消费弹性较大，旅游消费即属于后者。当然，除了价格因素之外，收入的变化、社会政治状况的变化、自然条件的变化等，都会对旅游消费产生很大的影响，因而旅游消费是极易产生波动的消费。

（2）旅游消费是无限性的消费。无限性是从消费体验的角度，而不是从货币的支付角度概括的。旅游消费主要是满足人们精神上或是心理上的需求，这种需求的满足是无止境的，也难以有数量上的限制。比如，旅游者在花费一定的支出，购买了游览某一旅游景观的权利后，他便可以尽情地享受美景，体会大自然带给他的美感，这种消费可完全融入自我，没有人去阻止他享受或体验，从体验的意义上说，旅游消费具有无限性的消费特征。

（3）旅游消费是季节性的消费。旅游消费季节性形成的原因主要在于两个方面：一方面是某些旅游地由于受季节的限制，只在一定的季节里才具有吸引力，如滑雪场、海滨浴场等；另一方面主要是旅游者个人的因素，由于他们受习惯或闲暇时间的限制，总会选择在某些季节出游。比如，法国人一般愿意在夏季外出旅游，而德国人则习惯于春季外出旅游，学生外出旅游只能选择在他们的假期进行。旅游的季节性必然带来旅游消费的季节性，季节性的差异，给旅游企业的经营活动带来了一定的困难。

4）旅游消费中的情感因素突出

旅游消费以劳务性服务消费为主，旅游者对旅游产品进行消费的过程就是旅游从业人员为其提供旅游服务的过程。同时，旅游消费的过程，又是一个旅游者与旅游服务人员直接互动的过程。旅游服务人员的仪表仪容、服务技巧、服务技能以及服务态度都直接决定着服务质量的高低，并直接地影响着旅游者消费的满足程度。旅游者在消费过程中的满足程度在相当程度上取决于双方接触中的情感因素。即便有时服务所凭借的旅游设备设施等有形产品的质量有些欠缺，但是通过服务人员真挚、热情、友好、周到的服务，同样可以使旅游者的消费得到满足；相反，如果服务人员不注重自身的举止言谈、仪表仪容，在提供服务时表情冷淡、消极怠慢、服务技能低下，即使拥有再完美的服务设施，消费者也不会感到满意，这说明了在旅游消费中，情感因素是一个十分突出的因素。

5）旅游消费的多元化、个性化特征

旅游是满足人们心理需求的消费活动。在现代旅游活动中，人们的旅游需求心理是多种多样的。例如，游览观光是为了审美愉悦，休闲度假是为了健身、修心，探险猎奇是为了寻求刺激等。多种旅游需求的心理，形成了不同的旅游消费模式。传统的、单一的观光旅游模式已成为过去，取而代之的是多元化、个性化的新时代旅游模式。随着人们主体意识的不断增强和社会财富的日趋丰厚，我们已经进入了一个旅游消费个性化的时代，旅游者在旅游活动中越来越强调自身的个性需要。旅游业属于第三产业，其出售的产品是服务型产品，服务个性化是21世纪旅游竞争优势的核心，在旅游产品的生产上，谁能在个性化上做出成效，谁就能赢得旅游市场。

【同步思考7-2】

问题：规范化服务与个性化服务是否相矛盾？

理解要点：不应当把它们看作是矛盾的，因为从服务的角度看，它们是服务发展不同阶段的需要。个性化服务是规范化服务基础上的服务，不是没有规矩的随意性服务。

【同步资料7-1】

酒店服务由“老三化”转变为“新三化”

酒店服务质量的竞争使酒店业的整体水平不断地提高。我国在酒店业兴起之初，就借鉴了西方酒店的服务标准，酒店服务要达到“规范化、标准化和程序化”的要求。随着旅游者消费理念的变化，人们越来越注重个性的满足，酒店服务为了满足旅游者心理特征的需求，目前大力倡导“个性化、特色化和形象化”的新服务标准。酒店服务从传统的“老三化”到兴起的“新三化”，将带来服务领域的一场“革命”。

学习微平台

延伸阅读7-1

7.2 旅游消费结构

7.2.1 旅游消费结构的分类

旅游消费结构是指旅游者在旅游过程中消费的各种类型的产品和服务的比例关系。研究旅游消费结构的目的，是从社会总体上为旅游企业的发展提供科学的决策依据，指导旅游企业有针对性地开展经营活动。旅游消费结构可以从旅游者的消费层次、消费形态以及旅游消费对旅游活动的重要程度等方面来进行划分：(1) 按照满足旅游者旅游需求的不同层次分类，可以分为生存消费、发展消费和享受消费；(2) 按照旅游消费资料的形态分类，可以分为有形产品消费和无形产品消费；(3) 按照旅游消费对旅游活动的重要程度分类，可以分为基本旅游消费和非基本旅游消费。

基本旅游消费是指进行一次旅游活动必需的、基本稳定的消费。如旅游餐饮、住宿、交通、游览等方面的消费，没有这些消费，旅游活动便无法进行。**非基本旅游消费**并非旅游活动中必需的旅游消费，或者说没有这些消费，旅游活动也可以进行，如医疗、通信消费等。当然，旅游消费结构还可以从不同的角度来进行划分，如根据旅游者旅游目的来划分，可分为探亲访友旅游消费、度假旅游消费、探险旅游消费、观光游览旅游消费、商务旅游消费等；还可以根据旅游者出游方式来划分，如散客旅游消费和团体旅游消费。这些划分都是比较具体地将旅游者划分为不同的旅游消费群，用来研究旅游消费的各种比例关系和消费水平。

7.2.2 影响旅游消费结构的因素

1）旅游者收入水平是影响旅游消费结构的经济因素

人们的收入水平，不但决定了人们日常生活中必需品与奢侈品的消费比例，还决定了旅游消费水平和消费结构的变化。旅游者收入丰厚，才能追求高档次的旅游消费；反之，就必然选择低档次的旅游消费。

2）文化背景是影响旅游消费结构的潜在社会因素

旅游是文化性很强的经济产业。一个人受教育的程度，一个国家、一个民族的整体文化素养，也是影响旅游消费结构的主要因素。同样的旅游资源，对具有不同文化需求和不同文化教养的人所产生的吸引力是大不一样的。

3）性别和年龄是影响旅游消费结构的生理因素

旅游者年龄、性别等生理因素不同，会产生不同的兴趣和爱好，从而也影响旅游消费结构。一般情况下，青年人活泼好动，精力旺盛，对新奇的、刺激性强的旅游消费活动有浓厚的兴趣，他们往往倾向于选择有个性及刺激性的旅游消费活动，同时年轻人在观光游览、娱乐购物中也舍得花费，一般在这方面的消费开支较大，而对于住宿、交通上的要求不一定很高；老年人则由于生理上的原因，在住宿、交通等方面的开支相对较大，倾向于选择高档次的、舒适的住宿、交通环境和良好的饮食条件，对于消耗体力和刺激性、危险性较大的娱乐活动的开支要比年轻人少得多。性别对旅游消费结构也有一定影响。例如，女性旅游者不但与男性旅游者在选择旅游地上有所差异，而且在旅游消费中，她们的购物花费比例比较大，并且多倾向于购买化妆品、时装以及家庭生活用品，而男性旅游者的购物开支主要集中于文物及烟酒类。因此，在旅游过程中，对不同生理条件的旅游者应投其所好，满足他们不同的需要。

4）旅游产品是影响旅游消费结构的供给因素

旅游产品因素包括旅游产品结构、产品的主题吸引力、项目设施以及服务质量等。生产的发展水平决定消费水平，旅游消费结构在很大程度上受制于旅游产品结构。一个国家或地区向旅游者提供住宿、餐饮、交通、游览、娱乐和购物等各类旅游产品的生产部门是否协调发展，旅游产品的内部结构比例是否适当，都会直接影响到旅游消费结构。当旅游业与各相关产业部门的结构搭配不合理，没有形成一个相互协调、平衡发展的产业网时，就会导致旅游产业比例失调，各构成要素发展不平衡，必然造成旅游供求失衡，破坏旅游产品的整体性。

【同步案例7-1】

中国消费结构存在的主要问题

背景与情境：我国的旅游业发展迅猛，但是就旅游消费结构来看，主要存在以下问题：

1）刚性消费支出比重过大。这样不利于旅游经济效益的提高，因为刚性消费支出总是有限的，而弹性消费相对来说需求弹性大、增长潜力大。

2）在总消费中，物质资料消费多，精神资料消费少。这是由于在旅游设施的建设上重视效益高的宾馆饭店建设，忽视旅游景点和其他配套文化娱乐设施的建设。

3）旅游产品结构不合理，导致消费支出中，观光型旅游产品支出多，而其他产品支出少。而观光型产品层次低、效益差，起不到刺激经济发展的作用。

资料来源　佚名. 中国旅游消费结构存在的主要问题［EB/OL］.［2009-10-27］. http://www.100xuexi.com.

问题：从我国目前消费结构存在的问题中，你能揭示出其原因是什么？

分析提示：总体看，目前我国旅游消费层次较低。可从旅游者和旅游供给两个方面分析其原因。从旅游者的收入状况和旅游诉求的角度来揭示；从旅游产品的提供和旅游服务质量的角度来分析旅游供给。

7.2.3　旅游消费结构的合理化

从旅游者的角度研究消费结构问题，是指旅游者在有一定货币收入和余暇时间的条件下，如何选择各种旅游产品才能使消费得到最大满足的问题。旅游消费结构合理化是从旅游产业的角度来研究的，在一个旅游业刚刚兴起的国家或地区，旅游消费结构难以达到合理化的要求，因为旅游消费结构合理化所包含的内容及其影响因素很多。一般说来，旅游消费结构合理化包含三层含义：一是旅游消费要有适度的发展速度；二是旅游消费结构中要包含丰富多彩的消费方式；三是旅游消费结构要不断升级、优化。适度的发展速度，是指旅游业的发展速度要与其他同消费有关的部门的发展速度相适应。若旅游消费发展速度过快，必然会导致与旅游相配套的其他旅游服务设备设施跟不上，最终造成旅游者的利益受到损害。旅游消费方式的丰富多彩，要求旅游消费必须多样化，避免单调刻板、千篇一律的旅游方式。我国旅游业发展初期，外国游客到中国后普遍感叹：白天看庙，晚上睡觉。仅仅是看山观庙而没有其他娱乐的旅游，显然不会有很强的吸引力，更谈不上旅游消费结构的合理性。旅游消费结构优化是指旅游过程中的六大要素（即食、住、行、游、娱、购）之间及其各自内部的支出比例要合理恰当，并随着旅游需求的变化，不断调整旅游产品结构，在结构不断的升级中实现优化。总之，旅游消费结构优化要体现出旅游消费的经济性、文化性、精神享受性等要求，以最大限度地满足旅游者的消费需求，促进旅游者身心健康和社会全面发展。

在旅游发展的具体实践中，要做到旅游消费结构合理化，应当从以下几个方面来开展工作。

1）努力实现旅游市场的供求平衡

旅游者的个人消费，从总体上构成了旅游市场上的需求。由于受时间、地点、政治、经济、社会心理等因素的影响，旅游需求具有很大的变动性，而旅游需求是依靠供给得以满足的，旅游供给能力一旦形成，就具有一定的稳定性，为此，要做到旅游市场供求平衡是一件很困难的事情，这就要求旅游供给一定要从旅游需求出发，以适应旅游消费的需要。这不仅要考虑眼前的旅游需求，更重要的是要考虑潜在的、未来的旅游需求，即旅游供给不仅要有现实性，还要有前瞻性。要做到这一点，就必须对影响旅游消费的各种因素进行科学分析，分析这些因素未来的变化趋势。同时，旅游供给又对旅游需求有一定的引导作用，要不断开拓新的旅游产品，增加旅游产品的吸引力，通过旅游消费方式的示范引导作用，不断地扩大旅游消费，促进旅游消费结构的合理化。要做到旅游供给与需求的平衡，单纯依靠某一旅游企业是很难的，必须依靠国家的宏观指导，通过一定的政策予以调节。

2）努力实现旅游消费结构的升级、优化

要实现旅游消费结构的优化，首先必须实现旅游消费的多样化。旅游消费的多样化，是指旅游消费的内容和形式必须丰富多彩、生动活泼。旅游消费多样化是旅游消费结构优化的基本要求，旅游消费实质上是人们花费一定的金钱、时间去享受人生的一种体验。由于现代人们生活、工作的多样性，人们需要的体验是各不相同的：有的在紧张繁忙的工作之余，要体验一下消遣、休闲的滋味；有的在重复单调的工作之外要体会一下外面世界的精彩多样，甚至接受那些紧张而富于刺激的活动；有的为了学习，增长见识；有的为了健康、修身养性；有的为了扩大人际交往的范围等。各种不同的旅游目的，客观上要求丰富多彩的旅游产品来满足多样性的旅游消费。旅游企业只有根据旅游消费的需要及时有效地调整企业的经营策略，才能实现旅游消费结构的优化。

3）要有利于环境的保护和改善

由于现代工业的发展，环境问题已成为人类面临的三大难题之一。首先，合理的旅游消费必须有利于环境的保护和生态平衡的维持。某些特定的旅游活动，如狩猎、钓鱼、采集山花野果等，必须以不损害生态平衡为限。对于那些自然保护区，不能随意开发旅游项目，经过科学论证已开发的旅游项目，也应适当地控制旅游者的数量，要考虑到环境的承载力，严禁滥捕、滥猎、滥采的行为发生。其次，合理的旅游消费是旅游经济活动持续发展的根本条件。一方面，通过旅游活动筹集资金，可以为改善旅游环境状况提供必要的财力保证；另一方面，通过旅游活动，可以进一步增强人们对自然资源和历史文物的保护意识，让人们走进大自然、热爱大自然、保护大自然，在旅游消费中让人们进一步认识到环境保护对人类社会永续发展的重要意义。

4）要有利于社会文明的进步

旅游活动是一项文化活动，通过旅游，人们可以进行相互间的文化交流与学习。旅游消费是人们文化生活的组成部分，是一种高层次的充满精神内容的生活方式。随着社会文明的进步、旅游消费的发展，人们越来越追求旅游消费的文化含量。人们在旅游消费中，不仅追求新颖、奇特、舒适、优美、健康的感受，以激发人们热爱生活、追求理想、奋发向上的激情，同时也希望提高思想、艺术、文化等方面的修养。因此，合理的旅游消费，必须是消费那些人类社会实践活动中所创造的各民族文化中的精华部分，一定要防止和阻止消费各种不健康的、低级腐朽的文化产品，要用丰富多彩的旅游活动和催人奋发向上的旅游文化来丰富旅游者的精神世界，促进社会文明的不断进步。

【同步资料 7-2】

我国旅游消费规模稳步扩大，结构快速变化，质量持续提升

2016年，在稳定的宏观经济和社会环境的保障下，国民旅游需求不断释放，旅游消费持续升温，产业投资和创新更加活跃。在全域旅游、厕所革命、“旅游+”战略、打击“不合理低价游”等工作的推进下，各地旅游消费环境日趋完善，旅游保障体系日益健全，旅游消费市场秩序不断优化。在不断升级的旅游需求推动下，自由行、品质游、度假休闲旅游市场规模逐步扩大，旅游成为居民日常消费的重要选项。据分析，2016年我国国内、入境和出境旅游三大市场旅游人数47亿人次，旅游消费规模5.5万亿元。我国旅游消费与日常生活融合加快，大众旅游上升为国家战略。当前，国内旅游年人均花费增长到880元，旅游销售加入到以采购电器、服装、生活用品为主题的“双十一”促销战中，成为人们日常采购的主要对象，家庭旅游占比达60%，好友组织的出行占比在20%左右。自由行成为主要出行方式，自驾游、乡村游持续升温，带动全域旅游示范工作顺利开展。当前国内游、入境游和出境游三大市场的自助游客比例分别为93%、

82%、61%。国内自驾游、乡村游等旅游形式成为出游常态。

资料来源　根据中国旅游研究院《2016—2017中国旅游消费市场发展报告》相关内容整理。

7.3　旅游消费效果

7.3.1　旅游消费效果的含义

旅游消费效果是指旅游者在旅游消费过程中，消费支出与预期的消费目的二者间的对比关系。

研究旅游消费效果，可以从宏观和微观两个角度来分析。把每一个旅游者作为一个客体来分析，称为微观旅游消费效果分析。微观旅游消费效果是指旅游者通过旅游消费，在物质上和精神上得到的收益。把所有的旅游消费作为一个整体来分析旅游消费的效果，分析旅游者的消费支出和满足的程度，即称为宏观旅游消费效果分析。宏观旅游消费效果主要是从总体上考虑旅游者在旅游消费过程中的满足程度以及旅游对社会进步和劳动力再生产质量的影响度等。

7.3.2　旅游消费的最大满足

旅游消费的最大满足，是指旅游者在支出一定费用和时间的条件下，通过旅游消费可能获得的精神或物质上的最佳感受。从现代经济学的观点看，人们的消费是有一定选择的。不同旅游消费的选择，首先受其经济收入状况、闲暇时间以及旅游价格水平的约束；其次受各自偏好兴趣的约束。由于旅游者的性别、年龄、社会地位、心理因素以及文化背景各不相同，他们的消费选择自然存在差别，消费后的满足程度必然因人而异。因此，为实现消费者消费的最大满足，消费者的选择必须是理性的，或者说是基于个人的偏好，在充分掌握信息的基础上的决策。这样，旅游者对于旅游活动的目的有客观的预期，在旅游活动结束后，才会有目标地进行评价，这种评价实际就是一种体验、一种感受。

经济学中所研究的消费者，通常都是假定其为理性的消费者，他们在实施产品购买之前，首先要进行理性选择和决策。旅游消费者获得消费最大满足的决策主要包括两个方面：

1）旅游消费中各种产品的选择

在商品经济条件下，每个消费者在其收入一定的条件下，总要考虑在既定的价格条件下，购买哪些商品才能使自己的消费得到最大的满足。随着社会经济的不断发展，人们的收入水平不断提高，在总收入中，除了满足基本生存需要外，会有更多的结余满足其向更高层次的需要方面发展。旅游消费是旅游者在向更高层次需要发展时的一个可选择因素。例如，某一消费者年拥有可以任意支配的收入2 000元，在旅游过程中要全部花掉，他需要在外出旅游天数与旅游购物品之间进行选择。假设旅游产品的价格为每天100元，而旅游购物品的价格为每件

200元，我们可以得到预算线MN，如图7-1所示。消费者可以用2 000元来购买10件旅游购物品，而不进行旅游活动，当然这仅仅是一种假设；或者购买一定数量的旅游产品和一定数量的旅游购物品，即E、F、G、H等线上各点表示的数量组合。由图7-1可以形成旅游购物品与旅游产品之间的比例关系（见表7-1）。

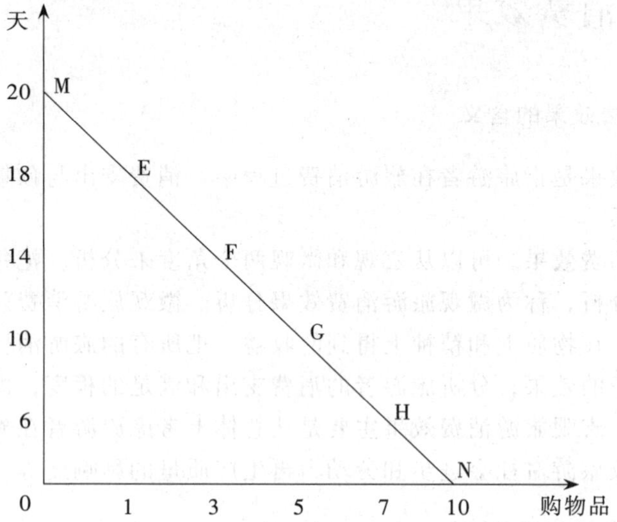

图7-1 预算限制下的消费可能性

表7-1 **旅游购物品与旅游产品之间的比例关系**

旅游购物品（件）	旅游产品（天）	组合点
0	20	M
1	18	E
3	14	F
5	10	G
7	6	H
10	0	N

当然，表中所列的产品组合，仅仅是几个代表性的组合，这种组合还可以有很多种。每一种组合，对于消费者来说，在预算约束的条件下，都有其选择的消费数量的最大可能性。

在收入（预算）一定的条件下，人们的旅游消费决策不仅受价格影响，同时还要受自身的偏好影响，人们对不同消费品的偏好可以用无差异曲线来表示。无差异曲线是给某一消费者带来相同效用或满足的产品消费数量的组合点的连线。在图7-2中，我们仍然假设某一消费者面对的是两种产品的选择，即旅游产品以天为单位，旅游购物品以件为单位，无差异曲线上每一点都表示一种旅游产品与旅游购物品的数量组合，线上的各点都代表相同的效用，即曲线上的每一点表示的两种产品组合都将给该消费者带来不同的满足程度。

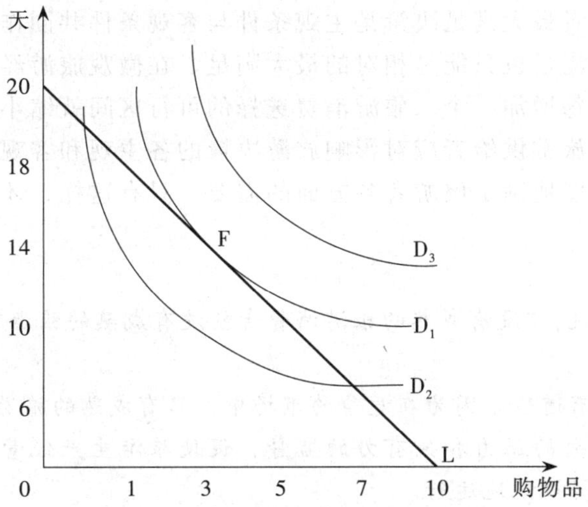

图7-2 旅游消费无差异曲线与预算线

实际上，由于每个消费者的消费水平不同，会使两个消费品面临着多条无差异曲线。代表无数个不同的满足程度，位置更高的无差异曲线代表着更高的满足程度，但更高的满足程度不是自己随心所欲的想象，而是受其收入水平所制约的，即受预算线的制约。在预算线既定的情况下，旅游消费者的无差异曲线与预算线的交点，就是旅游消费者最大满足的产品数量组合的选择。

如图7-2所示，假如旅游消费者的旅游消费偏好有一组无差异曲线D_1、D_2、D_3，在预算约束的条件下，只有D_1与预算线L相交，交点是F。该交点F所对应的数据就代表该旅游消费者获得最大满足的消费数量的组合，这时旅游消费者购得14天旅游产品与购买3件旅游购物品是他的最大消费满足。

2）旅游目的地的选择决策

旅游消费决策，除了受价格与旅游者偏好因素制约外，还要受旅游者自身的余暇时间所制约。因为旅游不仅要支出货币，而且要花费时间。对于某一旅游地的选择，不仅仅要考虑旅游价格，还必须考虑旅游所需要的时间，这也说明旅游消费与一般的产品消费不同。旅游目的地的选择要受三个方面的因素制约，即个人偏好、产品价格以及时间长短。假如你只有5天假期，而外出到某一旅游地旅游需要7天时间，尽管你具有支付能力和对这一地区的偏好，但假期（时间）不容许，你也无法实现自己的选择。因此，对旅游地的现实选择必须在这三个限制因素条件下进行，从而使自己的旅游满足达到最大化，由于时间限制因素的加入，消费者的选择范围进一步缩小。

以上我们从理论上分析了旅游者消费的最大满足，这一理论又称为旅游消费者均衡理论，它是微观旅游经济分析的基础理论之一。一般产品的消费，是消费者在价格与主观偏好之间进行经济决策，而在旅游消费中，时间又成为一个必要的限定因素，这样，旅游者旅游目的地的选择就是在三重客观因素（价格因素、时间因素和主观偏好因素）共同限制下进行的决策。当旅游者在主观及客观限定因素下的消费组合使其获得最大满足时，这就是旅游者的消费均衡状态。由于旅游者最大满足决策是主观条件与客观条件共同作用的结果，所以旅游消费的最大满足也只能是相对的最大满足。在微观旅游经济决策中，影响决策的限制因素每增加一个，旅游消费选择的可行区间就缩小一次。在企业实际操作过程中，旅游供给者应对影响旅游决策的各主观和客观因素进行综合考虑，力图最大限度地满足旅游者各方面的需要，只有这样，才能提高旅游消费及其经营效果。

【同步思考7-3】

问题：有人说，“没有成熟的旅游消费者就没有成熟的旅游市场”。这种说法对吗？

理解要点：有道理。因为在竞争的市场中，只有成熟的旅游消费者才能给予市场经营者以极大的压力和强有力的监督，促使旅游生产经营者规范自身的行为，保证旅游市场规范地运行。

【同步资料7-3】

旅游消费范围不断拓展，体验性旅游消费支出比例增大

全域旅游、“旅游+”政策的深入贯彻，以及文创、旅游IP带动的新业态、新要素的发展，将进一步丰富旅游产品内容，拉动旅游核心产品和衍生性产品的消费。有数据显示，2015年上半年故宫博物院的文创产品销售额已达7亿元，利润近8 000万元。文创、科技等要素在旅游中的渗透，将改变当下以景点门票、购物、餐饮、交通为主要花费的旅游消费结构。预计，体验性消费（如文化娱乐、主题住宿、旅游商品、目的地生活体验）的花费，将进一步扩大。度假旅游常态化，邮轮等度假旅游产品仍是市场热点，在国民旅游需求不断升级的背景下，休闲度假已成为国民出游的主要动机。2017年，在需求和产业的双重作用下，邮轮、海岛度假旅游将继续是消费热点。2017年，国内母港港口运力将实现50%以上的增长。其中，华南港运力的提升将助力邮轮旅游市场的发展。邮轮的商业用途也在被积极地拓展，包船产品成为企业团队游和会奖游的重要选择。另外，邮轮的主题游产品，如亲子游、爸妈游等邮轮特色主题活动，也不断走俏，这些业务创新将成为邮轮旅游新的增长点。

资料来源　根据中国旅游研究院《2016—2017中国旅游消费市场发展报告》相关内容整理。

学习微平台

延伸阅读7-2

【教学互动7-1】

互动问题：我国游客在旅游活动中不文明旅游的行为都有哪些表现？如何避免和克服这些不文明现象的发生？

要求：同“教学互动2-1”的“要求”。

■ 本章概要

□ 内容提要

旅游消费是旅游者实现旅游经济活动的必要条件。旅游消费属于个人生活消费范畴，它除了具有个人日常生活消费的一般特征外，还具有其特殊性，其中系列性和情感性是旅游消费的最主要特征。

影响旅游消费结构的因素是多方面的，有经济因素、文化因素、旅游者个人心理因素以及旅游供给因素等。分析这些因素及其变化趋势，有利于从总体上开展对旅游消费结构的调整，促使消费结构合理化。

旅游者对旅游产品的需求是有选择的需求。旅游者对旅游产品的选择是依据消费的最大满足理论进行的。消费的最大满足理论是一种选择的最大满足，并非消费者消费后的最大满足。这一理论又称为旅游消费者均衡理论。一般商品的消费，是消费者在收入预算的条件下，在价格与个人偏好之间进行选择，但是旅游消费除了价格与个人偏好约束外，还受时间条件的制约。

□ 主要概念和观念

▲主要概念

旅游消费　旅游消费结构　基本旅游消费　非基本旅游消费

▲主要观念

旅游消费的特征　旅游消费的最大满足

□ 重点实务

旅游消费合理化结构的工作要求

■ 基本训练

□ 知识训练

▲复习题

1）旅游消费在经济发展中的作用是什么？

2）为什么说旅游消费是高质量劳动力再生产的创造过程？

3）旅游消费结构是怎样分类的？

4）旅游消费效果的评价原则是什么？

5）简述旅游消费合理化结构的工作要求。

▲选择题

（1）下列表述不正确的是（　　）。

A.旅游消费是一种系列性的消费

B.旅游消费具有生产过程与消费过程同一性的特征

C.旅游消费是一种低弹性的消费

D.旅游消费是一种情感性突出的消费

（2）在其他条件不变时，旅游需求曲线是一条位置固定的向下倾斜的曲线。现在假设其他条件仍然不变，只是人们闲暇时间增多了，则旅游需求曲线在坐标上的位置（　　）。

A.向下移动　　B.固定不动　　C.向上移动　　D.不一定移动

▲判断题

（1）个人是否选择外出旅游的决定因素有两个：一是经济条件，二是时间条件。（　　）

（2）在预算线既定的情况下，旅游消费者的无差异曲线与预算线的交点，就是旅游消费者最大满足的产品数量组合的选择。（　）

（3）人们在外出旅游时，首先关注的是非基本旅游消费的价格水平。（　）

▲讨论题

一个地区的旅游消费结构状况，能够反映出这一地区旅游发展中的哪些问题？

□ 能力训练

▲理解与评价

有的学者提出，“在一个地区的旅游消费结构中，非基本旅游消费所占比重越大，说明该地区的旅游发展水平越高”。对此你是如何理解与评价的？

▲案例分析

江苏省入境旅游结构状况

背景与情境：改革开放以来，江苏省入境游发展迅速。1997年全省入境人数才达到百万人次，为101.7万人次，到2010年已突破600万人次，达到653.6万人次，增长了5.4倍，而旅游外汇收入也实现较快增长，1997年旅游外汇收入4.1亿美元，到2010年达到47.8亿美元，增长了10.7倍。

2010年全省入境过夜旅游者总体消费结构为：长途交通32.2%，住宿15.5%，餐饮10.40%，游览4.2%，娱乐6.5%，购物21.6%，市内交通2.1%，邮电通信2.2%，其他5.30%。游客最主要的消费放在长途交通、购物、住宿、餐饮上，总占比为79.4%，游览、娱乐、市内交通和邮电通信等占比相对较小。

到江苏旅游的商务客人最多。2010年，入境游客旅游目的主要为商务（37.6%）、观光旅游（22.8%）、会议（14%）和休闲度假（11.5%），这四种类型占到全部入境游客的85.9%，而更能发挥旅游综合功能、作为新兴旅游模式的购物和医疗保健旅游占比分别仅为0.3%和0.2%。

1990年以前全省入境旅游者以港澳台旅客为主，随着时间的推移，以及对外旅游宣传力度的加大，外国人入境数量较快增长，逐渐形成外国人占主体的发展格局。目前，外国客源占全省入境旅游市场的比例为70%以上，其中2010年接待外国游客473.5万人次，占全省入境游客量的72.5%。

日本、韩国、美国、德国和马来西亚五国成为主要国外客源地，其在全部外国人入境旅游市场中占据半壁江山。尤其是日本，已成为江苏省最主要的国外客源市场，2010年入境游人次已首次突破100万。

另外，江苏旅游资源空间分布很不均衡，对外国游客吸引力较大的是苏州园林、南京中山陵、无锡太湖、扬州瘦西湖、镇江金山寺等景区。2010年上述五市共接待游客534.9万人次，占全省入境游客的81.8%。

资料来源　江苏省统计局．江苏省入境旅游结构状况［EB/OL］．［2011-10-26］．http://www.njtf.com.cn/xinwen.

问题：江苏入境旅游客人，其中商务旅游者最多，说明了什么？

分析要求：同第1章“基本训练”中本题型的“分析要求”。

▲自主学习

自主学习-IV

【训练项目】

"旅游消费结构"知识更新

【训练目的】

同第1章本题型的"训练目的"。

【训练步骤】

1）将班级同学组成若干"自主学习"训练团队，每队确定一人负责。

2）各团队根据训练项目需要进行角色分工。

3）通过校图书馆、院资料室和互联网，查阅"文献综述格式、范文及书写规范要求"和近三年关于"旅游消费结构"研究的前沿学术文献资料。

4）综合和整理"旅游消费结构"研究的前沿学术文献资料，依照"文献综述格式、范文及书写规范要求"，撰写《"旅游消费结构"最新文献综述》。

5）在班级交流各团队的《"旅游消费结构"最新文献综述》。

6）在校园网的本课程平台上展出经过修订并附有教师点评的各组《"旅游消费结构"最新文献综述》，供学生相互借鉴。

□ 课程思政

乘景区内交通工具的遭遇

背景与情境："五一"期间，一家五人游览某旅游景区。在景区窗口购买了景区内经典旅游交通套票，190元/人（儿童半价），共计855元。购买前，他们想买单程的小火车、地轨车、空中索道的票，可售票员说景区规定只能销售双向往返的套票，不出售单程车票。由于景区游人很多，他们购票后上山排队，在地轨处等待了1个小时，在空中索道处等待了1.5个小时。他们一行有60岁的老人，有5岁的孩子，还未游玩就站得精疲力竭，孩子哭闹不止（排队的隔栏中无座椅）。因排队时间太久，很多人在排队中扫兴地自行离开。

当他们从第一峰准备下山时，咨询工作人员后得知，空中索道还需要排队2.5个小时以上，无奈他们只好自行下山（步行才30分钟）。下山后他们到服务台询问能否退回返程未坐的小火车和索道的票，却被一口否决，不能退票。

资料来源　根据人民网旅游投诉平台的信息整理。

问题：

1）景区内交通票捆绑式销售是否合理？游客未乘坐的票是否应退还？

2）当游客人数大大超出景区索道等交通设施的接待能力时，景区是否应控制售票的数量？

研判要求：同第1章"基本训练"中本题型的"研判要求"。

第8章 旅游收入与分配

◆ 学习目标

通过本章学习，应该达到以下目标：

职业知识：学习和把握旅游收入的含义、分类、统计方法、主要指标和影响因素，旅游收入分配的含义、初次分配和再分配，旅游乘数效应的概念、旅游收入乘数效应的含义、计算方式，旅游乘数效应的种类，旅游卫星账户的由来、主要内容与核算等理论与实务知识；能用其指导或规范本章认知活动和技能活动，正确解答“基本训练”中“知识训练”各题型的相关问题。

职业能力：点评“‘旅游卫星账户的基本框架’的制定及其基本内容”，训练专业理解力与评价力；根据相关公式计算“旅行创汇成本”和“旅游收入乘数”，强化与“旅游收入”相关的“规则意识”和“综合能力”；运用本章理论与实务知识研究相关案例，培养在“旅游收入”特定情境中的多元表征能力；通过“‘旅游收入统计’知识应用”的实训操练，培养相应专业能力。

课程思政：结合本章教学内容，依照相关规范或要求，对章后“古城的收益权全部成为承租人的权利是否合理”情境中企业及其从业人员行为进行思政研判，强化法制观念和职业道德素质。

【引例】

2019年全国人均旅游4.3次，国内旅游收入达到57 251亿元

背景与情境：随着人民生活水平的不断提高，旅游成为百姓美好生活的重要组成部分。《2019年国民经济和社会发展统计公报》数据显示，我国2019年全年接待国内游客达到60.1亿人次，比上年增长8.4%，约合人均旅游4.3次；国内旅游收入达到57 251亿元，比上年增长11.7%，约合人均消费4 100元。

另有数据显示，2019年，我国旅游业对国内生产总值的综合贡献达10.94万亿元，占国内生产总值的11.05%。旅游直接就业28 25万人，旅游直接和间接就业7 987万人，占全国就业总人数的10.31%。旅游业已成为国民经济的重要支柱产业之一。

资料来源 根据中国旅游网相关资料整理。

8.1 旅游收入

8.1.1 旅游收入的含义

旅游收入是指某一旅游目的地国家或地区在一定的时间内，向旅游消费者销售旅游产品和服务所获得的货币性收入的总和。

由于旅游者在旅游地消费的综合性和多样性，统计旅游收入是一件非常繁杂而困难的工作。目前，一般国家都以国际惯例和世界旅游组织拟定的《旅游统计建议草案》为标准测定、计算旅游收入。旅游收入的计算有其明显的分类、范围、时间、币制和方法上的特征。

1）分类

旅游收入必须按一定的统计标准分类来进行计算，如将旅游收入划分为国内旅游收入、国际旅游收入等。

2）范围

随着旅游业的不断发展，旅游生产项目逐渐增多，新的旅游产品和出游方式也不断出现，这就要求不断地调整旅游收入的取值范围。例如，在国际旅游收入统计中，交通费用是否计算在旅游收入之内，各国采取的标准是不相同的。美国是以交通工具的国家属性作为取值的标准，而有的国家则以国际交通和国内交通来进行区别。再如旅游的时间划分标准的差别，很多国家不把“一日游”列入旅游收入的范围，而我国在1993年以后正式把“一日游”列入旅游收入的范围之内。

3）时间

旅游收入是一个时期数，一般以年、季、月为时间段累计一定时期内的旅游收入量。

4）币制

世界旅游组织是以美元为单位，统计各国的旅游收入。一般国家，大都采用美元计算国际旅游收入，而以本国货币计算国内旅游收入，若计算本国旅游总收入时，再将美元折算为本国货币，两项之和则为一定时期的旅游总收入。

5）方法

各国旅游收入统计的方法主要有两种：一种是依靠各旅游企业报表的统计方式；另一种主要是采取向旅游消费者直接取值的“买方统计”，如采用抽样方法进行。目前，我国的统计方式正在由传统的官方统计方式向抽样统计方式转变。当然，不论采取什么形式和方法进行统计，都需要社会各方面通力合作，如旅游企业、海关、公安等部门的合作。

鉴于旅游收入在统计上的这些明显的特征，为了使各国、各地区间的旅游收入的统计、核算有一个可比性，各国均以世界旅游组织拟订的《旅游统计建议草案》为标准，测定、计算旅游收入。

旅游收入直接反映了某一旅游目的地国家或地区旅游经济的运行状况，它是衡量某一旅游目的地国家或地区旅游业发展状况的主要指标，特别是旅游收入中的外汇收入，对减少旅游目的地国家或地区的外贸逆差，平衡该国或地区外汇收支起着非常重要的作用。

8.1.2 旅游收入的分类

研究旅游收入，首先要进行分类。在分类的基础上对各类旅游收入的性质和内容加以分析。

1）按照旅游收入的来源，旅游收入可分为国际旅游收入和国内旅游收入

（1）国际旅游收入是旅游目的地国家（或地区）接待国外旅游者所获得的外汇收入。国际旅游收入是一国外汇收入的一部分，是服务贸易收入的一个重要项目，是外来经济对本国经济的“注入”，是国家间财富的转移。有人把旅游称为不出国门的“无形贸易”，也有人称其为一种“风景出口”业务。

国际旅游收入在数量上并不直接等于前来该国的旅游者所有花费的总和，因为国际旅游收入中不包括旅游客源国与旅游目的地国之间的国际交通费（有的国家则把乘坐本国民航的飞机的费用包括在内），也不包括国外旅游经营商、零售商、代理商的收入。用公式表示为：

国际旅游收入=国际旅游者总支出-国际交通费-国外旅游商或代理商的收入 （8-1）

（2）国内旅游收入是一个国家或地区向境内居民销售本国（或本地区）旅游产品和服务所获得的本国货币性收入的总和。它是国内生产总值（GDP）的一部分。国内旅游收入可以反映国内经济发展的状况以及本国居民的旅游热度和规模。

国内旅游收入与国内居民的国内旅游消费支出在数量上是相等的，用公式表示为：

国内旅游收入=本国居民在国内旅游的消费支出 （8-2）

2）按照旅游收入的性质，旅游收入可分为基本旅游收入与非基本旅游收入

（1）基本旅游收入。

基本旅游收入是指目的地国或地区旅游部门和企业通过向旅游者提供旅游设备、设施和服务所获得的货币收入的总和。基本旅游收入来源于旅游者在旅游过程中必需的花费。

（2）非基本旅游收入。

非基本旅游收入是指在旅游活动中，旅游目的地国或地区的旅游相关部门和企业提供的旅游者非基本旅游需要的产品和劳务所获得的货币收入总和。这些收入是旅游者在旅游过程中可能发生的各种费用支出，但并非必需的，如医疗、通信、购物、美容、修理、娱乐等。这些支出对于旅游者来说具有较强的选择性、随机性和灵活性。因此，这部分旅游收入带有不稳定性的特点，旅游目的地的旅游企业只有提供多样性的产品和服务，刺激旅游者的购买欲望，才能增加旅游者的消费支出。

基本旅游收入具有相对刚性特征，而非基本旅游收入又往往具有较大的弹性特征，因此，二者在旅游收入总量中所占比重的大小，成为衡量一个国家或地区社会经济发展程度和旅游业发展水平的重要参考指标之一。若基本收入占比重大，则说明该国或地区旅游业处于初创阶段；若非基本收入占比重大，则说明该国或地区旅游业发达，已经处于或正在走向成熟阶段。

【同步思考 8-1】

问题：旅游者在旅游地的邮政支出和医疗支出是旅游目的地的基本旅游收入吗？

理解要点：不是，是非基本旅游收入。

3）按照向旅游者提供的产品形态，旅游收入可分为商品性旅游收入和劳务性旅游收入

（1）商品性旅游收入，主要是指为旅游者提供物质形式的旅游产品而得到的收入，如提供的餐饮食品和客房、销售的旅游购物品的收入等。

（2）劳务性旅游收入，一般是指为旅游者提供各种劳务性产品而获得的收入，包括旅行社的业务费，住宿费、交通费中的劳务服务部分，邮电费，文化娱乐费等。

【同步资料 8-1】

2020年全球旅游业收入损失1.3万亿美元

联合国世界旅游组织发布的数据显示，新冠肺炎疫情导致全球旅游人数大幅减少，2020年全球旅游业收入损失1.3万亿美元，成为“旅游业历史上最糟糕年份”。

世界旅游组织在声明中说，全球旅游业2020年损失的收入是2009年受金融危机影响所损失的收入的“11倍多”，1亿至1.2亿个与旅游业直接相关的工作面临风险。

数据显示，2020年全球入境游客总人次较上一年减少10亿人次，降幅达

74%。其中，亚洲和太平洋地区减少84%，降幅最大；非洲和中东地区减少75%；欧洲地区2020年夏天虽“迎来小规模短暂反弹”，但全年下降70%；美洲减少69%。

上一次出现全球入境游客人次减少的2009年，受金融危机影响，当年全球入境游客人次同比减少4%。

资料来源 佚名．2020年全球旅游业收入损失1.3万亿美元［EB/OL］．［2021-01-30］．https：//baijiahao.baidu.com/s？id=1690258962477388328&wfr=spider&for=pc.

8.2 旅游收入指标及其影响因素

8.2.1 旅游收入的主要指标

旅游收入是指用货币计算并表示的价值指标，是用来反映和说明旅游经济活动的水平、规模、速度和比例。旅游收入指标是分析旅游经济活动情况的重要工具。

1）旅游收入总量指标

旅游收入总量是指在一定时期内，旅游目的地国家或地区的旅游企业和其他部门，向旅游者提供产品和服务所获得的收入总额，它反映该国或地区旅游发展的总体规模和水平。它包括国际旅游收入和国内旅游收入两部分，通常用本国货币来表示。

2）旅游外汇收入指标

旅游外汇收入是指在一定时期内旅游目的地国家或地区向国外旅游者提供旅游产品和劳务所获得的外国货币收入的总额，也是国外旅游者入境后全部消费的总额。旅游外汇收入指标是衡量一个国家国际旅游业发展水平的重要指标之一，也是反映该国旅游创汇能力的一项综合性指标，它常被用来与实物商品贸易外汇收入和其他非商品贸易外汇收入进行比较，用以说明一国国际旅游收入在全部外汇收入中的地位和对弥补国家外汇收支平衡所作的贡献，该指标一般以美元为计量单位。

3）人均外汇收入指标

人均外汇收入是指在一定时期内旅游目的地国家或地区每接待一位海外旅游者所获得的旅游外汇收入额，也是每一位海外旅游者在旅游目的地国或地区的人均外币支出额。人均旅游外汇收入指标的高低与入境旅游者的构成、支付能力、在境内停留时间以及旅游目的地国家或地区的旅游接待能力有密切的关系。该指标的数值是一定时期内该国或地区旅游外汇收入总额与该国或地区接待的海外旅游者人次数的比值，通常以美元为计量单位。

4）旅游换汇成本指标

旅游换汇成本是指每创收一单位的外汇额（通常以美元为计量单位）的净收入所需的人民币成本。旅游外汇收入属于非贸易的外汇收入，换汇成本低于贸易外汇。旅游换汇成本指标是经营国际旅游业务企业核算经营成本的一项重要指标。同时，从国家的层面看，它表示一个国家用旅游产品换取外汇比用其他商品换取外汇给国民经济带来的经济利益大小。因此，各国政府都十分重视旅游换汇成本这一指标。

5）旅游外汇净收入率指标

旅游外汇净收入率是指旅游目的地国家或地区在一定时期内旅游外汇净收入与旅游全部外汇收入的比值。旅游外汇净收入是经营国际旅游业务所取得的全部外汇扣除了旅游业经营中必要的外汇支出后的差额。各国在发展旅游业过程中，会发生必要的外汇支出，主要用于购买进口旅游设施、设备和从事生产所需的原材料，境外旅游促销宣传以及驻外办事处的费用支出，偿还外商投资的利息、利润分红和支付国外管理人员费用，购进一些外国旅游者在本地消费需要的一些消费品所需的外汇支出等。这些项目的外汇支出使旅游目的地国家或地区已收入的外汇中的一部分又流向国外。外汇流出部分越少，旅游外汇净收入率越高。旅游外汇净收入率指标的高低，是旅游目的地国家经济发展总水平和旅游产品自供率的标志之一。

8.2.2 影响旅游收入的主要因素

旅游业是关联性、依托性较强的行业。某一旅游目的地国家或地区的旅游收入的增减，会受到多种不同因素的影响。这些因素主要有以下六个：

1）接待的旅游人次数

旅游目的地国家或地区接待的旅游人次数是决定其旅游收入高低的基本因素，通常旅游收入与接待旅游人次数呈比例关系。

2）旅游者的平均消费水平

在旅游接待人次数既定的情况下，旅游者的平均消费水平是旅游目的地国家或地区旅游收入增减变化的又一决定因素。

3）旅游者在旅游目的地的停留时间

在旅游人次数、旅游者消费水平既定的条件下，旅游者在旅游目的地停留时间的长短对旅游目的地的旅游收入增减有着直接影响。

4）旅游目的地的旅游价格水平

旅游价格的高低对旅游收入的影响好比一把双刃剑，旅游价格提高，可能使旅游产品销售量减少，总收入未必增加；而旅游价格降低又会使旅游销售量增加，未必使旅游总收入减少。因此，为了提高旅游目的地的旅游收入水平，必须科学地确定价格水平，灵活运用价格策略，以增加旅游的总收入。

5）汇率

汇率是各国不同种类货币之间交换的相互比价。汇率是影响旅游地旅游收入的又一因素。对于外国旅游者而言，旅游目的地国货币贬值相当于旅游目的地国的旅游价格便宜，旅游者用同等数量的本国货币可以购买更多的旅游产品。如果旅游目的地国的货币相对旅游客源国的货币升值，将会抑制旅游客源国的旅游需求，减少旅游目的地国的入境旅游人数，从而使该国旅游外汇总收入减少；反之，如果旅游目的地国的货币相对旅游客源国的货币贬值，则会刺激旅游客源国的旅游需求，增加旅游目的地国的入境旅游人数。一般来说，旅游目的地国的货币贬值，更有利于旅游业的发展，有利于增加旅游收入。

6）统计因素

一个国家的旅游收入是通过一定的方法统计出来的数据，因此，旅游收入的总水平还要受统计因素的影响。旅游收入有些来自直接旅游部门，也有些来自间接旅游部门，因此，旅游收入中有一部分易于分辨、搜集和统计，还有相当部分是隐藏在其他种类收入中的，不易分辨，在统计上是十分困难的。在实际工作中，经常会出现遗漏统计或重复统计的现象。

【同步案例8-1】

汇率波动对出境游影响有限

背景与情境：按照穷游网首席战略官对美国、日本、泰国、英国四个国家出境游市场的分析，可以发现汇率波动对消费者出行决策的影响效果有限。无论是前往旅行耗时较长的欧美国家，还是前往费用相对低廉的东南亚国家，消费者都不会将汇率变化视为决定是否出行的重要因素。

一般来说，目的地为美国的旅程花费时间较长而且单价较高，消费者的决策往往是长期、低频的。因此，消费者不太可能仅因为当期汇率的波动下行，匆忙决定取消自己几个月前开始着手安排的出行计划。

但针对许多旅游者的出行目的是“买、买、买”的日本旅游市场，由于汇率波动是直接影响消费出行的主要目标，因此汇率与日本市场的游客数量密切相关。人民币对日元的贬值直接提升了游客在日本境内的住宿、门票、交通、购物等方面的开销。这些消费者在汇率处于高位时蠢蠢欲动、频频出行，但在人民币相对贬值时迅速降低出行需求。

与日本市场的情况对比，虽然泰国也与我国邻近，但游客到泰国旅游的主要目的往往是为了观光而不是购物。基于这个前提，再加上泰国游所需的费用本身比较低，即汇率的波动反映到游客旅行成本的增长上时数额较小。因此，汇率变动基本不会影响消费者决策是否出行泰国。

学习微平台

延伸阅读8-1

资料来源　根据《证券日报》有关报道整理。

问题：汇率变动为何对旅游者出境旅游人数的影响度会不同？

分析提示：从旅游者出境旅游的主要目的性来分析。

8.3　旅游收入分配与再分配

8.3.1　旅游收入分配的含义

旅游收入是一国国内生产总值（GDP）的组成部分。旅游部门的经济收入以分配与再分配的形式参与国民经济的再生产过程。从微观的角度上看，旅游企业经营的目的，是获得营业收入，取得一定利润，并寻求不断地发展。同时，它还必须承担向国家缴纳税金的义务。从宏观角度上看，一国政府的管理部门，通过实施一定的政策实现国民经济的四项基本目标：实现充分就业、保持物价稳定、保证经济适度增长以及达到国际收支平衡。为了实现经济发展中的四大基本目标，国家必须参加国民收入的分配与再分配。

旅游收入分配关系是社会经济关系的重要组成部分，它反映了一国的政府部门、旅游部门和企业以及旅游从业人员各自的利益与义务，也反映了旅游部门与其他相关的物质生产部门、非物质生产部门的交换关系。同时，旅游收入的分配状况在很大程度上决定着旅游业发展的速度、规模和水平。

旅游收入分配同国民收入分配一样，是通过旅游收入的初次分配和再分配两个过程来完成的。

8.3.2 旅游收入的初次分配

旅游企业在取得旅游收入后，首先应该在直接经营旅游业务的部门和企业中进行分配。这些部门和企业包括饭店、餐馆、旅行社、交通部门、旅游景点、旅游购物店以及旅游娱乐部门等。在一定时期内，旅游部门和企业付出了物化劳动和活劳动，向旅游者提供了满足他们需要的旅游产品，从而获得营业收入。在这些收入中，首先必须扣除当期为生产旅游产品而消耗的生产资料部分，如旅游设施设备的折旧、原材料和物料的消耗等。这部分不参与初次分配，参与分配的是营业收入中的净收入部分。

旅游收入的初次分配流向如图 8-1 所示。

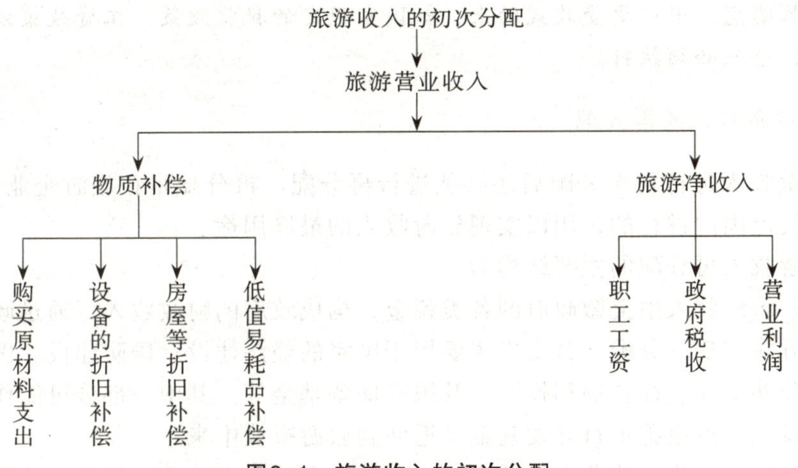

图8-1 旅游收入的初次分配

旅游收入的初次分配，实际上是指旅游净收入的分配。旅游收入初次分配后，分解为企业职工工资、政府税收和企业留利三大部分。

（1）企业职工工资。旅游企业依据按劳取酬的合理分配原则，向旅游从业人员支付工资，作为他们的劳动报酬，满足他们的生活需要。

（2）政府税收。旅游企业按照国家税收政策的规定向政府纳税，成为国家财政预算收入的一部分，由国家统筹安排和使用。从1994年开始，我国实行了新税制，规定旅游经营中的劳务性收入缴纳营业税，营业税税率是5%；旅游经营中的商品性收入缴纳增值税，增值税税率是17%。而自2016年5月1日起，在全国范围内全面推开营业税改征增值税。旅游服务的增值税税率为3%。从企业总收入中，扣除营业成本、营业费用、租金、利息、增值税等各项税费之后，形成旅游企业经营利润。企业以经营利润额为基数，缴纳企业所得税。我国目前的企业所得税税率为25%。

（3）企业留利。旅游企业的自留利润被称为企业净利润，这部分利润才是企业按有关规定可自行安排使用的。在我国旅游部门和企业中，企业净利润又分为企业公积金和公益金两部分，分别用于企业的自身发展和职工的福利支出等。

另外，旅行社作为旅游企业，由于其职能的特殊性，其初次分配过程与前述分配过程不同，应加以说明。

旅行社向旅游者提供的产品是一种组合型的产品。旅行社首先向住宿、餐饮、交通、游览、娱乐等部门和企业购买（预订）单项旅游产品，经过加工组合形成了内容、形式不同的包价旅游产品，即旅游线路，然后出售给旅游者，由此获得了包价旅游收入。这种包价旅游收入表现为旅行社的营业收入。旅行社的营业收入中有相当部分要支付给提供单项旅游产品的各类企业。在扣除了这些支出之后，旅行社还要扣除旅行社自身的经营费用和税金，最后才是旅行社应得的利润。

【同步思考8-2】

问题：旅游企业内部的初次分配是否要受到国家政策的约束？

理解要点：当然要受政策约束，如国家规定的税收政策、工资政策以及财务制度等，企业必须执行。

8.3.3 旅游收入的再分配

旅游收入进行初次分配后还必须进行再分配。再分配是在旅游企业的外部、在全社会范围内进行的，用以实现旅游收入的最终用途。

旅游收入再分配的主要结构为：

（1）旅游收入中上缴政府的各类税金，构成政府的财政收入，通过政府预算支出的方式实现再分配。其支出主要用于国家的经济建设、国防建设、国家事务管理、公共事业、社会福利投资以及国家储备基金等。其中一部分可能作为旅游基本建设或重点旅游项目开发基金又返回到旅游行业中来。

（2）支付给旅游从业人员的个人报酬部分参与的再分配。旅游从业人员获得工资报酬，要到市场上购买他们生活所需的各种物质资料和劳务服务，以满足个人和家庭成员的物质文化生活需要。个人收入的支出，形成了社会经济中相关部门的营业收入。

（3）企业自留利润部分参与的再分配。企业自留利润是旅游收入初次分配的结果，企业要进行扩大再生产和职工福利的改善，而将公积金和公益金用于购买扩大再生产的生产要素以及各项福利支出，使企业的自留利润转化为其他部门的营业收入。

旅游收入的再分配过程是一个不断重复和不断扩大的运动过程，通过这一过程，企业在再生产过程中，在物质上得到替换，在价值上得到补偿。旅游收入再分配的过程如图8-2所示。

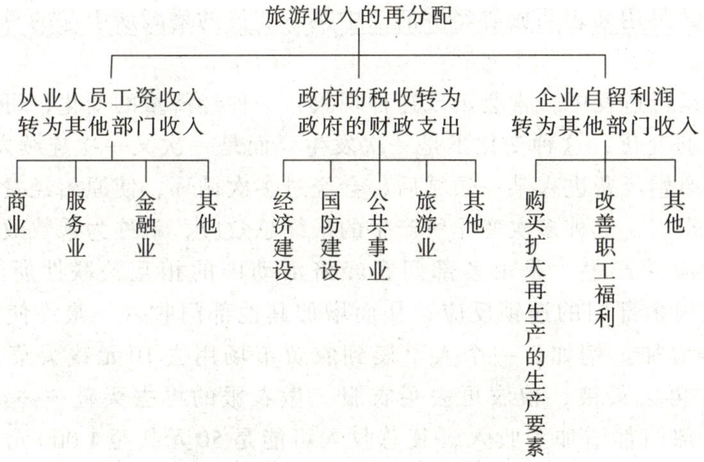

图8-2 旅游收入的再分配

【同步资料8-2】

收入再分配下的中国旅游业展望

过去十几年，中国经济高速增长主要依靠投资和出口拉动，其结果就是居民部门收入占国民经济收入分配中的比重降低，贫富差距不断拉大。从人口比例看，中国的收入分布情况呈现金字塔形，而且是一个底座非常庞大的金字塔，低收入人群占人口的绝大多数。对于低收入阶层来说，虽然其消费倾向很高，储蓄率很低，但每年增长GDP只有40%左右归该阶层所有，剩下60%的新增GDP被高收入群体获得，而这个群体的消费倾向很低、投资倾向很高。平均下来，中国整体消费倾向长期维持低位。目前，中国经济原有的发展模式难以为继，经济转型迫在眉睫。理顺收入再分配机制、扩大中等收入阶层比重、建设“橄榄型社会”成为经济转型和社会稳定的重要前提。

收入再分配带来消费升级，旅游消费增长有望在未来十年中显著高于居民消费总支出增长。劳动力供求关系变化引起的收入再分配意味着劳动者报酬占GDP的比重有望出现显著回升，其直接影响就是居民消费和服务需求的扩张。参考与当前中国经济发展状况有一定可比性的日本在1963年到1973年间的经验，在日本从中等收入向高收入过渡的过程中，居民消费支出中游戏、娱乐公园、酒店住宿等与旅游消费相关的子行业年均复合增长显著高于同期居民消费总支出增长，居民部门旅游消费升级特征显著。日本旅游业成长历程向我们展示了中国旅游业巨大的成长潜力。

资料来源 赵志成. 收入再分配下的中国旅游业展望［EB/OL］.［2006-11-05］. http: //www.p5w.net.

学习微平台

延伸阅读8-2

8.4 旅游乘数效应与旅游卫星账户

8.4.1 乘数效应的概念

旅游乘数是用来表明旅游经济活动中某一变量的增减所引起的总量变化的连锁反应程度。

在经济运行过程中，常会出现这种现象：一种经济量的变化，可以引致其他经济量相应的变化，这种变化不是一次发生，而是一次又一次连续发生并发展。例如，一笔原始经费进入某一领域后，会经过多次循环，使原始经费的货币基数发挥若干倍作用，这种多次变化所产生的最终总效应，就称为乘数效应。

乘数效应的产生，是由各部门在经济活动中的相互关联性所致。一笔投资，会引起很多部门的连锁反应，从而增加其他部门收入，最终使国民经济活动总量成倍增加。例如，一个人早晨到农贸市场用去10元钱买菜，菜农有了10元收入，再去买粮，粮农再去买衣服，做衣服的再去买鞋……这10元钱可能使社会各部门都增加了收入，其总收入可能是50元甚至1 000元，这就是乘数效应。

8.4.2 旅游收入乘数效应

1）旅游收入乘数效应的含义

旅游收入乘数效应是用来衡量旅游收入在国民经济领域中通过初次分配和再分配的循环周转，给该国或地区的社会经济发展带来的增值效益和连带促进作用的程度。

20世纪60年代以来，旅游业在世界各地迅速发展，并成为许多国家的重要经济部门之一，对其他经济部门和整个社会经济产生了较大的促进和带动作用，经济学家把乘数效应概念引入到旅游经济活动的分析之中，从而产生了旅游收入乘数效应的概念。

2）收入乘数的计算

旅游收入乘数效应可以用旅游收入乘数来测定，通常用K表示收入乘数，根据一定的投入增量和收入增量即可计算出旅游收入乘数。其公式为：

$$K=\frac{\Delta Y}{\Delta L} \tag{8-3}$$

式中：K为旅游收入乘数；ΔY为收入增量；ΔL为投入增量。

旅游收入乘数表明了旅游目的地国家或地区对旅游行业的投入所引致的综合经济效益的最终的增加量。

乘数效应的形成，必须以一定的边际消费倾向为前提。边际消费倾向是指每增加一单位的收入，可用于消费的数量。因为每一个消费者或每一个国家或地区，不是将每一单位的收入都直接用来消费的，它可能按一定比例用于储蓄，也可以用来投资，即消费。如果投资所形成的购买用于进口物资，而不是用于本国或本地区，这部分资金便会脱离本国或本地区的经济运行过程，流失到国外，就会减少对本国或本地区的经济发展的注入，发挥不了引资作用。通常边际储蓄倾向大，边际消费倾向就小，边际进口物资倾向大，用于购买当地物资的倾向就小。边际消费倾向与边际储蓄倾向的总和为1。

根据以上乘数原理，计算乘数的公式为：

$$K = \frac{1}{1 - MPC} \tag{8-4}$$

或

$$K = \frac{1}{MPS} \tag{8-5}$$

式中：为旅游乘数；为边际消费倾向；为边际储蓄倾向。

上述公式表明，乘数与边际消费倾向成正比，与边际储蓄倾向成反比。边际消费倾向越大，乘数效应越大；边际储蓄倾向越大，乘数效应越小。

例如，某旅游目的地边际消费倾向为70%，即表示这个地区每收入1元钱，其中70%是用于本地区的经济投入，使其参加本地区的经济运转，而30%则是用于储蓄或购买进口物资，这部分资金则暂时离开了本地区的经济运行。其收入乘数为：

$$K = \frac{1}{1 - MPC} = \frac{1}{1 - 0.7} = 3.33$$

$$K = \frac{1}{MPS} = \frac{1}{0.3} = 3.33$$

数字3.33表明，旅游收入经过初次分配或再分配后获得了3.33倍于原始收入量的经济效果。当然如果消费倾向是80%，旅游收入乘数就为5，就可获得原始收入量5倍的经济效果。

【同步思考8-3】

问题：从中国传统的消费观念看，国人的边际消费倾向是大还是小？

理解要点：是小。

8.4.3 旅游乘数效应的种类

研究旅游乘数效应，不仅要研究旅游者消费或旅游企业的资本投入对本国或本地所有部门产生的累计起来的倍数效果，即整体上的乘数效应，还要分门别类地分析各方面的乘数效应。

1）就业乘数效应

旅游就业乘数是指增加单位旅游收入所创造的直接就业与间接就业人数之间的比率关系。表8-1是世界各主要地区旅游就业的乘数效应的统计数据。

世界旅游理事会（World Travel and Tourism Council，WTTC）根据直接就业与间接就业以及诱发就业的数量关系，得出旅游就业乘数在2.4~3之间，就是说，有1个直接就业人员，就会有2.4~3个间接就业者。

表8-1　　　　旅游就业乘数效应　　　　单位：个

地区	直接就业人数	间接和诱发就业人数	总数
美洲	400	1 000	1 400
北美洲	1 000	2 400	3 400
拉丁美洲	1 200	3 100	4 300
加勒比	100	300	400
亚太	5 500	13 800	19 300
西欧	1 700	4 200	5 900
中东	200	600	800
全球	11 800	29 400	41 200

此外，国内外学者还以旅游者人数测算旅游就业乘数，美国肯塔基州旅游局曾做过调查，如每天增加100个州外旅游者，那么在1年期间里对该州的影响是：直接增加39个就业机会，间接增加19个就业机会，增加的工资支出为52.9万美元，州和地方税收为12.5万美元。仅从就业角度看，就业乘数为0.58，即每增加1名州外旅游者，就能提供0.58个就业机会。

2）旅游消费乘数效应

旅游消费乘数是指每增加一单位旅游收入所带来的对生产资料和生活资料消费的影响程度。根据世界旅游组织的测算，旅游消费直接投向的是行、住、食、游、购、娱6个部门，间接影响的有金融、保险、农业、印刷、医疗、通信等58个部门。这种影响可举例说明，如车票—缆车—运输—生产厂商—购买机器—钢铁—炼铁—选矿—铁矿石—开采—建矿—勘探。

根据美国夏威夷州的统计年报，每1美元的旅游消费诱导的乘数效应见表8-2。

表8-2　　　　1992年美国夏威夷州旅游消费乘数

	产出乘数		收入关联乘数	
	直接/间接乘数	总产出乘数	直接/间接关联乘数	总收入乘数
农业	1.31	2.21	0.62	0.98
纺织服装	1.21	1.77	0.39	0.61
其他制造业	1.48	1.96	0.33	0.52
空运	1.24	1.76	0.36	0.57
其他运输业	1.34	2.06	0.50	0.79
餐饮场所	1.41	1.95	0.37	0.59
其他零售业	1.24	2.15	0.63	1.00
批发	1.28	2.11	0.57	0.91
旅馆	1.45	2.23	0.54	0.85
其他服务	1.30	2.06	0.52	0.83

资料来源　《美国夏威夷州统计年报》（1992）。

说明：①产出乘数是指带动相关产业产出的增加。

②收入关联乘数是指带动居民收入的增加。

③总产出乘数包括了直接、间接和诱导三个层次效应。

从表8-2中可以看到，假如旅游者购买1美元的餐饮产品，可带来1.41美元的直接/间接销售，而餐饮经营者还需购买0.54美元的中间产品，总乘数为1.95。

3）居民收入的乘数效应

旅游消费对旅游目的地居民的收入有明显的乘数效应。**居民收入乘数效应**是指增加单位旅游收入额与由此导致的该地区居民总收入增加额之间的比率关系。该乘数表明了一地区旅游业的发展给整个地区的居民收入增加带来的作用和影响。

居民收入乘数与该地区经济结构、市场发育和相关行业的发展程度相关。

4）旅游投资乘数效应

旅游投资乘数效应是指每增加一笔旅游投资会带来大于这笔增加额数倍的国民收入。旅游业是一个关联性极强的产业，旅游投资的增加，会引起国民经济中一系列部门的收入增长。各国政府应当重视对旅游的投资，重视旅游的基础设施的建设，通过各种途径筹集资金，发挥旅游业在国民经济中的龙头作用和启动作用。例如，我国黄山在1980—1990年的10年间，累计接待游客1 189万人次，旅游收入达1.79亿元，利税达5 300万元。1991—1995年，黄山市仅用于扩建机场、修建公路、建造索道的资金就达5亿元之多，而企业、乡镇和个体投入的资金也达5亿元。大投入带来了大产出。1996年一年的旅游收入就达6.5亿元，占据了地方财政收入的半壁江山，这还不包括与旅游相关产业增加的收入。又据深圳华侨城房地产公司的资料：投资9.54亿元的“锦绣中华”“中国民俗文化村”“世界之窗”建成开业后，不仅使投资者取得了很好的经济效益，很快地收回了投资成本，而且引起了周边地产升值达3~4倍，使地处郊区的华侨城土地、房产价格与市中心商务区相差无几。可见，旅游投资的乘数作用在国民经济发展中是极其显著的。

5）政府收入乘数效应

政府收入乘数是指每增加一单位的旅游收入对旅游目的地国家或地区政府净收入所带来的影响。该乘数是用来测定旅游目的地国家或地区政府通过税收从旅游经济活动中得到的效益。发展旅游业，增加旅游收入，也必然增加该国或该地区的税收，对政府的财政收入产生积极的影响。

8.4.4 旅游卫星账户

旅游卫星账户（*Tourism Satellite Account*，*TSA*），是指在按照国民经济账户之外建立一个附属账户，对旅游经济活动状况进行测度。

对旅游收入的宏观指标的统计，是一项极其复杂的工作。由于目前各国对旅游收入范围界定的不同以及统计方法的差异，各国旅游收入的统计指标难以进行衡量和比较，尤其是旅游的发展对国民经济、劳动就业等的贡献大小，大都是一种定性的描述，难以较准确地量化，设立旅游卫星账户的目的就是要对旅游业发展的经济地位和作用能够相对准确地进行量化，给予科学、合理的分析和解释。

1）旅游卫星账户的由来

早在20世纪70年代中期，法国就提出了以需求预测为重点的旅游卫星账户的概念，并于1980年首次发布了需求预测报告。为了能够准确地衡量旅游业的经济地位和经济影响力，经合组织（OECD）也在寻求相应的旅游统计工具，于1980年提出了旅游经济账户的概念，1984年加拿大国家旅游组织也提出了建立旅游卫星账户建议，并于1989年开始与国家统计局联合开发旅游卫星账户体系。1991年世界旅游组织（UNWTO）在加拿大召开了“世界旅游统计大会”，并通过了一项决议：各国在条件具备的情况下，可以开展研究和采用旅游卫星账户。此后，很多国家先后提出了多种旅游卫星账户体系。

1993年，联合国与其他国际组织通过并采用了新的国民经济账户体系（SNA），并建议凡是在该账户中未得到体现或未完全体现的经济产业，可以按照国民经济账户体系建立卫星账户。1994年，世界旅游组织与其他国际旅游组织以及部分国家旅游组织共同研究，提出了与新国民经济账户体系相匹配的多个版本的旅游卫星账户体系。1999年，在法国召开的“世界旅游大会”上，世界旅游组织提交了最新的研究成果——《旅游卫星账户：基本体系》（Tourism Satellite Account：The Conceptual Framework），得到了与会各国代表的认同，并且各国代表一致同意在条件具备时开发和应用。世界旅游组织提交的旅游卫星账户在2000年得到联合国统计委员会批准后，世界旅游理事会每年使用旅游卫星账户体系，对全球旅游经济、各大旅游区域以及法国、西班牙、德国、意大利、美国等旅游发达国家进行模拟旅游经济核算，并通过世界旅游理事会网站公布。

目前世界上已有近40个国家建立了和正在建立符合本国国情的旅游卫星账户。我国还没有建立国家的旅游卫星账户，但已有部分省开展了旅游卫星账户的研究和应用。

2）旅游卫星账户的主要内容与核算

旅游卫星账户并不像传统产业那样，是从生产的角度，即提供相同或相似产品的部门来构建的账户，而主要是从旅游活动的需求方面考虑。由于旅游消费所涉及的产品以及提供各种产品的部门众多，统计旅游收入与旅游消费是非常繁杂的，其界限也不清晰。为此世界旅游组织在构建旅游卫星账户时，首先将旅游和与旅游相关的概念进行了界定，如从需求的角度定义了旅游者、旅游经济、旅游产业、旅游就业等，从供给的角度提出了旅游特征产品、旅游相关产品等概念。旅游特征产品在没有旅游活动的情况下将消失或其消费量将大幅度减少，如接待设施、餐饮服务、长途交通等；旅游相关产品是指那些旅游参与消费，并且其消费额在总旅游消费中所占比重小的产品，即没有旅游活动，这些产品也要生产和消费。

由于各国旅游业发展的状况不同，旅游账户的设立要依据世界旅游组织提出的基本框架体系，结合本国的旅游经济实际状况来构建。按照已经界定的各概念范畴和分类方法，就可以参照国民经济账户体系建立各种指标体系和统计表格，进行旅游经济核算。由于旅游经济核算是一项非常复杂的系统工作，这里就不做具体介绍了，有兴趣的可以作为主题进行研究。

【教学互动8-1】

互动问题： 一个地区的旅游发展，可以通过哪些途径增加旅游收入？

要求： 同“教学互动2-1”的“要求”。

本章概要

□ 内容提要

旅游收入是一个国家或地区发展旅游业的经济目的，也是旅游企业追求的目标。由于旅游产业的综合性强，因此对旅游收入指标体系的界定带有一定的模糊性。目前各国政府都在不断地修订和完善这一指标体系。根据研究问题的需要，我们可将旅游收入分成国际旅游收入和国内旅游收入，基本旅游收入与非基本旅游收入，商品性旅游收入与劳务性旅游收入。

影响旅游目的地收入的主要因素有旅游接待的总人次数、旅游者平均日消费水平、旅游者在旅游地的停留时间、旅游地的旅游价格、外汇的汇率以及统计方面的因素等。旅游收入的主要指标有旅游总收入、人均旅游收入、旅游外汇收入、人均外汇收入、旅游外汇净收入等。发展中国家发展国际旅游的一个重要目的是增加外汇收入，为了防止外汇漏损，必须采取一系列的有效措施加以控制。

旅游收入是一国国民收入的组成部分，因此旅游收入以初次分配和再分配的形式参与国民经济的再生产过程。旅游收入的初次分配是在旅游企业内部进行的。旅游收入的再分配是在旅游企业的外部，在全社会范围内进行的。国家可以根据旅游发展的实际情况，通过对旅游收入分配政策的制定，调整社会与企业间的利益关系。旅游收入对国家的财政贡献十分明显，研究旅游的乘数效应，是为了能够了解旅游业的发展对国民经济的整体的牵动效应。

旅游卫星账户是指在国民经济账户之外建立一个附属账户，对旅游经济活动状况进行测度。设立旅游卫星账户是为了能够从总体上准确地表明旅游业发展对国民经济的贡献，同时也能够使旅游的发展水平在各国间进行客观的比较，目前我国一些省份正在进行旅游卫星账户设立的研究。

□ 主要概念和观念

▲主要概念

旅游收入　基本旅游收入　非基本旅游收入　旅游换汇成本　旅游外汇净收入率　旅游乘数　旅游收入乘数效应　旅游就业乘数　旅游消费乘数　居民收入乘数效应　旅游投资乘数效应　政府收入乘数　旅游卫星账户

▲主要观念

影响旅游收入的主要因素

□ 重点实务

旅游收入的初次分配与再分配　旅游收入乘数的计算

■ 基本训练

□ 知识训练

▲复习题

1）旅游收入是如何分类的？

2）衡量旅游收入水平有哪些主要指标？

3）旅游的乘数效应主要有哪些种类？

4）旅游收入的初次分配与再分配是怎样进行的？

5）设立旅游卫星账户的目的是什么？

▲选择题

（1）按照旅游收入的性质区分，可将旅游收入分为（　　）。

A.基本旅游收入　B.劳务性收入　C.商品性收入　D.非基本旅游收入

（2）旅游就业乘数是指每增加单位旅游收入所吸纳的（　　）之间的比例关系。

A.直接就业与总人数　B.间接就业与总人数

C.就业净额与总额　D.直接就业与间接就业人数

（3）一般来说，一个国家或地区的非基本旅游收入在旅游总收入中所占的比重很大，说明这个国家的旅游业处于（　　）。

A.初创阶段　B.发展阶段　C.成熟阶段　D.衰退阶段

▲判断题

（1）旅游收入经过国民收入二次分配，旅游行业并未从中得到什么益处。（　　）

（2）与非基本旅游收入相比，基本旅游收入一般具有相对的刚性特征。（　　）

（3）一个地区的旅游收入的多少取决于游客数量的多少。（　　）

▲讨论题

一个国家或地区设立旅游卫星账户的作用是什么？设立旅游卫星账户过程中的主要障碍或困难有哪些？

▲计算题

1）某旅游目的地年旅游创汇8 000万美元，用于购买游客所需的各种用品花费1 000万美元，这些创汇所需的人民币成本为2.1亿元人民币，试计算该旅游地区的创汇成本。

2）某旅游城市将旅游收入的75%用于本地各种投资，试计算该市的旅游收入乘数。

□ 能力训练

▲理解与评价

世界旅游组织为何不直接制定一个旅游卫星账户，而只是制定一个旅游卫星账户的基本框架？这一框架的基本内容有哪些？

▲案例分析

民族村寨旅游区的收入如何公平分配

背景与情境：民族村寨旅游区的开发利益无法让所有人均沾，在中国这其实是常态。原因主要是以下几点：

除少数处于开发初级阶段且自主开发的村寨外，多数村寨旅游开发的大部分经济利益不属于村寨；民族村寨的旅游资源产权往往也未得到明晰，村寨和村民难以通过产权入股获取旅游收益；在景点开发的过程中，村民参与层次低，多为非技术、低报酬的工作，极少介入管理和决策层面；旅游开发社区获益面不大，旅游利益分配不均衡，一般只有少数村寨和村寨内的少部分人能介入旅游而获益，由此导致的村寨之间、村民之间的利益冲突日益显现。

例如，贵州从江县的岜沙苗寨的旅游开发，就是一个政府主导、村民被动参与的项目。在门票分成中，村寨约占15%，剩余的则分属旅游局等政府相关部门。

再比如，广西桂林的村寨旅游是政府加开发公司主持开发的，门票收益村寨占20%左右，其余分属公司和政府有关部门。

资料来源　佚名．民族村寨旅游区的收入如何公平分配［EB/OL］．［2011-10-28］．http：//www.cq.qq.com．

问题：你认为民族村寨的旅游收入分配合理的主要标志应当是什么？

分析要求：同第1章“基本训练”中本题型的“分析要求”。

▲实训操练

实训项目：“旅游收入统计”知识应用

实训要求：能应用旅游收入实务知识进行统计操作，并揭示旅游收入统计中的不足。

实训步骤：

1）将班级学生分成若干训练小组，每个小组首先确定一个地区或城市的假日旅游收入的统计，通过网上搜集相关资料。

2）各组将所搜集的资料数据进行分析讨论，揭示其中统计的方法以及存在的问题。

3）各组将研究讨论的问题，形成组内讨论纪要。

4）在班级里，讨论、交流和修订各组的讨论纪要。

5）各组根据上述调研、问题分析、组内讨论和班级交流等体验、心得与收获，形成本次训练总结。

6）在校园网的本课程教学平台上展示各组的训练总结。

□ 课程思政

古城的收益权全部成为承租人的权利是否合理

背景与情境：位于湖南湘西边陲、被新西兰著名作家路易·艾黎称赞为“中国最美丽的小城”的凤凰古镇，在湖南的地级市人均GDP排行上位居末位。如果简单地从县域经济发展速度上看，这些以旅游资源为基础发展旅游的地区并未比别的地方有明显优势。以凤凰县为例，2000年农民人均纯收入为1 164元，2010年，增长到了3 459.65元，相当于10年前的3倍。这个速度，比湖南全省农民人均纯收入的增长速度略快一点点，但仍低于平均水平。

而另一方面，一个让人惊讶的数据是，在2000年，凤凰全县实现的旅游总收入才不到2 500万元，而在2010年，这个数字达到了30.02亿元，10年间，凤凰县的旅游收入增长了120倍以上。考虑到凤凰县仅有36.92万人口，从绝对量来看，一年30亿元的旅游收入对凤凰县来说也极其可观。假如摊到每个人头上，相当于光是旅游业就能给每个凤凰县的人带来差不多1万元的收入。

事实是10年间，凤凰县旅游总收入增长120倍，村民收入却只增长了3倍。发展的成果并没有十分公平地分配到所有人头上。

凤凰古城于2001年将经营权转让给凤凰古城文化旅游投资股份有限公司，转让期限为50年，转让金额是8.33亿元。凤凰县政府以土地入股占49%股份、相关公司占51%股份的形式，成立了凤凰古城景区管理服务公司，对景区实行整合经营。2013年4月1日古城实行新政，进城要收费，门票每人148元，门票收益景区和县里五五分成。在这些旅游收益中，没有本地居民份额。

问题：原本生活在古城中的居民，在古城旅游经营权转让后，古城的收益权全部成为承租人的权利，你认为是否合理？

研判要求：同第1章“基本训练”中本题型的“研判要求”。

第9章 旅游经济效益

◆ 学习目标

通过本章学习，应该达到以下目标：

职业知识： 学习和把握旅游经济效益的概念、种类，旅游企业成本的种类，旅游企业经济效益的指标和分析方法，提高旅游微观经济效益的途径，旅游宏观经济效益的含义，旅游宏观成本与收益，旅游宏观经济效益的主要指标和计算方法，提高旅游宏观经济效益的途径等理论与实务知识；能用其指导或规范本章认知活动和技能活动，正确解答“基本训练”中“知识训练”各题型的相关问题。

职业能力： 点评“各旅游企业的经济效益好了，旅游的宏观经济效益自然就会好”观点，训练专业理解力与评价力；根据相关公式计算某旅游企业的“利润率”、“员工人均旅游收入”和“年利润”，强化与“旅游经济效益”相关的“规则意识”和“综合能力”；运用本章理论与实务知识研究相关案例，培养在“旅游经济效益”特定业务情境中的多元表征能力；通过搜集、整理与综合近三年关于“旅游宏观经济效益”文献信息，撰写、讨论与交流《“旅游宏观经济效益”最新文献综述》，培养关于“旅游经济效益”的自主学习通用能力。

课程思政： 结合本章教学内容，依照相关规范或要求，对章后“如何看待‘黄金周’旅游？”特定业务情境中企业及其从业人员行为进行思政研判，强化环境伦理观念。

【引例】

三效统一原则

背景与情境：旅游业发展应当遵循社会效益、经济效益和生态效益相统一的原则。国家鼓励各类市场主体在有效保护旅游资源的前提下，依法合理利用旅游资源。利用公共资源建设的游览场所应当体现公益性质。

资料来源 根据《中华人民共和国旅游法》整理。

现代旅游具有很强的经济功能，各地大力发展旅游业的目的之一是为了获得一定的经济效益，推动地区经济的发展。

9.1 旅游经济效益综述

9.1.1 旅游经济效益的概念

经济效益一般是指在社会经济活动中，劳动的占用及劳动的耗费同有效成果之间的数量对比关系，即从事经济活动的投入与产出的比值。这里的投入，是指生产要素的投入，即资金、物质资料、劳动力、经营管理资源等的占用和消耗。这里的产出，是指有用（有效）的劳动成果。经济效益的大小是评价各种经济活动的基本尺度和客观依据。一般认为，生产同样数量、质量的产品和服务，要素投入越少，经济效益就越高。或者说，在要素投入总量一定的情况下，有效成果产出越多，则经济效益越好。

旅游经济效益是在合理开发、利用旅游资源和保护环境的前提下，旅游经济活动中生产要素的占用及耗费与有效成果产出之间的数量对比关系。

生产要素的占用与耗费所反映的经济内容是不同的。旅游产品的生产，需要占用一定数量的生产要素，如各种设备、设施、原材料、燃料等，同时还要占用一定数量的劳动力等。占用这些生产要素，在生产经营过程中并非都是一次性全部消耗掉，而是根据需要逐步消耗的，所以占用与耗费并不一定成等比例变化。由于各种要素的消耗方式是不一样的，有的是一次性耗费，有的是逐渐的耗费，有效成果最终体现在获得纯收入的多少上，即企业缴纳的税金和企业盈利的总额上。

通常我们讲的效益，是指有效的利益或益处。旅游效益，是指旅游活动的有效益处。效益可以区分为多层次、多种类的，旅游经济效益仅仅是旅游效益中的一种，或者说是从经济的角度来研究旅游效益问题的。但是旅游活动的开展，不仅仅是单纯的经济活动，或者说，旅游不仅存在着经济效益，还有社会效益、环境效益等。旅游社会效益一般表现为旅游活动可以给人们带来文化的交流、使人们价值观念改变、促进人们生活质量和人口素质的改善和提高等。旅游环境效益是指通过旅游活动的开展，旅游对环境会产生积极的或消极的影响，即旅游活动对自然环境与生态平衡的贡献与影响。这些效益的衡量，不是简单地能用货币给予标定的。

应当说，旅游经济效益与旅游社会效益、旅游环境效益三者应当统一协调发展。但是在实践中，人们往往更加注意旅游的经济效益，忽视甚至以损害社会效益和环境效益为代价来提高旅游经济效益的现象依然存在。因此，随着人类物质财富的不断增长，我们必须在保证旅游社会效益和环境效益不断增长，至少是社会效益和环境效益不受损害的前提下来发展旅游业，探索旅游经济效益不断提高的途径。

9.1.2 旅游经济效益的种类

1）旅游直接经济效益与旅游间接经济效益

旅游直接经济效益是指旅游业投入的生产要素的数量与其直接取得的经济成果的比较。这是每个旅游企业或旅游部门力求追逐的主要指标，也是企业所采用的衡量经济效益的指标。

旅游间接经济效益是指旅游业投入的生产要素的数量与其为国民经济其他部门所带来的经济成果的比较。由于旅游业是具有较强的牵动性的产业，旅游业的发展对相关产业或行业、部门乃至整个国民经济都会带来一定的经济效益。我们在研究旅游业的经济效益时，不仅仅要考虑直接经济效益，同时也要考虑间接经济效益。

2）旅游近期经济效益与旅游长远经济效益

近期经济效益是指眼前的经济效益。不管对于旅游企业，还是对于旅游行业，都存在着眼前经济效益与长远经济效益的关系。任何企业或部门为了求得他们的生存和发展，都必然考虑近期经济效益。没有眼前的经济效益企业便无法生存和发展，但是这并非说，我们可以牺牲长远利益而单纯追求眼前效益。仅仅从眼前的效益出发，很容易造成旅游资源掠夺式的开发，不考虑环境的保护和对社会的负面影响，最终必将导致旅游企业未来生存发展的基本条件也丧失殆尽。如果我们不能从社会发展和环境保护的角度去规划旅游的发展，企业的长远利益也就无从谈起。恩格斯很早就告诫人类，到目前为止存在过的一切生产方式，都只在于取得劳动的最近的、最直接的有益效果。那些以后才呈现出来的，由于逐渐的重复和积累才发生作用的进一步的结果，是完全被忽视的。因此，在当今的旅游经济活动中，任何企业都必须将眼前利益与长远利益统筹兼顾，综合考虑。

3）旅游经济正效益和旅游经济负效益

人类从事经济活动的目的，是获得对人类生存和发展有用的成果，用以改善人们的生存条件和未来发展。但是在实践中，往往会出现与目的相反的效果。进入20世纪以后，人们不顾生态平衡与对环境的污染破坏，一味地追求生产的发展，结果受到了自然的惩罚，迫使我们今天不得不投入更多的人力和物力去恢复人类的美好家园。我们把经济活动中与人类社会的最终目的相一致的效果称为正效益，与其相反的则称为负效益。还可以从投入与产出的比较来认识旅游经济的正效益和负效益，旅游的投入小于产出则是旅游经济的正效益，投入大于产出则为旅游经济的负效益。

4）旅游微观经济效益与旅游宏观经济效益

按照研究的范围差别，旅游经济效益可以区分为旅游微观经济效益与旅游宏观经济效益。

旅游微观经济效益是指旅游企业的经济效益。企业是社会经济的细胞，是社会经济活动的基本单位，它通过自己独立自主的经营活动，实现自负盈亏，自我积累，自我发展和自我约束。追求经济效益是企业生产经营活动的直接目的。

旅游宏观经济效益是指旅游经济活动给社会带来的经济效益。旅游宏观经济效益以旅游微观经济效益为基础，但不是无数个微观经济效益的简单叠加。由于是从社会的角度研究旅游经济活动给社会带来的经济效益，在实践中有相当部分是难以用数量来表示的，所以通常仅指旅游宏观经济效益中的可测算的直接经济效益。实际上，我们应当从更加广泛的意义上去研究旅游的宏观经济效益，即旅游业的发展，给社会经济发展带来的直接经济效益，如社会就业、相关产业的发展、社会需求的扩大、产业结构的合理化等，都属于旅游经济活动的宏观经济效益的内容。但是这些方面的研究，特别是通过一定的方法进行量化的研究，需要我们进一步地探讨。

旅游微观经济效益与宏观经济效益之间是相互制约、相互影响的，体现着局部与全局的辩证关系。微观经济效益是宏观经济效益的基础，宏观经济效益必须以微观经济效益为前提和条件，有时二者也会发生矛盾，例如，一旅游景点的开发可能微观经济效益较好，但从宏观上来说，可能带来不利的社会影响和环境破坏。因此，当旅游微观经济效益与宏观经济效益发生矛盾时，微观经济效益要服从宏观经济效益，局部必须服从整体。

【同步思考9-1】

问题：“旅游宏观经济效益就是旅游微观经济效益的总和”这种表述对吗？

理解要点：不准确。因为旅游宏观经济效益必须以微观经济效益为基础，但是并不是简单的叠加，因为宏观经济效益与微观经济效益还存在着矛盾的一面。

【同步案例9-1】

辽宁旅游产业已经走入经济社会的“主战场”

背景与情境：辽宁省在经济转型、产业升级的过程中，旅游产业得到了飞速发展，以温泉旅游、沟域旅游、乡村旅游为引领的旅游产业已经走入全省经济社会的“主战场”。去年，辽宁省旅游各项收入指标位居全国第五，已经成为旅游大省，正向旅游强省迈进。

2012年，辽宁全省旅游总收入3 939亿元，同比增长18.1%；国内旅游收入3 770亿元，同比增长19.3%；旅游外汇收入31.8亿美元，同比增长17.5%；接待国内旅游人数3.62亿人次，同比增长11.1%；入境旅游人数480万人次，同比增长17.0%。

辽宁省现有国家A级旅游景区245家（其中国家5A级旅游景区3家，4A级旅游景区65家）；国家星级饭店503家（其中5星级酒店22家，4星级酒店82家）；旅行社1 210家（其中有经营出境游业务资质的74家）；全省旅游特色乡镇

147个，旅游专业村443个，“农（渔）家乐”5 481户。

资料来源　佚名．辽宁旅游产业已经走入经济社会的“主战场”[EB/OL]．[2013-08-01]．http：// www.china tourisminvestment.com.

学习微平台

延伸阅读9-1

问题：就全国而言，辽宁的旅游资源不是很优越。但是辽宁发挥了怎样的优势，使旅游产业走入经济社会的“主战场”，正向旅游强省迈进？

分析提示：辽宁省没有将传统的观光旅游产业作为重点，而是发挥了辽宁的温泉、沟域、农业等资源优势来发展旅游，从而引领了旅游产业快速发展。

9.2　旅游微观经济效益

9.2.1　旅游企业成本

旅游企业成本，是指旅游企业在生产经营旅游产品或提供服务过程中所耗费的物化劳动和活劳动价值的货币表现，在实际工作中是指旅游企业在生产经营旅游产品时所占用及耗费的对象化了的费用。这些费用按照在生产经营活动中的价值周转方式可以分为两类：一类是企业的房屋建筑物及各种设备设施、交通运输工具等的折旧。房屋建筑物及各种设备设施、交通运输工具等是企业经营活动的物质基础，随着经济活动的不断进行，其价值将以折旧的形式逐渐转移到产品成本中去，并随着产品的销售不断得到补偿。另一类是在生产经营活动中消耗的各种原材料、燃料、辅助材料、付给职工的工资以及用于企业管理等方面的费用。它们是生产经营活动所必需的物质资料和劳动能力，体现了旅游企业流动资产及活劳动的占用与耗费。其价值周转方式是在生产经营活动中一次性转移到产品成本中去，并随着产品的销售一次性得到补偿。在我国，旅游企业的产品成本，按照不同的标准，可分为不同的种类。

1）依照企业费用的类别划分

依照企业费用的类别划分，旅游企业产品成本可分为营业成本、管理成本和财务成本三大类。

（1）营业成本，是指旅游企业从事经营活动所支出的全部费用，包括折旧、修理、低值易耗品摊销、职工福利、工资、装卸、运输、包装、保管、燃料、水电、广告宣传、物料消耗等各种支出。

（2）管理成本，是指旅游企业决策和管理部门在企业经营管理中所发生的且不能直接计入营业费用的其他支出，包括行政办公经费、工会经费、职工培训费、劳动保险费、外事费、租赁费、咨询费、审计费、诉讼费、土地使用费等。

（3）财务成本，是指旅游企业为筹集经营资金所发生的各种费用，包括利息支出、汇兑损失（外汇差价）、金融机构手续费以及筹资发生的其他费用等。

对上述三种成本的划分，目的是能够准确地了解旅游企业成本费用的数量和范围，以利于企业更好地加强成本控制和管理，提高企业经济效益。

2）依照成本性质划分

依照成本性质划分，旅游企业产品成本可分为固定成本和变动成本。

固定成本是指在一定业务范围内，随着业务量的增减变化而固定不变的成本，固定成本主要包括固定资产折旧、修理、租赁费，行政办公费，管理人员工资等。由于固定成本总额不随业务量增减而发生变化，这部分费用会随着业务量增加而不断分摊到单位产品中去。因此，当一个企业经营业务量不断增加时，单项旅游产品成本会不断降低。

变动成本是指随着业务量的增减变化而发生相应变化的成本。变动成本主要包括原材料消耗、生产用的水电费用、燃料、低值易耗品、服务人员的工资等。企业在经营过程中，只有采取各种措施直接降低单位产品的成本额，才能使企业取得良好的经济效益。

【同步思考9-2】

问题： 地区间实施“无障碍”旅游，能降低旅游成本吗？

理解要点： 能够，想想为什么？

【同步案例9-2】

成本与效率的思考

背景与情境： 在我国，劳动力成本日渐攀升，经营酒店的租金上调似乎无法阻挡。从理论上讲，成本总是和生产率形成对应关系，目前现状却是成本因素跑在了劳动生产率之前，一连串的问题随之显现。

在发达国家，100间客房规模的酒店，自助早餐一般是接待100名顾客的规模，员工最多2个人；前台一般一个班次只配备1个员工，该员工能全方位、多功能、微笑服务接待宾客。目前我们的酒店行业能具备这样的水平、达到这样的工作效率吗？

发达国家酒店行业的昨天就是我们的今天和明天，它们的经验和做法是现成的，是可以学习的。我们不能存有侥幸心理，也没有捷径可走，只有不断做出及时的调整和改变，才能在行业中生存和赢得竞争。发达国家的酒店业用历史告诉我们，成本提高和费用增加是今后的必然趋势，行业会在这样的趋势下持续发展。

成本跑在了劳动生产率前面的现状，说明行业中的管理者的关注点滞后了。谁认识在先，谁行动在先，谁就能早日走出困境。其实，可以将最近几年传统三四星级酒店和现代商务型酒店的发展进行比较。现代商务型酒店在竞争中95%以上都能成为赢家，仔细分析可发现它们主要赢在以下几个方面：扁平化的组织结构，没有传统酒店太多的职级；员工尽量向多才多能发展，劳动生产率不断提升；产品有限，去除了传统酒店宴会厅、商场、美容美发、KTV等产品，大多数采用的是发达国家行业中的有限服务理念……其劳动生产率在新的结构下比传统三四星级酒店高出20%左右，再加上租赁物业的模式，短期经营效益远胜于传统三四星级酒店。

资料来源　袁学娅．成本与效率的思考［N］．中国旅游报，2013-07-31.

问题：

1）由于劳动力成本的不断提升，我国酒店业经营面临着巨大的压力，解决这一困境的主要措施应是什么？

2）如何理解"有限服务理念"？

分析提示：

1）主要是如何提高劳动生产率，降低工资成本。

2）"有限服务理念"不是低质量的服务，而是在保证顾客满意的前提下，在服务项目上有所为或有所不为，这样可以降低企业的服务成本。

9.2.2 旅游企业经济效益分析

旅游企业的经济效益，是通过各项指标反映出来的，这些指标的经济含义和计算方法，是我们在分析经济效益时必须理解和掌握的。

1）旅游企业的收入

旅游企业收入是指企业在出售旅游产品或提供旅游服务过程中所实现的收入，它包括基本业务收入和其他业务收入。企业收入的高低，不仅反映该企业的经营规模，也反映出企业的经营水平，是获得较好效益的基础，由于企业规模和就业人数不同，把各企业间的收入水平进行直接比较没有实际意义。评价一个企业的经营管理水平，可以用人均旅游经营收入指标，其计算公式为：

$$\text{企业人均旅游经营收入}=\frac{\text{企业年经营收入}}{\text{企业年职工平均人数}} \tag{9-1}$$

此项指标可以看作企业的劳动生产率指标。

2）旅游企业的经营成本

旅游企业经营成本是指旅游企业为开展正常经营活动所支出的费用总和。计算公式为：

$$\text{旅游企业经营成本}=\text{营业成本}+\text{管理费用}+\text{财务费用} \tag{9-2}$$

或

$$\text{旅游企业经营成本}=\text{固定成本}+\text{变动成本} \tag{9-3}$$

为了使企业的收入与成本相比较，也可以用人均经营成本指标，其计算公式为：

$$\text{人均经营成本}=\frac{\text{总成本}}{\text{职工总人数}} \tag{9-4}$$

3）旅游企业的经营利润

经营利润是指旅游企业的全部收入减去全部成本，并缴纳税收后的余额，包括营业利润、投资净收益、营业外收支净额。相关计算公式为：

$$\text{旅游企业经营利润}=\text{营业利润}+\text{投资净收益}+\text{营业外收支净额} \tag{9-5}$$

或

$$\text{旅游企业经营利润}=\text{营业总收入}-\text{税金及附加}-\text{营业成本} \tag{9-5}$$

9.2.3 旅游企业经济效益分析方法

1）利润率分析法

利润是指企业通过自己的经营活动所带来的效益。由于利润额是个绝对数，不同规模企业间用利润额进行直接比较，难以说明企业经营贡献的大小。因此，要通过利润率指标来分析。利润率反映一定时期内旅游企业利润与经营收入、经营成本以及资金占用等指标间的相互关系。企业利润率有各种不同形态，它们的计算公式分别为：

$$（1）资金利润率=\frac{利润额}{固定资金额+流动资金额}\times 100\% \tag{9-7}$$

$$（2）成本利润率=\frac{利润额}{经营成本额}\times 100\% \tag{9-8}$$

$$（3）销售利润率=\frac{利润额}{销售额}\times 100\% \tag{9-9}$$

资金利润率，反映的是旅游企业的利润与资金占用之间的关系，说明的是企业资金占用的效益状况。

成本利润率，反映的是旅游企业利润与成本之间的关系，说明的是企业劳动耗费的效益状况。

销售利润率，反映的是旅游企业在一定时期内利润与收入之间的关系，说明的是企业经营规模的效益水平。

各种不同的利润率形态，表明的问题各有侧重，所以在运用利润率进行比较或分析问题时，必须明确利润率的形态。

2）盈亏平衡分析法

盈亏平衡分析法又称为保本点分析法，也称为损益平衡分析法。它是一种被广泛应用的分析方法。通常是在新产品刚刚投入市场时所采用，这种方法的基本要求是：在保证企业利润为零时，产品在既定的价格水平下，其销售量应该是多少。或者说，在一定的价格条件下，销售多少产品，才能使企业的收入等于成本，企业既不盈利也不亏损。因此，这种方法又称为量本利分析法，其计算公式为：

$$Q=\frac{F}{P-V} \tag{9-10}$$

式中：Q为数量；P为单价；F为总固定成本；V为单位变动成本。

上述公式是指企业在没有缴纳税金时的情况。但在实践中，某些企业要缴纳增值税，即企业只要有销售额就要缴税。引进增值税T后，则公式为：

$$Q=\frac{F}{P(1-T)-V} \tag{9-11}$$

例如，某饭店餐厅有餐座200个，应摊销的固定费用为1 800元，每餐平均价格为35元，消耗原材料占销售价的40%，增值税税率为3%，试计算：

（1）餐厅损益平衡的销售量。

（2）每日餐厅的保本销售额。

（3）损益平衡时的上座率。

根据公式分别计算如下：

（1）餐厅损益平衡的销售量，即：

$$Q=\frac{F}{P(1-T)-V}=\frac{1\ 800}{35\times(1-3\%)-(35\times 40\%)}=90.23\text{（份）}$$

（2）保本销售额=P×Q=35×90.23=3 158.05（元）

（3）餐桌上座率$=\frac{90.23}{200}\times 100\%=45.12\%$

用图示分析（如图9-1所示）：当TR>TC时，企业有盈利；当TR<TC时，企业有亏损；当TR=TC时时，企业的盈亏平衡（利润为零）。

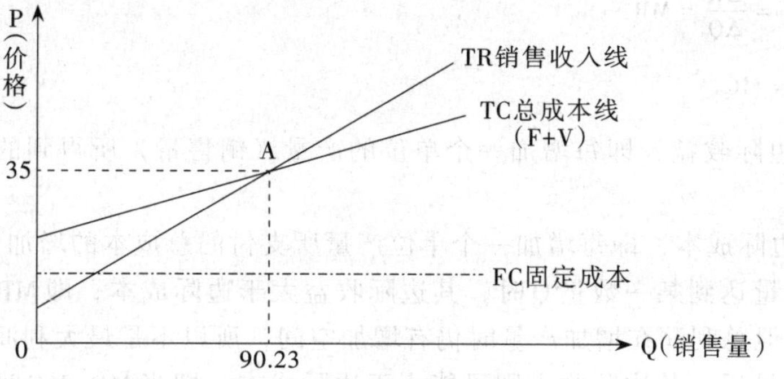

图9-1　损益平衡点示意图

通常，企业在生产（销售量）未达到一定数量时亏损，达到一定数量后开始盈利，但不是说数量越大，销售量无限增长都可能盈利。当销售量达到一定数量后，由于管理或促销等原因，也会使成本大幅度上升，表现为亏损，即销售收入曲线和总成本曲线形状发生变化，不一定是直线，如图9-2所示。

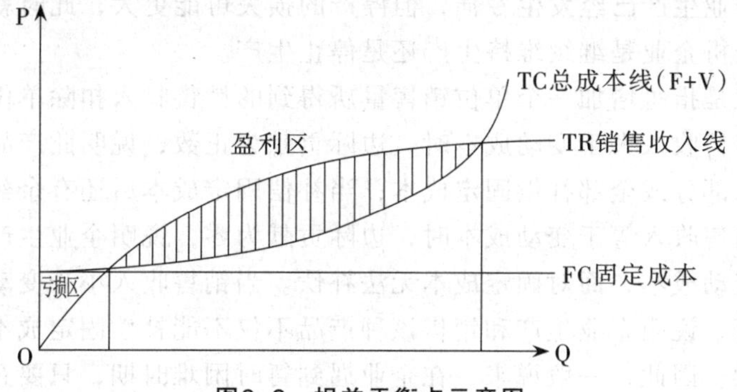

图9-2　损益平衡点示意图

3）最佳利润分析法（最大利润分析法）

任何企业的经营目的都是为了获得利润，且利润力求最大。要实现这一目标，必须对企业的收入、成本与利润关系作一分析。我们知道，利润等于收入减成本，用公式表示：

$$F=R-C \tag{9-12}$$

式中：F为利润；R为收入；C为成本。

F、R、C都是产量Q的函数。要求利润F最大化，只要满足利润曲线的斜率为零，则上述公式便转化为求导问题，即：

$$\frac{dF}{dQ}=\frac{dR}{dQ}-\frac{dC}{dQ} \tag{9-13}$$

当$\frac{dF}{dQ}$=0时，为利润最大化，因为$\frac{dR}{dQ}$即为利润曲线斜率。

因为：$\frac{dF}{dQ}=\frac{dR}{dQ}-\frac{dC}{dQ}=0$

所以：$$\frac{dR}{dQ}=\frac{dC}{dQ} \tag{9-14}$$

而 $\frac{dR}{dQ}=\frac{\Delta R}{\Delta Q}=MR$

$$\frac{dC}{dQ}=\frac{\Delta C}{\Delta Q}=MC \tag{9-15}$$

MR为边际收益，即每增加一个单位的产量（销售量）所得到的总收入的增加量。

MC为边际成本，即每增加一个单位产量所支付的总成本的增加量。

当销售量达到某一数量Q时，其边际收益大于边际成本，即MR>MC时，企业有利润。但总利润在增加产量时仍有增加空间，所以不是最大利润。继续增加产量到一定量后，其边际收入则可能小于边际成本，即当MR<MC时，此时表明销售这一单位产品时所得到的收入不足以弥补所耗费的成本，从而出现亏损，企业总利润下降。因此，只有当当MR=MC时时，才能使总利润最大化。

4）边际收益分析法（边际贡献分析法）

一般说来，企业在无盈利的情况下，有时也可以在短期内继续维持生产。这是因为尽管企业生产已经发生亏损，但停产的损失可能更大，此时就要用边际贡献分析法来分析企业是继续维持生产还是停止生产。

边际贡献是指每增加一个单位销售量所得到的销售收入扣除单位变动成本后的余额。当销售收入大于变动成本时，边际贡献为正数，说明此产品的销售有边际贡献，可以部分或全部补偿固定成本；当补偿固定成本后还有余额时，则为企业利润。当销售收入等于变动成本时，边际贡献为零，说明企业生产或销售该产品只能补偿变动成本，而对固定成本无法补偿。当销售收入小于变动成本时，边际贡献为负值，说明企业生产和销售该种产品不仅不能补偿固定成本，连变动成本都无法补偿。因此，一般说来，在企业遇到暂时困难时期，只要企业产品销售有边际贡献，企业就可以暂时继续维持生产经营活动，以便在生产经营活动中，寻求降低成本的方法，或等待着市场条件的改善和市场机遇的出现，使企业度过暂时的困难期。

边际贡献可以用绝对数表示，也可以用相对数表示。用相对数表示的边际贡献即边际贡献率，是指某种产品的单位贡献额占单位销售收入的百分比，用公式表示则为：

$$边际贡献率=\frac{单位边际贡献额}{单位产品销售额}=\frac{单位产品销售额-单位产品变动成本}{单位产品销售额}$$

$$=1-\frac{单位产品变动成本}{单位产品销售额}$$

$$=1-变动成本率 \tag{9-16}$$

例如，某饭店客房的平均房价为100元，每间客房的变动成本为40元，则边际贡献为60元（100−40），边际贡献率为60%（60÷100），变动成本率为40%（40÷100）。

边际贡献率与变动成本率之和为1。只要边际贡献率大于零，就说明企业的产品销售有边际贡献；当边际贡献率小于零时，则表明企业的产品销售收入还补偿不了变动成本；当边际贡献等于零时，说明企业的产品销售收入正好等于变动成本，没有边际贡献。若边际贡献率等于变动成本率，则表明边际贡献率为50%，说明企业在产品销售收入中，一半用来补偿变动成本，一半还可以补偿固定成本。

【同步思考9-3】

问题：“边际贡献率高，相对变动成本率就低，说明企业在进行生产经营时有利润。”这样表述正确吗？

理解要点：不正确。还需要将边际贡献率与固定成本率相比较，才能看出是否有利润。

9.2.4　提高旅游微观经济效益的途径

旅游微观经济效益即旅游企业的经营成果，具体表现为企业利润大小。因此，提高旅游微观经济效益，实际上是围绕着提高企业的经营利润而展开的。从总体上来说，有两条途径：一是扩大销售量，吸引旅游客源不断增加；二是不断降低生产成本，即节省费用。这两个方面就是我们通常所说的开源节流、增收节支。提高企业经济效益具体来说，可以从以下几个方面开展工作。

1）强化旅游市场营销，扩大旅游客源

旅游客源是旅游企业取得经济效益的源泉。在激烈的市场竞争条件下，企业只有不断地强化市场营销工作，才能争取到更多的旅游者。加强市场营销工作，就必须有一支高素质的市场营销队伍，同时要加强企业全员的市场营销意识。另外，加强市场营销，就必须以广大的旅游者为中心，开展对市场的调查研究，针对目标市场的不同需求，提供不同的旅游产品，以更好地适应旅游者的需求。

2）提高旅游产品质量，以质量求效益

产品质量是旅游企业的生命，高质量的产品对旅游企业来说是个整体产品，这一产品的提供是在旅游企业内部各部门、各环节的努力配合下形成的，任何一个环节出了质量问题，都将影响到整个产品的质量。因此，必须树立企业全员的质量观念，提高全员的质量意识，这样高质量的产品才能赢得游客的信赖。市场经济在一定意义上说是一种信誉经济，谁能在激烈的市场竞争中保持良好的信誉，谁就能争取到更多的回头客，谁就能在竞争中取胜。

3）增加旅游服务项目，提高旅游服务水平

随着现代旅游的不断发展，旅游者的需求越来越多样化。他们要求旅游企业能提供形式多样、内容丰富的旅游服务项目。只有这样，旅游企业才能增强对旅游者的吸引力。旅游企业必须不断地增强创新意识，不断地根据消费者的需求，研究消费者的心理特点，有针对性地增加新的旅游服务项目，这是保持企业经营活动永远立于不败之地的保证。

4）改善企业内部管理，加强企业经济核算

向管理要效益，这是由于管理能够出效益。企业必须加强内部管理。企业内部管理首先是应当合理地设置管理机构，使每一个部门都能职责明晰、分工明确，克服机构重叠，防止相互推诿、扯皮现象发生，这是提高工作效率的组织保证。同时，要加强对管理人员素质提高的培训，使他们具有高度的敬业精神和良好的工作能力，杜绝人浮于事的现象发生，这是提高内部管理水平的根本保证。另外，要加强企业的经济核算，以提高劳动效率，降低经营管理费用为核心，搞好企业的财务工作。

9.3 旅游宏观经济效益

9.3.1 旅游宏观经济效益的含义

旅游宏观经济效益是指在旅游活动中社会投入的各种生产要素的占用及耗费与产出的社会经济成果的比较。

旅游宏观经济效益，是社会效益的一部分。由于旅游活动涉及人与自然界、人与社会以及人与人之间的多方位的接触与联系，旅游所产生的效益不仅仅是经济效益，还包括社会效益、环境效益、文化效益等。因此，不能将社会的经济效益等同于全社会的效益。有的教科书把旅游经济活动的宏观经济效益表述为：旅游经济活动中社会投入的活劳动、物化劳动和自然资源的占用和耗费与旅游业全社会效益的比较。这种表述显然把经济效益与社会效益等同起来了。

经济活动是社会活动的基础，人们在研究社会效益时，容易把眼光首先放在经济活动上。而研究旅游活动的社会经济效益时，离不开对社会、环境、文化效益的研究，或者说不能脱离其他效益而片面地单纯追求经济效益，必须在社会、环境、文化等效益的统一中来研究经济效益。

9.3.2 旅游宏观成本与收益

1）旅游宏观成本

旅游宏观成本是指为开展旅游活动而付出的社会总成本。除了旅游企业所发生的旅游经营成本以外，社会为发展旅游事业，也必须支付一定的成本，为旅游业发展服务。旅游宏观成本可分为有形成本和无形成本两部分。

旅游有形成本是指为开展旅游活动而必须付出的直接成本。其具体包括为发展旅游业而必须修建的有关道路、机场、水电、排污、码头等基础设施的投资；国家、地方集体、个人等对旅游景点、接待设施等方面的投资和贷款；引进国外的旅游设备、设施及购买原料的支出；国家各旅游组织及相关机构用于旅游方面的市场调研、宣传促销、考察交流、科学研究以及对旅游行业的管理等方面的支出等。

旅游无形成本是指为发展旅游业而导致社会、经济和生态环境等方面产生的消极影响，是为发展旅游经济活动而支付的“间接成本”。主要表现为：

（1）对旅游目的地的环境和生态造成的消极影响。例如，某一企业在河流的上游利用自然景观开发旅游景点，由于游客不断增加，大量的旅游废弃物投入河中，导致河水被严重污染，河水中的鱼类大量死亡，下游农民因稻田无法灌溉，收入减少。为了治理污染，就不得不投入大量的治污费用。

（2）旅游活动可能造成对传统文化、艺术及各种文物古迹的破坏和影响。特别是大量的游客涌入，对旅游目的地国家或地区的传统道德观念、社会安定等都会带来一定的消极影响。为保护这些传统文化和文物古迹就需要进行必要的宣传教育工作和采取必要的措施，支付一定的成本。此外，为保障社会的安定也需付出一定的成本。

（3）旅游活动很可能导致旅游目的地的消费超前增长，从而刺激旅游地的物价上涨，对社会经济增长和经济结构产生负面影响，为防止这些现象的发生，或这些现象一旦发生，都需要社会支付一定的费用加以控制和解决。

【同步思考9-4】

问题：旅游的无形成本能否通过经济指标进行量化？

理解要点：可以，但不可能全部量化。我们应当采取科学的态度，探索旅游的无形成本的核算方法。

【同步资料9-1】

空气污染损害中国旅游业

2013年1月后，赴华旅游的外国人不断减少。慕尼黑一家旅游公司的弗兰克·伊利克说，有关浓雾和其他问题的报道让游客望而却步，2013年通过该公司预定中国游的人数下降16%。

中国是仅次于法国和美国的世界第三大旅游目的地国。游客数量疲软可能削弱北京的努力——减少对制造业的依赖，提升旅游业等无烟产业发展。专家表示，若中国不能在治理污染上取得显著进展，游客数量衰减将是长期的。

经过30多年的高速发展，中国的空气和水遭到一定程度的污染，这并非新闻。但1月创纪录的浓雾成了全球媒体的关注焦点，甚至一些在华久居的外国人也纷纷离开。旅游大国中国今年接待的游客数量大幅下降，部分原因在于不断恶化的空气质量。

资料来源　佚名．空气污染损害中国旅游业［EB/OL］．［2013-08-14］．http: //www.worldhuanqiu.com.

2）旅游宏观收益

旅游宏观收益，是指通过开展旅游活动对社会带来的成果和收益。它不仅包含旅游产业自身所获得的经济收益，也包括对相关产业部门的带动，对社会文化的促进，以及对整个社会所带来的各方面的积极影响。具体地讲，旅游宏观收益也分为旅游有形收益和旅游无形收益两大部分。

旅游有形收益是指开展旅游活动而直接给社会带来的经济收益，它可以通过一定的方法统计和测算出来。其具体包括各类旅游企业所实现的利润和上缴的税金，通过旅游经济活动所创造的外汇收入对国内需求的带动作用，通过旅游经济活动而提供的劳动就业岗位，随着旅游业发展而对其他各经济部门的发展所起到的牵动作用等。

旅游无形收益是指发展旅游业给社会带来的难以用统计方法进行测算的收益。这些收益无法用量化的形式表现出来，但对社会的促进作用是显而易见的。这些作用主要表现为：通过旅游活动可以促进国家、民族、人们之间的相互了解，增进友谊，对人类的和平事业起到积极的促进作用；旅游活动的发展，使旅游者与旅游目的地的人们之间的文化得以交流，同时旅游者也带来了现代社会的新观念和先进的科学与管理的信息；通过对旅游资源的开发利用，促进了自然环境的改善和各种民族文化、历史遗产的保护，有利于弘扬民族优良文化传统；旅游可以陶冶人们的情操，增强人们的爱国主义观念，促进精神文明建设等。

9.3.3 旅游宏观经济效益分析

旅游宏观经济效益是旅游宏观效益的组成部分。单从旅游宏观经济效益来说，它涉及的面很广泛，内容也丰富多样，我们应当从多方面、多角度，采用多种指标来进行分析。通常衡量旅游宏观经济效益的主要指标有：

1）旅游投资效果

旅游投资效果是指在一定时期内，旅游投资所带来的盈利额与投资总额之比，它反映了单位旅游投资所获得的盈利，又称投资利润率，用公式表示为：

$$投资效果=\frac{投资带来的盈利}{投资总额}\times 100\% \qquad (9\text{-}17)$$

运用此项指标时，要考虑“时滞问题”，即投资时间与获得盈利有一个时间差。因此在使用这一指标时要科学地计算盈利时间，否则，这种计算是没有意义的。

2）旅游投资回收期

旅游投资回收期是指投资总额全部回收的年限，是投资利润率的倒数。其用公式表示为：

$$投资回收期=\frac{投资总额}{投资年利润额}$$

投资回收期长短表明不同的投资项目其投入资金的经营成果状况。在多种旅游投资项目中，我们一般应选择投资回收期短的项目。

3）旅游劳动生产率

旅游劳动生产率是指在一定时期内，旅游总接待量与旅游从业人员数量之比。其用公式表示为：

$$旅游劳动生产率=\frac{旅游总接待量(人次数或金额)}{旅游从业人员数} \tag{9-18}$$

旅游总接待量可以用收入总额表示，也可以用接待的人次来计算。旅游劳动生产率，可以与其他行业劳动生产率加以比较，用以说明旅游业的经济效益状况，此指标可以反映社会活劳动的节省。

4）旅游外汇收入能力

旅游外汇收入能力，指进行旅游投资获得外汇净收入的能力，该指标又可称为旅游换汇成本。

由于旅游包括国内旅游和国际旅游两部分，因此运用此项指标时应当注意，在旅游投入中，不可能仅仅是为了满足国际旅游需求，其中也必然包括国内旅游需求部分。所以在计算旅游投资总额时，要将规定期内的投资额按一定比例计算出国际旅游投资额。

5）旅游就业机会

旅游就业机会，指旅游经济增加量与就业人数增加量之比。其用公式表示为：

$$就业机会=\frac{旅游经济增加量}{同期直接、间接旅游就业人数增加量} \tag{9-20}$$

这一指标表明，旅游经济活动每增加多少收入时，就会增加一名就业人员。

9.3.4 提高旅游宏观经济效益的途径

1）加强宏观调控，搞好旅游市场的综合平衡

旅游业是一个综合性极强的产业，它与国民经济中许多行业和部门密切相关。从旅游产业内部看，产业中各种类型的旅游企业比例必须协调、合理，才能保证为旅游者提供优质的产品和服务，才能使旅游者在旅游活动中的各种需求都能得到满足，同时又不使更多的旅游生产力闲置浪费。从旅游产业的外部来看，旅游经济要顺利展开，还必须依靠社会各有关行业和部门的大力支持和紧密配合，如国际旅游中的出入境签证管理部门、国家税收征管部门、金融信贷部门、邮电通信部门等，各部门必须通力合作，才能保证旅游经济活动顺利而健康地发展，才能形成一个国家旅游的综合接待能力。国家要提高旅游业的宏观效益，就必须加强宏观调控，搞好市场综合平衡，运用经济的、法律的、行政的手段，规范旅游企业行为，保证市场开展有序竞争。更重要的是，国家应当通过一定的权威部门，对旅游业的发展状况进行科学的预测，制订出符合实际的旅游发展计划，用以指导旅游业的发展；应定期发布预测信息，对旅游市场的供求平衡实行计划指导，避免旅游企业没有经科学的论证就投资建项目，造成旅游设施设备的总供给与总需求的不平衡。因此，加大国家的宏观调控力度，搞好旅游市场的供

求总量的基本平衡，是旅游宏观经济效益提高的根本途径之一。

2）提高旅游服务质量，优化旅游产品结构

旅游服务质量，既是与微观企业提高效益相关的问题，也是与宏观经济效益相关的问题。一个国家旅游服务质量水平的高低，直接影响到一个国家旅游业的形象与声誉，是一个国家旅游吸引力的重要组成部分。一个国家或地区在国际上旅游服务质量高，就会使更多的旅游者前往该国旅游，反之，就会使很多游客放弃前往该国旅游的计划，因此，从总体上提高一国旅游服务水平，是国家必须从宏观上着力解决的问题。我国旅行社实行服务质量保证金制度，就是从全社会的角度为提高服务质量而采取的有效措施之一。一个国家的服务质量从广义上讲应当包括所提供的旅游产品的质量。我国长期以来，在旅游产品发展中，缺少开发新产品意识，使得我们的旅游产品结构单一，品种单调。随着我国旅游业的快速发展，必须加强市场调查研究，及时捕捉市场需求变化的信息，不断地开发新的旅游产品，调整和优化旅游产品结构，以满足不断变化的旅游消费需要。

3）采取科学、有效措施，降低旅游业社会成本

发展旅游业，就要对旅游资源进行不断的开发利用。旅游业社会成本是社会为发展旅游业所付出的代价。随着这种代价的增加，旅游业发展的阻力也在增加。旅游业的社会成本主要包括发展旅游业所带来的环境问题及其治理，如自然环境的破坏、社会治安的维持、文化资源的保护等。为保证旅游业的持续发展，旅游业支付一定的社会成本是必须的，但是社会应当采取有效措施，努力降低旅游社会成本，这是提高旅游宏观经济效益的又一重要措施。

提高旅游宏观经济效益，降低旅游社会成本。首先，必须提高全民族的环境保护意识。因为旅游者自身素质提高，就会在旅游过程中，自觉地保护环境，约束那些不利于环境保护的行为发生。其次，要转变旅游发展观念，使旅游发展模式有一个根本性的转变，即由传统的速度型向效益型转变。

4）加强旅游工作队伍建设，提高旅游从业人员素质

一个国家旅游业的发展，要有一支优秀的旅游工作队伍。在这个队伍中，要有一批从事理论研究的科研人才；要有一批既有实践工作经验，又有管理能力的旅游宏观管理人才；要有一批懂经营善管理的企业管理人才；还要有一批具有良好素质的旅游市场营销人员和服务人员，这支队伍的建设，要依靠国家的政策引导和具体措施的实施，如发展旅游高等教育和职业教育，加强旅游队伍的人才培养等。加强旅游队伍建设，是提高旅游宏观经济效益的组织保证。在当前激烈的旅游市场竞争中，人才竞争是根本性的竞争。加强对旅游从业人员素质的培养，是旅游工作队伍建设的一个根本性问题。旅游产品质量的高低，既包括旅游设施设备的水平，也包括旅游服务水平，在某种程度上，设施设备的缺乏可以用高质量的旅游服务来弥补，因此提供诚恳、礼貌、热情、周到的优质服务就十分重要，而优质服务的提供依靠广大旅游从业人员素质的提高。人员的素质水平是由多方面因素构成的，如政治思想素质、心理素质、业务素质等。因此，我们必须

从旅游整体队伍建设的角度加强对旅游从业人员素质的培养和提高，只有这样才能提高一个国家或地区的旅游服务质量，树立良好的形象，提高旅游的宏观经济效益。

【同步资料9-2】

按游客类别或细分市场来计算

有人建议国家旅游管理部门应按游客类别或细分市场来计算旅游附加成本及相关财政成本。表9-1中列示的是附加成本及相关的财政成本项目。

表9-1　旅游附加成本及相关财政成本项目

附加成本	财政成本
交通拥挤	建设高速公路、警察服务、交通港口和终点站设施
犯罪	警察服务、司法部门
火灾	消防
水污染	供水及污水处理
空气污染	警察服务、公共交通、车辆管理部门
乱扔杂物	垃圾收集和处理、警察服务
噪声污染	警察服务、分区
毁坏野生动植物	警察服务、公园和娱乐设施、森林保护、渔猎管理
破坏自然景观	公园和娱乐设施、警察服务
毁坏社会/文化遗产	维护博物馆和历史古迹、警察服务
疾病	医院及其他保健设施、卫生设施、餐饮服务管理
交通事故	警察服务、司法部门

资料来源　根据世界旅游组织旅游统计的数字收集和编纂。

学习微平台

延伸阅读9-2

【教学互动9-1】

互动问题：在追求旅游经济效益的同时，可能有哪些方面会损害社会效益、环境效益？如何避免？

要求：同“教学互动2-1”的“要求”。

■ 本章概要

□ 内容提要

经济效益是旅游产业及其企业所追求的主要经济目标，也是判断旅游业对国民经济贡献大小的主要标准。本章从旅游宏观经济效益和微观经济效益的联系与区别上对旅游经济效益进行了分析，旅游微观经济效益是宏观经济效益的基础，但是旅游宏观经济效益不是微观经济效益的简单叠加，因为宏观经济效益与微观经济效益之间存在着矛盾。

旅游微观经济效益的分析方法主要有利润率分析法、盈亏平衡分析法、最佳利润分析法、边际收益分析法等。提高旅游微观经济效益的主要途径有：强化旅游市场营销，扩大旅游客源；提高旅游产品质量，以质量求效益；增加旅游服务项目，提高旅游服务水平；改善企业内部管理，加强企业内部核算等。

旅游宏观经济效益是旅游经济效益的组成部分。旅游宏观经济效益的考核是一项十分复杂的工作，其内容繁杂、涉及面广泛，其中比较困难的因素是旅游宏观成本的计算范围、方法以及成本的分摊问题，目前还没有建立起一套科学而完整的旅游宏观经济效益考核的指标体系。提高旅游经济效益的主要途径有：加强宏观调控，搞好旅游市场的综合平衡；提高旅游服务质量，不断调整旅游产品结构；采取科学、有效措施，降低旅游业社会成本；加强旅游从业队伍建设，提高旅游从业人员素质等。

□ 主要概念和观念

▲主要概念

经济效益　旅游经济效益　旅游直接经济效益　旅游间接经济效益　旅游宏观经济效益　旅游宏观成本　旅游有形成本　旅游无形成本

▲主要观念

提高旅游微观经济效益的途径　提高旅游宏观经济效益的途径

□ 重点实务

旅游企业经济效益的指标与分析方法　旅游宏观经济效益主要指标与计算方法

■ 基本训练

□ 知识训练

▲复习题

1）旅游企业成本可以分为哪些种类？

2）旅游企业经济效益分析指标主要有几种？

3）如何提高旅游企业的经济效益？

4）旅游企业经济效益的分析有哪些主要方法？

5）有几种利润率计算形式？各种计算形式表明的含义是什么？

6）怎样才能实现旅游宏观经济效益的不断提高？

▲选择题

(1) 研究旅游效益应当包括（　　）。

A.经济效益　　B.收入效益　　C.环境效益　　D.社会效益

(2) 按照研究范围的差别，旅游经济效益可分为（　　）。

A.旅游宏观经济效益与旅游微观经济效益

B.旅游直接经济效益与旅游间接经济效益

C.旅游近期经济效益与旅游远期经济效益

D.旅游正效益与旅游负效益

(3) 企业最大利润分析法是依据当（　　）时利润总额最大的原理进行的。

A.边际成本大于边际收入　　B.边际成本小于边际收入

C.边际成本等于零　　D.边际成本等于边际收入

▲判断题

(1) 研究旅游效益就是研究旅游的经济效益。（　　）

(2) 降低旅游企业的成本重点在于减少企业的资本占用，降低固定成本。（　　）

(3) 盈亏平衡分析法的核心是计算企业保本量。（　　）

(4) 企业的边际贡献率越大则企业的经济效益越差。（　　）

▲讨论题

在追求旅游的经济效益的同时，如何防止旅游无形成本的提高？

▲计算题

1）某旅游企业年获得利润额为150万元，企业年销售额为700万元，企业年均固定资金占用额300万元，流动资金占用额为100万元，年经营总成本为450万元，请计算该企业的年资金利润率、成本利润率、销售利润率各是多少。

2）某旅游企业共有员工60人，年接待游客收入为300万元，该企业员工人均旅游收入是多少？

3）某旅游企业年旅游总收入为600万元，企业经营总成本为350万元，企业须缴纳的税金及附加费是收入额的3.3%，请计算该企业的年利润是多少。

□能力训练

▲理解与评价

有人认为："各旅游企业的经济效益好了，旅游的宏观经济效益自然就会好"，你对此有何评价？为什么？

▲案例分析

一个民俗村旺季单日最高创收突破600万

背景与情境：据旅游中国网2013年8月15日报道，作为全国农业旅游示范点之一的山东省日照市乔家墩子民俗村，旺季单日最高创收突破600万元。全村共有728户2 000口人，每户拥有标准间和普通间10～25间，床位30～60张，能同时接待2.3万人吃住。

进入7月份以来，每个周末，乔家墩子民俗村平均每天接待游客2.3万人，家家爆满。往年接待游客，每周一到周四游客量会稍微减少，周末是接待高峰，但是今年出现了周三和周末两个接待高峰期，游客量明显增多。周末房间价格每晚一直保持在240元～300元之间，非周末房价也在140元～180元之间，入住的游客几乎都选择在住宿的渔家品尝特色的"渔家饭"，用餐消费平均每人每天50元，一个游客的人均消费在300元左右，全村仅住宿一项每天可收入300万元以上，每天综合收入高达690万元。游客众多，各种小商品、美食、旅游纪念品等销售产业也日益增多，乔家墩子村前的美食一条街上，沿街20家美食商铺，每家每天的纯收入平均超过3 000多元。

乔家墩子“渔家乐”的成功秘诀有四点：一是近海优势。乔家墩子村距海滩仅2 000多米，游客可步行下海，方便省事，适合度假需求。二是超前的营销意识。每年旺季来临前，村委会都组织“渔家乐”经营者到河南、江苏、济南等重点客源市场宣传推广，旺季时每天晚上村里都坚持清点游客车辆、统计游客人次，通过仔细整理分析车牌号，准确掌握客源市场情况，旺季结束后村里会派人去走访沟通，听取游客对“渔家乐”住宿、餐饮等方面的建议。充分利用网络媒体营销，开设了专门的“渔家乐”民俗旅游网进行宣传推广，在同程网上开设“渔家乐”预订服务，实现日照旅游一条龙服务。三是热情周到的服务。民俗特色和家庭经营，给人以宾至如归的感觉，吸引了多以家庭为单位的游客们前来居住，其中河南、江苏的回头客高达80%以上。四是细致的后勤保障。村委会设立了游客接待中心，游客们可以掌握“渔家乐”的第一手资讯以及日照市旅游概况等，同时村委会统一在安全保障、电力供应、污水处理、卫生环境上，做好了万全的准备，给游客提供一个放心的住宿环境。

问题：乔家墩子民俗村的旅游经济效益是怎样获得的？

分析要求：同第1章“基本训练”中本题型的“分析要求”。

▲自主学习

自主学习-V

【训练项目】

“旅游宏观经济效益”知识更新

【训练目的】

同第1章本题型的“训练目的”。

【训练步骤】

1）将班级同学组成若干“自主学习”训练团队，每队确定一人负责。

2）各团队根据训练项目需要进行角色分工。

3）通过校图书馆、院资料室和互联网，查阅“文献综述格式、范文及书写规范要求”和近三年关于“旅游宏观经济效益”研究的前沿学术文献资料。

4）综合和整理“旅游宏观经济效益”研究的前沿学术文献资料，依照“文献综述格式、范文及书写规范要求”，撰写《“旅游宏观经济效益”最新文献综述》。

5）在班级交流各团队的《“旅游宏观经济效益”最新文献综述》。

6）在校园网的本课程平台上展出经过修订并附有教师点评的各组《“旅游宏观经济效益”最新文献综述》，供学生相互借鉴。

□课程思政

如何看待“黄金周”旅游？

背景与情境：“十一黄金周”从1999年开始实行。“黄金周”旅游热潮一度席卷全国，长假制度也被视为是拉动内需、促进消费的一大举措。2013年的

“十一黄金周”全国各地旅游收入都十分可观，如河北旅游收入101.4亿元，福建82亿元，深圳53亿元，贵州91亿元，长春15.25亿元。“十一黄金周”的旅游产生了比较好的效益是肯定的，“黄金周”制度的存在，对旅游产业的发展具有重要的作用。但是也有的学者提出旅游“黄金周”的经济效益被高估了，旅游业存在着“黄金周幻觉”，忽略了“黄金周”期间门庭若市、“黄金周”前后门可罗雀的现象。“黄金周”期间旅游收入的增加仅仅是旅游消费的集中，是一种时间上的转移，对全年旅游收入的增加并无实质性的贡献。作为拉动经济增长的重要动力，居民消费增长的最终源泉来自于居民收入的增长。集中性休假期间，提前透支了消费后，游客必定会相应地减少此后的旅游及其他消费计划；同时，“黄金周”期间，旅游景点人满为患，种种不文明的行为也会暴露出来。

问题：从经济效益和环境伦理视角谈谈你对“‘黄金周’旅游”的看法？

研判要求：同第1章“基本训练”中本题型的“研判要求”。

第10章 旅游投资

◆ 学习目标

通过本章学习，应该达到以下目标：

职业知识：学习和把握旅游投资与旅游投资项目的相关概念，旅游建设项目的类型与资金筹措，进行旅游建设项目可行性研究的必要性、内容和种类，旅游项目投资决策方案的分类、旅游投资项目的经济评价方法，旅游项目投资风险的类型等理论与实务知识；能用其指导或规范本章认知活动和技能活动，正确解答“基本训练”中“知识训练”各题型的相关问题。

职业能力：点评“旅游核心项目的投资风险要小于一般产业项目投资风险”观点，训练专业理解力与评价力；根据相关公式计算某旅游企业的“投资项目还本期”和“投资项目三年后净现值”，强化与“旅游投资”相关的“规则意识”和“综合能力”；运用本章理论与实务知识研究相关案例，培养“旅游投资”情境下的多元表征能力；通过“‘旅游项目投资方法’知识应用”的实训操练，训练相应专业技能。

课程思政：结合本章教学内容，依照相关规范或要求，对章后“‘水泥航母’给人造景观敲响警钟”案例情境中政府相关部门的决策行为进行思政研判，树立正确的政绩观和社会主义核心价值观。

【引例】

我国资本加速进军旅游业

背景与情境： 百姓从“有钱”到“有闲”，“十二五”期间，以消费促进投资，以投资鼓励消费，旅游业迅速发展成为国民经济战略支柱产业。

社科院发布的《2015—2016年中国旅游发展分析与预测》(《旅游绿皮书》)显示，中国旅游企业加快全球布局，海外拓展的领域和区域不断扩大。旅游投资方面，2015年我国全年完成旅游投资10 072亿元，同比增长42%。

2015年大企业进一步加速进军旅游业。全国排名前5位的房地产企业围绕旅游综合体、国家级旅游度假区、高星级酒店、国际品牌酒店、大型主题公园等进行投资；国内排名前10位的风险投资公司中，有8家涉足旅游业投资；能源、水利、电气、农业、保险等大型企业集团也纷纷投资旅游业。

2015年，中国企业海外并购规模加大、步伐加快，海航、复星、港中旅、众信等企业在全球范围内展开多起投资并购，携程网、途牛网等在线旅游企业也加快在全球目的地的布局。诸如海航集团完成澳大利亚ALLCO航空租赁公司、凯撒旅游、西班牙NH酒店等股权收购；锦江国际集团收购美国洲际集团和卢浮酒店集团；万达集团先后在英国、西班牙、美国、澳大利亚等完成一系列并购；复星国际收购运营Club Med部分股权；港中旅4亿英镑收购英国布莱顿酒店集团等。

资料来源 根据《经济参考报》有关报道整理。

在旅游业的发展过程中，要不断地进行旅游投资，这涉及旅游投资的资金筹措、旅游投资的可行性研究和旅游项目投资的决策方法等知识。

10.1 旅游投资与资金筹措

10.1.1 旅游投资与旅游投资项目

旅游投资是旅游业扩大再生产的物质基础，是一个国家和地区旅游经济发展的基本条件。现代旅游业的发展，依赖于旅游投入的不断增加。在旅游活动商业化的今天，旅游者所需的“行、住、食、游、购、娱”六大要素，要依赖旅游业的综合提供。旅游业要满足不断变化和日益增加的旅游需求，必须增加旅游投资，大力开发旅游新产品。没有旅游投资的增加，旅游业是无法发展的。**旅游投资**是指在一定时期内，根据旅游市场发展的状况，国家或企业将一定数量的资金投入到其发展的项目中，以满足旅游发展的需要，并获得一定的旅游收益。

旅游投资是一个综合的概念，其包括的范围也十分广泛。一般说来，凡是用来发展旅游业的资金，都属于旅游投资范畴。进行新的旅游项目开发是投资，旅游设施建设是投资，购买设备也是投资。由于现代旅游业的综合性特征，旅游行业范围的界定在实践中还比较模糊，因此，旅游建设项目与一般建设项目的界定存在着一定的差别，通常根据在建设项目的总体设计中是否具有旅游发展的目标来确定。如果某项工程建设完全不考虑旅游的目标，虽然其建成后对旅游的发展可能有所促进，或者未来也可能由于旅游业的发展，其本身也成为一个旅游吸引物，但现在还不能视为旅游建设项目。反之，虽然某项工程项目兼有其他社会文化活动的目的，但其建设中具有旅游发展的目标，能扩大旅游者的流量，促进旅游业的发展，就可以列在旅游投资项目中。

旅游建设项目包括的内容广泛，从不同的角度可将其分为不同的类型。

1）依照旅游项目的建设性质划分

依照旅游项目的建设性质划分，旅游建设项目可分为新建旅游项目、改扩建旅游项目和恢复建设旅游项目。

新建旅游项目是指投资主体投资建设原有企业之外的投资项目。它是属于从无到有、平地拔起的项目。在实践中对于那些原有的项目很小，经扩大建设规模后，新增加的固定资产价值超过原有的固定资产价值的三倍的，也属于新建旅游项目。新建旅游项目是发展旅游业、扩大旅游经营规模的重要条件，它有利于改变一个国家或地区原有的旅游吸引力和接待能力，有利于改善旅游生产力的布局和促进旅游经济结构的调整。但新建旅游项目一般说来，需要投入的资金比较多，建设周期也较长。

改建旅游项目是指对原有的旅游设施项目和服务功能等进行产品更新和技术改造的项目。例如，原来的饭店设施已经陈旧落后，要进行改造；原有的旅游道路是泥土路，现在要改造成柏油路等均属于改建旅游项目。改建旅游项目是旅游企业提高服务质量，改变产品的服务对象，满足旅游需求，增加旅游经济效益的有效途径。改建旅游项目同新建、扩建旅游项目比较，具有投资少、见效快的特点。**扩建旅游项目**是指在原有规模上适当增建部分设施的项目。这里讲适当增建，是因为如果扩建旅游项目的范围很广，投资额超过原有的固定资产三倍，按规定则成为新建项目，而不属于扩建项目之列。扩建项目是发展旅游业的重要途径，如原有的旅游景点较小，要扩大规模；原有的饭店楼层较低，要重新接层；原有的旅游道路较窄，要重新加宽等。扩建旅游项目，同新建、改建旅游项目相比，更有利于利用现有的旅游资源和设施，扩大旅游经营规模。

恢复建设旅游项目是指由于自然灾害或其他原因使原有旅游项目全部或部分遭到毁灭后，按原有规模进行投资重新恢复建设的项目。例如，某些旅游景点中的设施被洪水冲毁，某些文物古迹因自然灾害或长久失修而遭到损毁等。重新建设或修复都属于恢复性建设范畴。通常情况下，单纯的恢复建设是存在的，但大都与扩建相联系。在恢复建设的同时进行扩建，从管理的角度上看，应视为扩建项目。

从建设性质划分旅游建设项目，是为了满足国家对建设项目实施管理的需要，作为投资者，应当分析比较各种类型的旅游项目建设的利弊，以便于做出正确的投资决策。

2）依照旅游建设项目的内容划分

依照旅游建设项目的内容划分，旅游建设项目可分为旅游景点项目、饭店宾馆项目、旅游交通项目、旅游娱乐项目、旅游教育项目、旅游购物品项目以及其他项目。

3）依照旅游投资规模划分

依照旅游投资规模划分，旅游建设项目可分为大中型项目和小型项目。大中型项目是指总投资在3 000万元以上（含3 000万元）的旅游项目。投资额在3 000万元以下的项目称为小型项目。

4）依照投资项目的重要性划分

依照投资项目的重要性划分，旅游建设项目可分为国家级旅游项目和地方级旅游项目。国家级旅游项目，是指该旅游项目对全国旅游业的发展关系重大，且投资规模大的项目。列入国家级的旅游项目，可以由中央政府投资或由政府有关部门协助筹集建设资金。

【同步思考10-1】

问题：投资旅游教育是否应当算作旅游投资？

理解要点：应当算作。想想为什么？

【同步案例10-1】

旅游综合体成为投资大热门

背景与情境：旅游业作为政府大力支持的朝阳产业，近年来已经成为企业新的投资热点。国际旅游投资协会总干事王琪日前接受记者采访时指出："旅游项目的综合性越来越强，大型化趋势也很明显，旅游综合体已经成为旅游投资项目的基本模式。"

近几年，除了海南、深圳、云南等地仍然是旅游投资热点地区外，以贵州为代表的一些具有明显资源优势的投资目的地已经得到了投资者的认可，将成为旅游投资的下一个热门区域。从项目的设计理念和运营来看，国际化的设计团队与品牌化的多项目运作成为企业的努力方向。同时，文化创意和科技含量等也得到了旅游投资企业的高度关注。

旅游项目需要以文化为载体，很多旅游产品之所以有魅力，是因为它背后承载的文化内涵。同时，旅游行业投资要重视市场细分，旅游市场包括自然景区、文化历史景区、运动景区等，不同项目的投资理念和操作方法不同，投资者应结合自身的优势，找到擅长的领域。

资料来源　赵珊. 旅游综合体成为投资大热门 [N]. 人民日报（海外版），2013-02-22.

问题：近几年，为何大型旅游综合体成为投资大热门？

分析提示：先从旅游需求的综合性特征来分析，大型旅游综合体对满足旅游者需求的作用；再从旅游投资企业的经济实力来分析。

10.1.2　旅游建设项目的资金筹措

旅游投资所需资金的筹措，是旅游业发展的首要因素，没有资金的投入，旅游业的发展便没有必要的物质基础。

在现代经济活动中，旅游投资资金的筹措方式主要有以下几种：

1）运用财政手段筹集旅游投资资金

财政手段是国家运用其权力参与社会产品分配的工具。运用财政手段筹集旅游投资资金，主要是通过国家财政拨款或拨改贷的形式获取投资资金，过去我们一般称为国家投资。国家投资分为中央政府投资和地方政府投资。

在我国长期的计划经济体制下，旅游建设项目的投资来源主要是依靠国家直接投资，政府是一切旅游项目投资的主体。国家根据国民经济发展的需要，从财政预算中，有计划地分配一部分资金作为旅游业的投资。1982年至1988年，国家投资分为基本建设拨款与基本建设贷款两种。其中基本建设拨款是国家财政部门按批准的预算对主管部门拨付的预算资金，用于旅游发展的投资。基本建设贷款是国家安排的基本建设投资由财政拨款改为贷款，即国家预算基本建设贷款。国家基本建设拨款，是国家无偿拨付的，不需要还本付息。国家预算基本建设贷款需要按规定的利息率偿还。1988年起，为了加强建设资金的使用效果，并保证国家基础工业、基础设施和一些重大社会发展项目建设资金来源的稳定，国家建立了基本建设基金制。它是从国家财政资金中划拨出来一部分资金用于基本建设的制度，按照这种制度，基本建设基金将与财政费用分开，专款专用。基本建设基金分为经营型与非经营型两种，在旅游业中，经营型的基本建设基金主要用于旅游基础设施的建设，非经营性的基本建设基金主要用于旅游教育和培训设施的建设。

地方政府投资，是指地方政府是投资的主体。地方政府按照国家的规定，用属于地方财政预算的资金投入旅游建设项目。

2）运用信用手段筹集旅游投资资金

信用是以有偿为条件的借贷活动的总称。运用信用手段筹集旅游投资资金的具体方式主要有两种：一是银行信用；二是财政信用。通过银行信用方式筹资是指旅游部门或企业向银行贷款。银行贷款是现代企业投资的重要资金来源渠道之一，是一种按期偿还本金并加付利息的资金借贷形式。它分为两种：一种是流动资金贷款，一般主要用于企业的正常经营活动所需资金，还款期最长一般不超过一年；另一种是基本建设和技术改造贷款，还款期较长，属于中长期贷款。银行贷款又分为人民币贷款和外汇贷款两种。财政信用，也称国家信用，是以国家债务人的身份通过发行国债、重点建设债券、投资债券等筹资的方式。旅游投资者，尤其是国家作为主体的旅游投资，可以通过这种方式筹集大量的旅游投资资金。

3）运用引进外资的方式筹集旅游投资资金

引进外资是指利用国外资金在国内进行旅游项目建设投资。我国旅游业利用外资的渠道和方式主要有两大类：一类是利用外国政府、银行、国际金融组织的贷款；另一类是吸引外国企业直接投资，包括中外合资经营、中外合作经营、外商投资经营、补偿贸易等几种形式。在我国旅游发展的过程中，外资已经成为我国旅游投资的重要来源，我国加入WTO后，旅游投资的环境得到进一步改善，吸引了更多的外资参与我国的旅游建设。

4）运用社会集资手段筹集旅游投资资金

社会集资是通过政府和银行信用以外的其他渠道，向社会有偿筹集资金的活动。当前我国旅游业进行社会集资的主要形式有：招股集资，即企业通过向社会公开发行股票和企业债券的方式筹集资金。企业发行股票与企业发行债券是社会集资的有效形式。二者的区别是：购买股票者称为股份制企业的股东，股本不能退还，只能在二级股票市场转让，股票收益是依据集资企业的盈利状况采取盈利分红的方式进行；企业债券是企业向社会借贷的一种形式。它在借款到期时必须偿还本金，同时加付利息，利息率是事先约定的。另外，企业之间、地区之间、部门之间可以采取联营的方式，其收益分配采取盈利分红制，称为集资联营。当然，在社会集资中，企业必须遵循国家的有关规定，不能随意进行。

另外，自筹资金是地方政府部门或企事业单位按照国家规定，除了使用地方财政预算资金和预算外资金投入旅游发展外，还可以使用地方旅游企业生产发展基金、自收自支事业单位的业务收入等资金投入旅游项目建设。

【同步思考10-2】

问题：在市场经济条件下，政府是否可以直接投资旅游项目？

理解要点：可以。但是一般来说，政府为了支持旅游业的发展，主要投资应当用在旅游的基础设施建设上，而不直接投资某一具体的旅游经营项目。

【同步资料10-1】

旅游投资渠道多元化

2008年下半年以来，我国呈现旅游业的投资高潮，除了常规的旅游发展专项基金之外，还有更广阔的资金来源渠道。一是地方基本建设资金和农业、扶贫等部门的专项资金。例如，江西省每年安排红色旅游发展专项资金1 000万元和1 000万元省级基本建设投资用于旅游基础设施建设，并提出新农村建设、扶贫开发、以工代赈等专项资金的安排使用，应与发展旅游产业结合起来。二是各级政府为应对国际金融危机影响的投资，中央出台了40 000亿元的投资计划，其中，15 000亿元用于铁路、公路、机场、水利等重大基础设施建设和城市电网改造，都是与旅游直接相关的。三是市场化渠道融资，许多地区出台了鼓励支持企业上市和贷款融资的政策，大型企业集团和社会资本投资重大旅游项目也成为一个主要渠道。例如，华侨城集团、港中旅、横店集团在浙江等地的投资。四是争取重点旅游项目的信贷融资，贵州省已争取到农行5年内60亿元授信额度以及世界银行4亿元贷款，将用于生态旅游、温泉度假、汽车露营等新业态和乡村旅游的建设。

资料来源　佚名. 剖析金融危机中的旅游投资热［N］. 中国旅游报，2009-07-20.

10.1.3 旅游项目融资

世界经济进入20世纪80年代中期以后，项目融资，特别是大型项目融资已被愈来愈广泛地应用。所谓项目融资，**从其本质来说**，是以投资项目拥有的项目资产和现金流量向资金供给方银行抵押来换取项目所需的资金，这是一种崭新的筹资方式。

传统的融资方式，是一个公司利用本身的资信能力为投资项目取得所需资金。外部的资金投入者（包括公司的股东、公司债券投资者、贷款银行等）在决定是否向公司投资或提供贷款时，主要依据是把公司作为一个整体，考察公司的资产负债、利润以及现金流量等情况，而把对于该公司所要投资的某个项目的具体状况考察放在次要位置。因为这些融资是以投资公司的资信作为保证的，即使项目失败了，资金投入者仍可以获得投资收益或贷款可以得到偿还。

而项目融资用来保证贷款偿还或投资者收益的首要来源被限制在被融资项目自身的经济强度之中。投资者和贷款者把对项目自身的考察放在首位，而把投资主体企业的经济实力放在次要地位。由于现代社会很多基本建设项目是十分庞大的，一个项目所需的资金少则几亿元，多则几十亿元甚至上百亿元。单纯靠一个公司自己的经济实力是难以支持这样大项目的投入的，因而通过项目融资的方法便可以有效解决。

学习微平台

延伸阅读 10-1

要使我国成为一个旅游大国和强国，必须不断地建设新的旅游项目，尤其是要打造一些世界级的旅游景点，这必然需要大量的资金投入，我们必须认真研究项目融资的方式，为我国旅游业的发展开辟更广阔的通道。

10.2 旅游投资可行性研究

10.2.1 旅游建设项目可行性研究的必要性

每个投资项目，都应开展可行性研究。所谓**可行性研究**，是对拟建项目是否可行所进行的一系列分析。通过可行性研究，一般应回答建设项目的以下重大问题：①拟建项目在技术上是否先进可行；②在经济上是否合理合算；③建设条件是否具备；④资源、人力、物力、财力是否落实；⑤财务上是否有盈利；⑥建设工期长短；⑦需要多少投资；⑧资金如何筹措；⑨对环境的影响如何等。项目投资可行性研究，是在第二次世界大战前后发展起来的。早在20世纪30年代，美国在开发田纳西河流域时，就把可行性研究作为开发流域规划程序中的一个重要阶段，使得工程建设顺利进行，取得了显著的经济效果。随着技术经济和管理科学的不断发展，在实践中，可行性研究的内容和方法不断完善与充实，逐步扩大到其他领域和其他方面。旅游投资项目可行性研究也是十分必要的，原因如下：

1）可行性研究是为旅游投资项目决策提供依据

旅游投资项目建设包括三个主要阶段，即投资前准备阶段、投资建设阶段和生产经营阶段，每个阶段又分若干步骤。可行性研究是项目投资前准备阶段的主要工作内容。任何旅游项目的建设，对于投资主体而言，都是为了在生产经营活动中能够获得更多利润。但是在项目投资前，必须对其进行科学、有效的分析，需要对项目的选址和区域特点，项目的技术性，生产经营过程中的各种生产要素的供给，未来市场状况以及产品的成本与收益等情况，进行全面而科学的分析研究，从而对项目投资建设做出科学的决策。

2）可行性研究是旅游项目建设一般程序中的必要程序

为了保证旅游项目的投资达到预期的效益，而不是仓促上马，盲目建设，旅游基本建设一般分为六个环节，即提出项目建议书、进行可行性研究、编制项目初步设计文件、编制年度项目计划、申请开工报告、竣工验收和交付使用。可行性研究是我国基本建设程序中的第二个环节，进行可行性研究，编制可行性研究报告，即编制设计任务书，是为上级主管部门提供对该项目进行进一步审查和批准的依据。

3）可行性研究为项目筹措资金提供重要的依据

旅游投资项目，特别是那些大中型的建设项目往往需要较多的资金投入，企业除了自有资金或争取到的部分国家投资外，大部分资金是通过市场融资渠道获得的。不论是募股集资，还是向银行贷款，都需要向投资人或借款人说明项目的真实可行性。一般来说，在所有的融资渠道中，向银行贷款是主要渠道。银行为减少风险，确保贷款资金能按期收回，必须对该项目的可行性进行审查。因此，可行性研究报告也为资金借贷机构进行决策提供了依据。

10.2.2 旅游建设项目可行性研究的内容

旅游建设项目可行性研究关系到现时的投资能否在未来取得更大的收益。它不仅要求对涉及项目建设的诸多方面进行调查与分析，而且要求在研究中必须坚持认真负责、实事求是的态度。因此，进行项目最终可行性研究的不应是项目的开发者，因为项目的开发者往往对建设项目开发前景抱有乐观的态度。另外，各种不同的旅游建设项目，尽管投资者多是以获得经济效益为目的，然而也可能有某些项目不单纯是为了获得经济利益，而是为了取得经济、社会、环境、文化等综合效益或是为了其他目的。因此，在可行性研究中，应首先明确项目建设的目的性，并根据不同的目标进行论证，用不同的方法比较方案的优劣。就一般而言，旅游投资项目可行性研究的内容主要包括以下九个方面：

1）总览

总览主要阐明项目提出的背景、投资的必要性、经济意义以及研究工作的依据和范围。

2）市场需求预测及拟建规模

市场需求状况是企业经营活动的起点。对旅游投资项目进行可行性分析时，首先必须进行市场需求调查，并在调查的基础上对未来的市场需求进行科学的预测。同时，对市场现有的供给状况也必须加以分析，在此基础上提出拟建项目的建设规模、产品方案和发展方向的技术经济比较分析。

3）市场区域特点和选址方案

旅游建设项目总是在一定的地域上建设。要对项目选址的地理位置、气象水文、地质、地形等地理条件，交通运输、供水、供电、供气、供热、通风等市政公共设施条件以及当地或邻近地区的社会经济状况进行分析，以确定建设的可行性。

4）项目工程方案

项目工程方案主要研究项目的建设工期、进展速度、建设的标准、建设的内容、主要设施的布局、主要设备的选型及相应的技术经济指标、确定项目提供的产品或服务的规格要求等。

5）项目的政策环境

旅游项目的政策环境主要包括国家的法律制度、税收政策、项目生产经营许可或其他政府限制政策等。

6）劳动力的需求和供应

劳动力的需求和供应主要研究旅游项目建设过程和完成后的劳动力来源、使用、培训以及人员组织结构等方案，以确保投资项目建成后有充足、合格的劳动力，保证生产经营活动的顺利进行。

7）原材料、燃料、动力供应

原材料、燃料、动力供应主要研究旅游项目建成后，原材料、燃料、动力等的供应渠道及价格变动趋势、使用情况、维修条件等，以保证项目建成后，生产过程所需要的各种物质生产要素能及时得到满足。

8）投资额及资金筹措

投资额及资金筹措主要包括投资总额、投资结构、外汇数额、固定资产和流动资金的需求量、资金来源结构、资金筹措方式、资金成本等问题的分析研究。

9）综合效益评价

综合效益评价主要研究旅游投资项目的总体效益评价，包括经济效益、社会效益和环境效益。经济效益评价主要有项目净限制指标和投资收益率指标等。社会效益和环境效益主要研究旅游项目建成后对社会和环境的积极作用和消极影响。

10.2.3　旅游建设项目可行性研究的种类

世界各国在项目可行性研究的内容和方法等方面不尽相同。一般来说，可行性研究可分为三种，即投资机会研究、初步可行性研究和最终可行性研究。三个种类又可以依次作为可行性研究的三个阶段。

1）投资机会研究

投资机会研究又称为投资机会鉴定，是指在一个确定的地区或部门内，在利用现有资源的基础上所进行的寻找最有利投资机会的研究。其主要任务是在确定的地区或部门内，通过对资源和市场的调查，选择投资项目，寻找投资机会。其主要目的是对旅游投资项目提出建议。旅游投资项目建议书就是在投资机会研究的基础上形成的。这个阶段，调查工作比较粗略，主要数据和情况多为参考同一类型项目的经验数据，准确程度较差。它只是表示一种意向，还不能做出真正的决策。

2）初步可行性研究

初步可行性研究又称为预可行性研究，是指在投资机会研究的基础上，对拟建的旅游投资项目的可行性所进行的进一步研究。初步可行性研究是投资机会研究的继续和深化。其任务是在分析投资机会研究结论的基础上，对项目一些关键性的问题进行辅助研究，从而阐明这个项目是否有生命力，是否可以进行，是否需要进行详细的可行性研究。

在初步可行性研究阶段，可以广泛地进行各种方案的进一步分析比较，从中排除不利方案，为缩小技术经济可行性研究的范围准备条件。

3）最终可行性研究

最终可行性研究又称为详细可行性研究或技术经济可行性研究，是指在上级主管部门批准立项后，对旅游投资项目进行技术经济论证，它所研究的内容和方法要求全面、科学。投资项目越大，其内容越复杂。最终可行性研究是建设项目投资决策的基础，也是向有关管理部门和银行提供进一步审查和资金借贷的依据。

综上所述，旅游投资项目可行性研究，是一个由浅入深、循序渐进的过程。工作范围越来越集中，研究内容越来越深化，工作量由小到大，投入的人力、资金由少到多，花费的时间由短到长。可行性研究无论进行到哪个阶段，只要已认定该建设项目不可行，研究就要停下来，从而避免盲目前行，导致人力、物力和财力的浪费。

总之，可行性研究被视为决定项目命运的关键，是项目投资前期必须认真进行的一项重要工作。可行性研究质量的好坏，是保证决策正确与否的必要条件。我们必须在确定项目之前用比较充分的时间，花费较大的费用与人力，把建设项目的主要问题搞清楚，以避免盲目建设，造成更大的损失。

【同步思考 10-3】

问题：项目可行性研究进行了，就一定要建设吗？

理解要点：不是。可行性研究就是对项目能否立项和建设进行的论证，只有通过可行性研究后才能最终确定项目是否能够建设。

10.3 旅游项目投资决策方法

10.3.1 旅游项目投资决策方案分类

拟建旅游项目经过可行性研究后，证明没有建设的必要时，可以决定取消该项目。可行性研究的结果，如果认为项目是可行的，往往会提出若干个可供比较选择的方案，这些方案一般都会有各自的优势和劣势，或者存在某些不确定因素。这就需要决策人员在正确的决策原则指导下，多方考虑，权衡利弊，对各种不同方案做出正确的判断和最优的选择。一般来说，建设项目投资方案的比较选择，分为三种类型：

1）确定型决策

确定型决策是指拟建项目的各种数据和条件都是已知的，根据已知数据和条件，对各种不同方案，通过技术经济指标进行分析比较，做出明确的选择，从中选出投资效益最好的方案。

2）非确定型决策

非确定型决策是指对拟建项目进行多方案比较时，虽然不同方案的收益值，在不同的自然状态下可以计算出来，但对各方案可能出现的概率却难以估计。

3）风险型决策

风险型决策又称为统计型决策或随机型决策。假如我们对一个建设项目经过可行性研究后，提出两个方案：一个是新建项目；一个是对原有的项目进行改建。决策者比较两个方案后，必须选择其中的一个方案。

10.3.2 旅游投资项目的经济评价方法

旅游投资项目的评价，是旅游投资项目决策的前提。一般来说，投资项目评价是一个综合性的指标体系，包括社会经济效益指标、社会文化指标、社会环境指标等，这些因素在可行性分析中都应当给予充分论证。但是就一个企业投资来说，它与国家投资和地方政府投资有所不同，它主要是以取得最大经济效益为目标。因此，旅游投资项目的经济评价方法主要有以下几种。

1）还本期法

还本期法是指某一旅游投资项目投产后所产生的累计效益额等于该项目投资额时所需年限的方法。其计算公式为：

$$t=\frac{C}{I} \tag{10-1}$$

式中：t为投资还本期；C为项目投资额；I为投资项目的年均预期收益。

如某一饭店要增加旅游设施，方案Ⅰ是建一个餐厅，方案Ⅱ是建一个康乐中心，方案Ⅲ是建一个保龄球馆。各方案的投资额与预测的年收益见表10-1。

表10-1　**不同方案的还本年限**　单位：万元

方案	投资额	预期收益						还本期
		第一年	第二年	第三年	第四年	第五年	第六年	
Ⅰ	170	30	35	35	35	35	35	5
Ⅱ	200	40	45	55	55	60	60	4.1
Ⅲ	240	80	80	80	70	50	50	2.5

按还本期法，方案Ⅲ，即投资保龄球馆方案最优，只需3年便可收回全部投资；方案Ⅱ，即投资康乐中心次之；方案Ⅰ，即投资餐厅最差。但是这种方法也有其缺点，首先没有考虑还本期后各种方案的年收益是不一样的。单纯从还本期比较，方案Ⅲ最优。但由于它集中收益在前几年，以后可能由于市场竞

争激烈等原因，它的未来收益并不一定最佳。采用此种方法，易于使投资决策者接受短期收益最大的方案，而忽视长期收益。另外，虽然此种方法简单，但是没有考虑资金的时间价值，因为资金使用是有成本的，今天的一元钱与明天的一元钱是不等值的。因此，采用此种方法不能全面正确地评价投资方案的经济效果。

2）净现值法

净现值是指用投资方案中未来预期收益减去投资额后的净值。净现值法的最大优点是克服了还本期法的缺陷，即还本期法没有计算资金的时间价值。所谓现值，是将未来预期收益的货币额首先换算成今天的货币额，然后再与投资额相比较。净现值法的计算公式为：

$$NPV = \frac{\sum C_t}{(1+K)^t} - C \qquad (10\text{-}2)$$

式中：NPV为净现值；C为项目投资额；C_t为投资项目在未来t年内的现金收入；K为资金成本率。

资金成本率是指使用资金的代价。当旅游企业投资资金来源于银行贷款时，资金成本率为银行利息率；当资金来源于旅游企业自己的积累时，资金成本率为资金的机会成本；当资金来源于多种渠道时，则为各种渠道资金成本率的加权平均。

以前面还本期法的三个方案为例，假定资金成本率为10%，则：

方案Ⅰ的净现值（NPV）$=30\div(1+10\%)+35\div(1+10\%)^2+35\div(1+10\%)^3+35\div(1+10\%)^4+35\div(1+10\%)^5+35\div(1+10\%)^6-170$

$=148-170$

$=-22$（万元）

方案Ⅱ的净现值（NPV）$=40\div(1+10\%)+45\div(1+10\%)^2+55\div(1+10\%)^3+55\div(1+10\%)^4+60\div(1+10\%)^5+60\div(1+10\%)^6-200$

$=223.73-200$

$=23.73$（万元）

方案Ⅲ的净现值（NPV）$=80\div(1+10\%)+80\div(1+10\%)^2+80\div(1+10\%)^3+70\div(1+10\%)^4+50\div(1+10\%)^5+50\div(1+10\%)^6-240$

$=306.26-240$

$=66.26$（万元）

从对以上三个方案的比较中可以看出，在计算6年的预期收益时，如果加上资金成本率因素，计算出来的净现值中，方案Ⅰ中为负值，故不可取，应拒绝采用。方案Ⅱ与方案Ⅲ的净现值均大于0，都可以接受，其中以方案Ⅲ为最优。但是在使用净现值方法进行决策时，还应当注意，虽然此种方法考虑了资金的时间价值，但是并没有考虑单位资金的投资效益，这样容易促使决策者倾向于采用投资大，盈利多的方案，而忽视盈利总额较小，但投资更少，经济效益更好的方案。另外，在计算预期收益的时间上，若把预期所有年限的收益都计算在内，可以从总净现值中进行判断；若预期所有年限的收益没有全部列出，仍然存在着没有考虑到未来收益大小的差异。从上例中，我们可看出，如果仅仅计算6年预期收益，方案Ⅱ与方案Ⅲ相比，方案Ⅲ是最好的。若将预期收益年限延长，则可能得出与此相反的结果。

3）内部投资回收率法

内部投资回收率又称为内部投资利润率，是指投资方案的未来预测净收益与投资额之差等于零时的利息率或贴现率。这里的利息率或贴现率又称为内部利息率或内部投资的效率。其计算公式为：

$$\frac{\sum C_t}{(1+R)^t} - C=0 \tag{10-3}$$

式中：C_t为投资项目在未来t年的净现值收益总和；C为项目投资额；R为按投资项目数值计算的内部投资回收率。

此公式中，C_t、C都是已知数，R是需要求出的未知数。计算出的R值与市场利率相比较，当R值高出市场利率即市场资金成本率时，说明此方案可取，否则不可取。

内部投资回收率法在投资决策中的优点是：它为旅游企业主管部门衡量企业投资的经济效果提供了一个本行业内部统一的衡量标准，对加强行业投资管理具有重要的现实意义。同时，对于投资者来说，在决定贷款利率取舍时，其具有明确的直观意义。因为投资者可以直接用内部投资回收率与贷款利率相比较，当内部投资回收率高于贷款利率时，说明企业有盈利，该方案可行。但此种方法的不足之处在于内部投资回收率是一个相对值，容易使投资额大、内部投资回收率较低、收益总额却很大的方案遭到否定。

4）利润指数法

利润指数法是指用单位投资所获得的净现金收益来衡量投资方案经济效果的方法。其计算公式为：

$$PI=\left[\frac{\sum C_t}{(1+K)^t}\right] \div C \tag{10-4}$$

式中：PI为利润指数；C_t为投资项目在未来t年内净现值收益总和；K为资金成本率；C为投资总额。

此公式的实质是用未来t年内的利润总额的现值与投资总额相比较。若PI>1，则说明投资方案将有盈利，方案可以接受。若PI<1，则会发生亏损，此方案应放弃。

利润指数法的优缺点，正好与净现值法相反。其优点是从质的方面反映投资效果，即反映投入的资金获得利润率的能力，其缺点是没有反映其量的方面，即投入的资金所获得利润总额的能力。

上述四种投资决策方法各有利弊。在进行旅游投资决策时，为了使投资方案的经济效果评价更加全面，可以用几种不同的方法进行计算，并相互比较，这样会使我们的决策更加科学、合理。

10.3.3 旅游项目投资风险

我们在项目投资之前，尽管做了可行性研究，并对各种方案进行了比较分析，最后才做出决策，但由于事物发展的可变因素十分繁杂，我们不可能让未来按照我们的意愿指向完全一致地发展。因此，任何旅游项目的投资决策，都将存在一定的风险。投资风险是客观存在的。但是在决策之前，应力图把可能发生的风险给予全面、充分的分析，并有针对性地采用必要的防范措施，尽一切努力去化解、转移风险，或使风险降低到最小。

旅游投资风险来自各个方面，我们要具体分析各种风险，就要从项目投资的风险分类中加以分析。

1）依照项目风险的阶段性划分

依照项目发展的时间顺序，其风险可以划分为三个阶段，即项目开发阶段风险、项目试生产阶段风险、项目生产经营阶段风险。在每个阶段里，项目的风险都有不同的特点。

（1）项目开发阶段风险。

项目在正式建设之前，都会有一个较长的预开发阶段，包括项目的规划、可行性研究工程设计，对某些项目还需要进行地质勘察等一系列工作。在这一时期，项目带有许多未知的和不确定的因素，这时也已经发生一些费用，但这些费用不应包括在投资项目的风险之中。

项目开发阶段的风险，是从项目正式动工建设开始计算的。项目动工建设后，大量的资金不断投入到项目之中。但是在项目建设过程中，不可控或不可预见的因素随时可能发生：一是可能出现工程预算超支，使建设成本增加；二是工程不能按期完成，这就势必影响生产经营的按期投入使用。对于某些投资项目，可以利用不同的工程合同，影响或转移项目建设期的风险。这类合同有两种极端形式：一种极端形式是固定价格、固定工期的“交钥匙”合同。在“交钥匙”合同中，项目建设的控制权和建设期风险全部由工程公司承担，投资者本身将风险转移给了工程公司。另一种极端形式是投资者“实报实销”合同。在“实报实销”合同中，项目建设期风险及项目控制权全部落在项目投资者身上。除此之外，还有多种中间类型的合同，通过各种合同的签订，部分或全部地转移投资者在项目建设期的风险。

（2）项目试生产阶段的风险。

投资项目建成投产后，如果项目不能按照原定的计划生产出符合质量标准的产品，或是生产出的产品，其成本远远高于原定计划，该项目很有可能没有足够的现金流量支付生产费用和偿还贷款。如果该项目试生产阶段不能达到预期目的和标准，则不能投入正式生产。如果没有达到预期标准，就仓促投入生产，会给企业带来更大的风险。

（3）项目生产经营阶段风险。

一旦项目生产达到了预期的具体指标，项目的生产经营活动就开始了。如果项目可行性研究报告中的假设条件符合实际情况，项目应该有足够的现金流量支付生产经营费用，按期偿还债务，并为投资者提供理想的收益。但是生产经营阶段的风险又会来自市场等各种外部因素。

2）依照项目的表现形式划分

依照项目风险在各个阶段的表现形式，可以将风险划分为完全风险、生产风险、市场风险、金融风险、政治风险、环境保护风险等。

（1）项目完全风险。

项目的完全风险存在于项目建设阶段和试生产阶段。其主要表现形式为：项目建设工期延长、项目建设成本超支以及项目迟迟达不到设计规定的技术经济指标等。在极端的情况下，由于技术和其他方面的问题，可能使项目完全停工甚至放弃。

（2）项目生产风险。

项目的生产风险是项目在试生产阶段和生产运行阶段存在的技术、能源和原材料供应、生产经营、劳动力状况等风险因素的总称。项目生产风险，直接关系着项目能否按照预定的计划正常运转，是否具有足够的现金流量支付生产费用和偿还债务，是否能获得预期的收益等。

（3）项目市场风险。

项目的市场风险主要是指项目的产品在市场中的风险，它包括产品销售量和价格两个要素，被称为双重风险。任何旅游产品的生产，都必须保证产品能够销售出去，产品若没有销路，等于置项目于死地。同时，一定的市场销售量还与市场价格水平直接相关，如果市场销售量增加的幅度小于价格降低的幅度，企业的效益不仅不会增加，反而会减少。因此，市场实现的价格水平能否与预期的价格水平相符合，市场销售量能否达到原设计的标准，是项目市场风险的核心。

（4）项目金融风险。

旅游投资项目的金融风险来自市场利率风险和汇率风险两个主要方面。市场利率提高，将增加投资项目的融资成本和生产经营成本，降低项目的盈利水平。汇率的变化也直接影响到项目的创汇水平，如果本国货币升值，便会加大外国游客的旅游支出，从而减少外国游客的数量，当货币升值幅度与外国客源量变动幅度不能同步时，便会直接影响旅游的创汇收入。

（5）项目政治风险。

旅游项目的政治风险，一方面表现为国家风险，即一国政府由于某种政治原因或外交政策的原因，对某些国家或地区的旅游者提高进入的门槛或实行拒绝签证等，都将影响旅游者的数量。另一方面表现为国家政策法律稳定性风险。如国家在一定时期基于政治稳定和精神文明建设等需要，关停一部分旅游娱乐项目，或是对某些旅游项目纳税的税率、税种进行调整等，这些都会使项目的投资风险发生变化。

（6）项目环境风险。

随着社会的发展，人们开始普遍关注人类生存的环境问题。关于一些建设项目在“三废”排放标准、废物处理、噪声、能源使用效率、自然植被等有关环境保护方面的立法在世界大多数国家变得越来越严格。毫无疑问，从长远看，这些立法将有助于自然环境和人类生活环境的改善。然而在短期内，作为项目投资者有可能因为严格的环境保护立法被迫降低项目生产效率，增加项目生产成本，甚至增加新的资产投入以改善项目的生产环境等，这些都是旅游项目的环境风险。

【同步思考 10-4】

问题：旅游项目为何会存在政治风险？

理解要点：因为在发展旅游的过程中必须坚持精神文明与物质文明建设统一的原则，所以一些不符合社会主义精神文明建设的项目是不允许经营的。

学习微平台

延伸阅读
10-2

【教学互动 10-1】

互动问题：我国旅游企业在国外进行旅游投资时，应当考察哪些方面的内容？

要求：同“教学互动2-1”的“要求”。

■ 本章概要

□ 内容提要

旅游业的发展，依赖于旅游投入的不断增加，它是一个国家和地区旅游经济发展的不可缺少的物质条件。旅游投资主要表现为旅游项目的投资。旅游项目投资的分类研究一方面便于旅游投资主体对投资项目的确定，另一方面便于国家对投资项目的有效管理。旅游建设投资的关键是投资项目资金的筹措。资金筹措的主要方式有运用财政手段筹集旅游投资资金，运用信用手段筹集旅游投资资金，运用引进外资方式筹集旅游投资资金，运用社会集资方式筹集旅游投资资金等。随着市场经济的不断发展，新的筹资方式还将会不断地出现。

一个成功的旅游投资项目首先在于项目投资前的可行性研究是否全面、科学。旅游投资项目的可行性研究包括的内容主要有市场需求预测及拟建规模，市场区域特点和选址方案，项目工程方案，项目的政策环境，劳动力需求和供应，原材料、燃料、动力供应，投资额及资金筹措，综合效益评价等。旅游投资项目可行性研究的种类主要有投资机会研究、初步可行性研究、最终可行性研究。

旅游项目投资决策的方法很多，本章中主要介绍了确定型决策、非确定型决策和风险型决策。任何投资项目都会有一定的风险。旅游投资风险可以按项目风险的阶段性划分为项目开发阶段风险、试生产阶段风险和生产经营阶段风险；也可以按项目风险的表现形式划分为完全风险、生产风险、市场风险、金融风险、政治风险、环境风险等。

□ 主要概念和观念

▲主要概念

旅游投资　新建旅游项目　改建旅游项目　扩建旅游项目　恢复建设旅游项目　项目融资　可行性研究　确定型决策　非确定型决策

▲主要观念

旅游项目投资决策　旅游投资项目的经济评价

□ 重点实务

旅游项目投资决策方法　旅游投资项目的经济评价方法

■ 基本训练

□ 知识训练

▲复习题

1）旅游项目的筹资方式主要有哪些？

2）旅游建设项目可行性研究的三个阶段的主要内容是什么？

3）旅游项目投资决策方案可分为几种类型？

4）旅游投资项目的经济评价方法有哪些？

▲选择题

（1）旅游投资项目可行性研究可分为（　　）阶段。

A.投资机会研究　　B.初步可行性研究

C.最终可行性研究　　D.市场可行性研究

（2）旅游投资项目最终可行性研究又可称为（　　）。

A.投资机会研究　　B.详细可行性研究

C.经济技术可行性研究　　D.市场可行性研究

（3）对拟建项目的各种数据和条件都是已知的，根据这些已知数据和条件，做出明确的方案选择，一般称为（　　）决策。

A.非确定型　　B.确定型　　C.小中取大法　　D.风险型

▲判断题

（1）旅游项目融资是一种崭新的筹资方式。这种融资是以投资企业自身的资信能力为保证的。（　　）

（2）旅游投资项目的风险就是来自于旅游市场的风险。（　　）

（3）旅游项目投资可行性研究就是项目在经济上是否合理的分析。（　　）

▲讨论题

企业投资一个旅游项目的风险可能来自哪些方面？

▲计算题

1）某企业投资一个旅游娱乐项目，投资额为210万元，预期年均净收入为30万元，请计算该项目的还本期是多少年。

2）某旅游项目投资额为100万元，预计该项目在未来3年内的收入为：第一年10万元，第二年20万元，第三年40万元，资金成本率为6%，试计算该投资项目三年后的净现值。

□ 能力训练

▲理解与评价

有人认为：“旅游核心项目的投资风险要小于一般产业项目的投资风险”，你对此有何理解与评价？

▲案例分析

大型旅游综合体项目成为我国旅游投资新亮点

背景与情境：旅游综合体是近几年旅游产业发展中出现的一个新业态，是以一定的旅游资源和土地资源为基础，将旅游功能、文化功能、体育功能、商务功能、社区功能等进行有机结合的旅游产业聚集区。全国旅游项目管理系统统计显示，目前全国在建的旅游综合体项目2 027个，占全部在建旅游项目数量的19.2%；预计总投资52 235.7亿元，已完成投资12 253.2亿元，占全部旅游投资的38.8 %。其中，投资额在100亿元以上的大型旅游综合体项目131个，已完成投资3 529.3亿元；投资额在200亿元以上的大型旅游综合体项目45个，已完成投资1 492.6亿元。

全国大型旅游综合体项目的开发建设呈现以下四大特点：一是综合。以旅游休闲为导向，集餐饮、住宿、健身和娱乐等多种功能为一体的综合体，如华侨城、万达乐园、华南城、乐多港等旅游综合体已经成为地方旅游消费活跃程度的“风向标”和“晴雨表”。二是多样。旅游综合体项目类型多样，充分体现了“旅游+”的开放性和包容性，以旅游为核心形成了文化、生态、健康、乡村、商务等诸多业态的有机整合。三是集聚。如总投资63亿元的唐山湾环渤海旅游度假娱乐综合体项目，建有自驾车与房车宿营地、儿童梦幻欢乐堡、奥特莱斯购物小镇、免税购物中心、集装箱海鲜市场、滨海企业公馆、旅游岛温泉会馆和具备全季节戏水、水上娱乐等功能的大型室内海水浴场、度假公寓等项目。四是创意。如总投资20亿元的华谊兄弟电影世界旅游综合体项目，是全国第一座以电影IP引擎为主轴的主题游乐园，创新设立了包含影视表演、电影实景娱乐、原创电影文化展示等内容。

资料来源 国家旅游局规划财务司．大型旅游综合体项目成为我国旅游投资新亮点［EB/OL］．［2016-11-02］．http：//www.cnta.gov.cn/xxfb/jdxwnew2/201611/t20161102_788123.shtml.

问题：为何大型旅游综合体项目会成为今天旅游投资的热点。你认为在“热”的背后还应当注意些什么？

分析要求：同第1章本题型的“分析要求”。

▲实训操练

实训项目：“旅游项目投资决策方法”知识应用

实训要求：制定一个旅游投资项目，应用本章“旅游项目投资决策方法”知识，进行该项目的投资决策。

实训步骤：

1）将班级学生分成若干训练小组，通过网上调研，分别为本地确定一个旅游投资项目。

2）各组应用本章“旅游项目投资决策方法”知识，进行该项目的投资决策，重点是确定项目主体、资金筹措方式、市场前景和进行风险评估。

3）各组研究讨论该项目投资决策的相关问题，制订《××项目投资决策方案》。

4）在班级里，讨论、交流和修订各组的《××项目投资决策方案》。

5）各组在此基础上撰写《“‘旅游项目投资决策方法’知识应用”实训报告》，并将《××项目投资决策方案》作为《“‘旅游项目投资决策方法’知识应用”实训报告》的“附件”。

6）在校园网的本课程教学平台上展示各组的实训报告。

□ 课程思政

“水泥航母”给人造景点敲响警钟

背景与情境：近日，山东省滨州市斥资1.2亿元建成的“水泥航母”，因经营不善变成“水泥疙瘩”，成为舆论关注的焦点，许多人认为当初建设“水泥航母”时缺乏规划、过于盲目。对此，有关部门表示，“中海航母”只是招商不顺利，并非半途而废。

投资1.2亿元建成的“中海航母”，没有如预期那样成为火爆的旅游景点，给当地带来可观的经济效益，相反成了一堆“水泥疙瘩”，撂荒四五年无人问津，谁看着都会感到心疼。尽管当地官方回应称，将全力推进招商开发，尽快盘活利用好这一项目，但“水泥航母”何时能够“出海远航”，恐怕地方官员自己心里都没个底。

尽管当地有关部门否认半途而废，而只是招商不顺，已成“烂尾工程”却是个不争的事实，面对这样一堆寂寞的“水泥疙瘩”，值得检讨和反思的地方很多，拍脑门决策、有关部门直接插手项目运作经营等，无疑都是造就其“前世今生”的重要诱因，它更给各地的造景热泼出一盆冷水，敲响一记警钟。

这艘2005年建成的“中海航母”，长260米、宽56米，建筑高度31米，外形几乎是按照1∶1的比例模仿美国“企业号”航空母舰建造的。为什么这么宏大的“航母”没了对游人的磁性诱惑？为什么这么多年的招商努力总不顺意？为什么这样一个不无创意的人造景点热闹一阵子便偃旗息鼓？显然，其中一个很关键的因素，就是市场定位和投入产出的误判，不切实际地估计了现实的和潜在的市场需求，以为弄一个人造景观，旅游蛋糕便可以唾手可得。

资料来源　范子军．“水泥航母”给人造景点敲响警钟［EB/OL］．［2013-08-08］．http：// www.shangdu.com.

问题：

1）“水泥航母”变成“水泥疙瘩”的投资项目的失误，与政府斥资，直接参与项目运作，搞政绩工程是否相关？

2）试从价值观和民族文化的视角剖析本案例中的政府相关部门的决策行为。

要求：同第2章本题型的“研判要求”。

第11章 旅游经济发展战略与发展模式

◆ 学习目标

通过本章学习，应该达到以下目标：

职业知识：学习和把握旅游经济发展战略的含义、主要内容和基本原则，我国旅游经济发展战略体系，旅游经济发展模式的主要类型及我国旅游经济发展模式等理论与实务知识；能用其指导或规范本章认知活动和技能活动，正确解答“基本训练”中“知识训练”各题型的相关问题。

职业能力：点评“目前我国旅游产业已经成为战略性支柱产业”观点，训练专业理解力与评价力；运用本章理论与实务知识研究相关案例，培养在“旅游经济发展战略与发展模式”情境中的多元表征能力；通过搜集、整理与综合近三年“旅游发展模式”的文献资料，撰写、讨论与交流《“旅游发展模式”最新文献综述》，培养关于“旅游经济发展战略与发展模式”的“自主学习”通用能力。

课程思政：结合本章教学内容，依照相关规范或要求，对章后“我国‘十四五’时期旅游业面临的发展机遇和挑战”案例进行思政研判，坚定“四个自信”。

【引例】

作为战略产业的旅游业

背景与情境：国务院将旅游业定位为战略产业，表明大力发展旅游业，已经成为国家战略。作为战略产业，应具备至少两个层面的含义：一是应当具有庞大的产业规模，对经济社会能够产生重要的影响；二是应当具有特殊的产业功能，对经济社会发展具有深远意义。改革开放30多年来，旅游业发展的客观实践与现实基础表明，旅游业已经完全具备了这两个条件，大力发展旅游业，正当其时。

资料来源　佚名．从新的高度认识战略地位——论学习贯彻《国务院关于加快发展旅游业的意见》[N]．中国旅游报，2009-12-16.

11.1　旅游经济发展战略

11.1.1　旅游经济发展战略的含义

旅游经济发展战略是指一个国家或地区在一个较长时期内关于旅游经济发展的全局性的筹划和部署。旅游经济发展战略就其内容而言，主要包括以下几方面：

1）旅游经济发展战略研究的首要内容

对发展一个国家或地区旅游经济的指导思想以及资源、环境等条件的分析，是旅游经济发展战略研究的首要内容。旅游经济发展战略的制定，必须在一定的指导思想下进行，没有明确的指导思想，便不可能制定出正确的旅游发展战略。正确的思想来源于对客观环境条件的正确分析和判断，旅游经济发展战略总是指一定的社会历史条件下的旅游经济发展战略，离开具体的社会条件，就不能客观、正确地反映现实，任何旅游经济发展战略都将是空中楼阁，在实践中无法贯彻和实施。

2）旅游经济发展的阶段性和各阶段实现的基本目标

战略目标是发展战略的核心。战略目标的制定，是按照现实和未来的需要，提出在未来的一定时期内必须达到的基本目的和标准，它在发展战略中起着导向的作用。旅游经济发展战略是指较长时期内旅游经济发展的总体设计。在一定时期内，一般都要分成几个阶段，每一阶段都要确立实现的基本目标。因此，发展战略目标都是由各个阶段的具体目标所构成的，没有阶段性目标的实现便不可能有总体战略目标的落实。可以说没有无目标的发展战略，也没有无阶段性目标的战略目标。选择和制定正确的战略目标是制定正确的旅游经济发展战略的前提条件和基本保证。

3）保证基本目标实现的基本对策

有了正确的战略目标，就要采取一定的对策保证目标的实现。实现战略目标，是一项艰巨的任务，在实施过程中，每一阶段、每一步骤都必须有完成其目标所采取的相应的基本对策。在实施旅游发展战略目标时所采取的基本对策通常包括国家经济的体制改革、经济结构调整、经济政策趋向以及经济宏观调控等方面的对策。

4）具体实施的步骤安排

为保证旅游经济发展战略目标的实现，还必须分阶段地开展工作。每一阶段中应当采取哪些对策和措施，达到什么样的目标，都要在旅游经济发展战略中进行规划，这有利于旅游经济发展战略的具体实施和任务的实现。

旅游经济发展战略的实质，是对一个国家或地区旅游经济发展的总体方向和实现途径进行预先的设定，直接反映了该国或该地区发展旅游经济的基本态度、要求和愿望。随着现代经济活动的蓬勃发展，人们对旅游业在社会经济运行中内在规律性的认识不断深化，各国或各地区深切地认识到制定本国或本地区旅游经济发展战略的必要性，并把旅游经济发展战略纳入社会经济发展总体战略中，成为社会经济发展战略的组成部分。

【同步思考 11-1】

问题：旅游经济发展战略与战术的主要区别是什么？

理解要点：战略主要侧重于全局性、长期性的发展谋略层面，而战术主要侧重于当前具体的可操作性的层面。

11.1.2 制定旅游经济发展战略的基本原则

一个国家或地区旅游经济发展战略的制定，不是单凭人们的主观意志凭空想象出来的，必须依据以下基本原则来制定。

1）从基本国情出发的原则

实事求是，从实际出发，是一切战略、方针、政策制定的出发点，也是保证一切战略、方针、政策可行的前提条件。旅游发展战略的制定，也必须采取实事求是的态度，从本国的基本国情出发，不能偏离本国的实际情况和条件，搞所谓的“假、大、空”。就旅游经济的发展而言、基本国情主要包括两大方面：一是所在国目前社会经济的现状以及未来发展趋势，即本国国民经济发展的整体水平、经济结构状态、资源条件、基本社会状况、国家政策、人口数量以及人民生活水平状况等；二是有关旅游经济发展的各种条件和环境因素，主要包括目前该国旅游经济发展所处的阶段，旅游资源的数量、质量、分布状况，国际、国内的旅游区位状况，旅游交通运输能力和分布情况，现有的旅游设施情况，人力资源情况，市场竞争状况以及社会文化背景条件等。在制定旅游发展战略之前，必须对上述情况进行客观的调查，摸清家底，并在此基础上进行科学的分析、研究和评价，对发展趋势做出合理的预测。只有这样，才能把握本国或本地区旅游经济发展的优势和劣势，根据旅游经济发展的客观规律和本国本地区的现实需要，提出可行的奋斗目标，制定正确的发展对策。

2）服从国民经济发展战略的原则

旅游经济发展战略是一个国家或地区经济发展战略的子系统。旅游经济发展战略必须服从国民经济发展总体战略的要求。我国改革开放以后，逐步形成了明确的经济发展长远构想，提出了我国经济发展分三步走的战略目标。第一步，1990年实现国民生产总值比1980年翻一番，基本解决人民群众的温饱问题；第二步，到20世纪末实现国民生产总值比1980年翻两番（由于这一目标已经提前实现，“九五”计划将这一目标调整为人均国民生产总值比1980年翻两番），人民生活达到小康水平；第三步，到21世纪中叶达到世界中等发达国家的发展水平，基本实现现代化。这一总体战略目标的设计本身就是基于我国经济基础薄弱、人口众多、资源相对匮乏的基本国情而制定的。旅游经济发展战略的制定不能脱离国民经济这一总体战略目标而单兵独进。如果在制定旅游经济发展战略时忽视这一点，没有与国民经济发展战略的基本要求相一致，在具体贯彻实施中就可能遇到国家政策、资源配置方面的限制，或者由于缺乏相关产业的有效支持而无法顺利发展，或者无法充分利用国民经济发展提供的各种有利条件，失去有利发展时机，最终导致旅游发展战略在实施中落空。

3）稳定性与灵活性相结合的原则

经济发展战略，具有全局性、长期性、未来性和方向性的特点。因此，旅游经济发展战略的制定，必须坚持稳定性和灵活性相结合的原则。所谓稳定性，就是要在周密调查研究的基础上，提出切合实际的、能经得起时间检验的战略目标和实施对策，防止在施行过程中出现朝令夕改、频繁调整、使战略目标形同虚设的情况。所谓灵活性，是指不论目标的制定还是对策的确定都要留有充足的余地，以便在未来出现预见不到的变化时进行必要的局部调整和修改。旅游经济发展战略的全局性和方向性的特点，要求发展战略必须具有稳定性。没有稳定性，旅游经济发展战略就起不到应有的向导作用和激励作用。旅游经济发展战略的长期性和未来性的特点，要求发展战略必须具有一定的灵活性。发展是未来的发展，是人们事先设计的在较长时期内的发展，由于人们对未来认识的局限性和社会发展过程中存在诸多不可确定的因素，必然使战略目标的确定和对策的选择与实践的发展存在着某些差距或缺陷。随着时间的推移和经济形势的发展变化，局部的调整和修改是不可避免的，也是必要的。因此，稳定性和灵活性之间是相互依存、相得益彰的辩证关系。在制定旅游经济发展战略时，遵循二者相结合的原则，就会既保证发展战略的长期向导和激励作用，逐步实现奋斗目标，又保证战略在实施过程中，针对出现的差距和问题能及时地修正和调整，使发展战略在实施过程中保持生命活力，最终实现奋斗目标。

11.1.3 我国旅游经济发展战略体系

我国经过多年的旅游发展实践，旅游业发展战略已经形成一个战略体系，这一战略体系可以概括为“四位一体”的发展战略。这一战略的实施，需要由政府主导型的旅游发展模式来保证。

所谓“四位”，是指该发展战略体系主要是由适度超前发展战略、经济新增长点战略、旅游强国战略、可持续发展战略四个方面构成。所谓“一体”，就是这四个战略集中为一体，构成一个战略体系，形成合力，以推动我国旅游业的发展。

1）适度超前发展战略

长期以来，我国旅游事业仅仅被看作一种接待性的政治工作，没有把旅游作为一种经济活动来对待。随着我国改革开放的深入，旅游经济活动在我国已被认同，并纳入到国民经济发展的计划之中，成为一个产业。1987年，面对我国旅游业蓬勃发展的局面，迫切需要开展对旅游经济发展战略问题的研究，以推动这一新兴产业长期地健康发展。鉴于此，在国务院主管领导的提议下，"中国旅游经济发展战略"课题被列为国家"七五"哲学社会科学重点课题。这是一项高层次、大规模的系统研究工作，经过课题组全体成员的共同努力，课题研究取得了丰硕的成果。如果把这项课题研究的核心成果概括为一句话，就是中国旅游业要实行适度超前的发展战略。

旅游业适度超前发展的基本含义包括两个方面。首先是"超前"，即旅游经济发展速度既要超过我国国内生产总值的增长速度，又要超过国际旅游业的平均增长速度，以体现一个新兴产业的内在生命力，达到一个外向型产业的国际化发展速度。其次是"适度"，这是由我国基本国情与旅游业的综合性和依托性较强的特点所决定的。由于旅游业涉及范围广泛，与其他产业相关性较强，其发展必然受到社会各个方面的主客观条件的制约，难以孤军快速奋进。因此，"超前"和"适度"二者之间是相辅相成的。"超前"和"适度"都是国民经济发展对旅游业的基本要求，都是从我国的基本国情出发的，或者说，"超前"是战略配置的需要，"适度"是策略配置的要求，战略与策略构成一个完整的体系。另外，在今后的长期发展过程中，对旅游业发展的具体把握上，还有一个动态协调的问题，既要坚持"超前"，又要把握"适度"。

具体说来，我国旅游业适度超前发展战略包括以下五个方面的内容：

（1）主要经济指标发展速度的超前。按照我国的长期经济发展目标，到20世纪末，我国国内生产总值将在1980年的基础上翻两番，后十年平均增长6%，工业年均增长9.8%，农业年均增长5.5%。按照旅游业适度超前发展战略，旅游业发展速度要快于国民经济发展速度和工农业的发展速度，到20世纪末，旅游业年均增长速度应在11.6%~13.3%之间，略高于国民经济和工业的发展速度。

（2）产业发展水平的超前。旅游业的管理水平、技术水平、服务质量、经济效益水平要超过国民经济的总体平均水平。到20世纪末，我国主要工业领域的技术水平将达到西方经济发达国家水平，服务质量及经济效益水平均要求达到当时的国际水平。中国将初步跻身于世界旅游发达国家的行列。

（3）人才培养的超前。旅游业是国际性的行业，也是一个特殊的产业，要达到国际标准，必须建立一支能熟练掌握现代化管理和操作技能，适应国际化大旅游的需要，政治业务素质都相当高的队伍。要建立这样一支队伍，人才培养必须超前。

（4）旅游业的适度超前发展。适度超前而不是盲目超前。适度的尺度在于，旅游业的发展速度高于国民经济及工农业的总体发展速度，但必须与密切相关的产业（如民航、铁路等产业）的发展保持基本协调，切不可不顾这些产业的发展情况而盲目超前。

（5）旅游业的适度超前是就全国总体在相当长一段时间而言的。一方面全国各地应根据各地旅游资源条件和环境条件区别对待，并不要求所有地区不顾自身条件一律超前；另一方面在实践上，并不是要求每一年度都超前，而是就一个相当长的时期而言的。因此，适度超前发展是有条件的，不是无条件的，并不排除某些地区或某些年份发展的滞后。对于那些旅游资源丰富、配套设施相对完备、可进入性强、商业价值高、投入产出比大、发展旅游比较利益显著的地区，应当做到适度超前发展。

2）经济新增长点战略

社会经济发展，就其产品而言，是一个不断推陈出新的过程；就其产业结构而言，是一个不断调整的过程，产业结构的变化是受不断变化的消费结构所制约的。由于社会不断发展，人们的消费观念不断更新，消费方式不断转变，消费结构处于不断的变动过程中，因此在经济发展过程中，经济增量的调整是解决经济结构优化的途径。大力开辟新的消费领域，寻求和培育新的经济增长点，不断增加新的产品，满足人们不断增长和变化的消费需求就成为宏观决策的重大问题。

近几年来，随着我国经济体制改革不断向纵深发展，传统经济体制下的深层次矛盾逐步地显现出来，各地区、各部门都在选择新的经济增长点，以求推动社会经济向前发展。在选择和确定新经济增长点时，一般要坚持以下原则：一是要符合经济增长方式转变的要求，要有利于经济增长由传统的粗放型向集约型转变；二是市场需求的潜力大，有利于增加有效供给；三是产业的关联度高，有利于带动相关产业的发展和经济结构的升级；四是国际竞争力强，有利于增加出口创汇；五是投入产出比大，投资效益好，有利于形成经济的良性循环。这五项原则也是新的经济增长点的基本特征。旅游业的发展，完全符合新的经济增长点的五个基本特征，因此，很多地区都把旅游业的发展作为本地区新的经济增长点。从全局来说，新的经济增长点战略自然成为旅游业发展战略体系的一个重要组成部分。

3）旅游强国战略

由于各国的经济历史状况不同以及旅游资源存在差异，世界各地旅游业的发展是很不平衡的。我国是一个具有悠久文化传统的文明古国，几千年的传统文化的积淀，使我们拥有得天独厚的旅游人文景观资源。960万平方公里的广袤土地，孕育了秀丽的山川原野，留下了丰富的旅游自然景观资源。但是由于我国的旅游业起步较晚，相当多的旅游资源还未被开发利用。40多年来的改革开放，使我国逐渐由一个旅游弱国发展成为一个旅游大国。2014年，我国全年接待入境旅游者1.28亿人次，旅游创汇1 053.8亿美元，国内旅游达36.11亿人次，旅游总收入达3.73万亿元人民币。这说明我国已经是世界上的旅游大国，但还远远不是一个旅游强国。因此，旅游强国战略，必然要成为我国旅游经济发展战略体系中的一个组成部分。为了增强我国在国际旅游市场上的竞争力，必须提高我们旅游发展的质量。质量是提高国际竞争力的核心，没有质量就没有竞争力。

旅游发展质量是一个综合性的概念，它所包含的内容相当广泛，概括起来主要有旅游产业结构完善化、宏观管理法律化、行业管理规范化、经济运行有序化、旅游消费普遍化、旅游产品系列化、旅游促销多样化、服务质量标准化、技术配备高度化、产业组织集团化等。我们只有把上述各个方面逐一加以解决，才能提高我国旅游发展的质量，才能最终提高我国旅游总体竞争力，使我国真正由一个旅游大国成为一个旅游强国。

4）旅游可持续发展战略

人类社会在长期发展过程中，尤其是进入后工业化阶段后，由于对自然资源和环境采取了掠夺性的消费，使得社会的环境日益恶化，资源逐渐匮乏。因此，摆在人类面前的首要问题，就是人类怎样保证社会可持续发展问题。目前，可持续发展战略已成为世界性和世纪性的话题，引起了世界各国政府和人们的广泛关注和普遍重视。旅游可持续发展战略自然成为旅游经济发展战略的组成部分。

可持续发展是一个内涵丰富、外延含糊，又被广泛使用的时髦概念。1980年联合国呼吁，必须研究自然、社会、生态、经济以及利用自然资源过程中的基本关系，确保全球持续发展。各国学者给出了可持续发展的不同定义。从代际关系上看，可持续发展是既满足当代人的需要又不对后代人满足其自身需求的能力构成危害的发展。这一定义含有三个要点：一是要满足当代人的需求，即无论富国、贫国，还是富人、穷人，都有生存和发展的权利；二是要考虑后代人的满足，即达到各时代之间的公平；三是要考虑环境和资源的承受程度。换句话说，就是要达到天人之间关系长远协调，而不是“吃祖宗饭，造子孙孽”。

可持续发展并不是一个简单的环境保护问题，而是从人类的总体社会生活和长远发展的各个方面提出的。从总体来说，可持续发展要达到人口、环境、资源、技术、制度五个方面的协调统一。从经济层面来说，不仅要重视数量增长，更要追求改进质量、提高效益、节约资源；从生态层面来说，要以保护自然为基础，与环境和资源的承受能力相协调；从社会层面来说，要与社会进步相适应，以提高人们的生活质量为目的。现在，不论是发达国家，还是发展中国家，都把可持续发展作为国家宏观战略的重要选择，这是人类在付出惨重代价之后痛定思痛的结果，是超越国家、社会制度和意识形态的共同选择。人类只有一个地球，这个脆弱的星球需要人类理性来支撑。因此，可持续发展战略不仅仅是一个国家的国策，而是全人类的“球策”，应当是人类的共同选择。社会各行各业的发展也都要服从可持续发展战略。在1992年联合国环境与发展会议上形成的《21世纪议程》的开篇中就提出，把环境和发展问题综合处理，并提高对这些问题的注意，将会带来满足基本需要，提高所有人的生活水平，改进对生态系统的保护和管理，创造更安全、更繁荣的未来的结果。可持续发展的战略目标，不是一个国家能单独实现的目标，需要我们共同努力，建立促进可持续发展战略的全球伙伴关系，只要这样做了，这个目标是可以实现的。总之，可持续发展战略是人类社会的一种长期发展战略，是人类与自然界的一种协调关系。可持续发展战略的实施，需要兼顾社会各阶层、各集团的偏好和利益，必须对各阶层和各集团间的利益进行总体上的协调。总之，可持续发展是一种天人合一的境界，是代际兼顾的发展状态。

1989年4月，在荷兰海牙召开了“各国议会旅游大会”，从议会的角度提出了对旅游发展的认识。在这次会议上，第一次明确地提出了旅游可持续发展的思想。旅游与可持续发展有着一种天然的耦合关系，在可持续发展战略中占有重要的地位。

（1）旅游与环境之间存在着不可分割的关系。旅游活动的开展要以优良的环境为条件。有了优良的旅游环境才能增强旅游的吸引力，旅游业的发展必然要求对环境进行严格保护和改善，二者成正相关关系。如果我们不能保护旅游环境，旅游业的发展必将受到影响和破坏。

（2）从代价的角度看，旅游业的发展，不会像工业化生产那样可能给环境造成毁灭性结果。它与多数行业相比，不仅环境代价小，同时所耗费的资源也较少，是具有环境代价相对较小的可持续发展的优势产业。

（3）旅游活动与人的活动质量直接相关，追求生活质量，是人类共同的意愿。旅游活动是人类生活中较高层次的活动，是物质消费与文化消费的统一。旅游已成为体现当代社会人类生活质量的重要因素，是人们生活质量提高的重要内容。可见，旅游可持续发展战略的实施也正是人类发展的目的所在。

当然，人类如果无控制、无计划地发展旅游，也会给自然环境和社会环境带来一定的负面作用。例如，某些地方急功近利，对旅游资源盲目开发、掠夺性地利用等，也会使生态环境遭到破坏，造成对环境的污染，同时还可能引起旅游者与当地居民之间社会、经济和文化方面的消极摩擦等。正因为如此，旅游可持续发展战略的选择，要求各国政府在发展旅游时，要克服和防范发展旅游经济可能带来的负面影响，发挥旅游在社会可持续发展中的积极作用，使旅游业真正成为“永不衰竭”的朝阳产业。

上述四个旅游经济发展战略构成了一个综合的、协调的旅游经济发展战略的体系，我们称其为一体化战略体系。在旅游发展的一体化战略体系中，适度超前发展战略是明确了在今后的国民经济发展中旅游产业发展的地位；经济新增长点战略的实质是行业规模的扩大与作用的增强；旅游强国战略的实质是旅游发展质量的提高与竞争力的增强；可持续发展战略的实质是经济效益、社会效益和环境效益的统一。

实践证明，我国旅游业发展战略的确定是符合我国国情的，是正确的。经过40多年来的有效实施，我国旅游业发展取得了举世瞩目的骄人业绩，旅游产业规模不断壮大，产业形象日益明显，已成为国民经济中发展速度最快的行业之一。2009年，在国际金融危机的背景下，我国旅游业仍保持较快地增长，旅游业总收入1.29万亿元人民币，其中国内旅游收入1.01万亿元人民币，国内旅游已成为我国旅游业发展的主要力量。旅游消费约占居民消费总支出的9%，我国旅游业增加值已占到GDP的4%以上。同年年底，国务院颁发了《关于加快旅游产业发展的意见》，文件中第一次提出要把我国的旅游产业培育成为战略性支柱产业，这是一个具有里程碑意义的文件。2011年，国务院批准了每年的5月19日为“中国旅游日”；同年，党中央、国务院批准下发了指导未来五年红色旅游发展的纲领性文件——《2011—2015年全国红色旅游发展规划纲要》；2013年2月18日经国务院批准，国务院办公厅正式向社会发布了《国民旅游休闲纲要（2013—2020年）》，纲要明确提出了国民旅游休闲的发展目标，标志着我国即将进入休闲时代；2013年4月25日第十二届全国人民代表大会常务委员会第二次会议通过了我国的第一部《中华人民共和国旅游法》。为适应社会发展的需要，2018年我国进行了政府机构改革，将原来的文化部与国家旅游局合并后成立文化和旅游部，为我国旅游和文化融合发展提供了组织保障，进一步激发了文化和旅游消费潜力与产业发展动力。2021年制定了《“十四五”旅游业发展规划》，在国家一系列重大战略性举措的坚实支撑和保障下，我国旅游业已进入了“大众化、产业化”发展的黄金期。

把我国旅游业打造成战略性支柱产业仍然任重道远。国际上一般认为，一个产业的增加值占到GDP的5%以上，就是支柱产业，占到8%以上就是战略性支柱产业。按此标准，目前我国的旅游业还没有成为真正意义上的支柱性产业，更没有成为战略性支柱产业，我们仍需坚持“四位一体”的旅游发展战略体系，需要业界同仁的艰苦努力，并与社会各业通力合作。

2007年，在中国共产党第十七次全国代表大会上，将经济、政治、文化、社会建设“四位一体”的中国特色社会主义事业总体布局写入党的章程。五年后的2012年，中国共产党第十八次全国代表大会上首次提出了我国社会发展要全面落实经济建设、政治建设、文化建设、社会建设、生态文明建设的“五位一体”的新布局。从“四位一体”上升到“五位一体”，丰富了科学发展观的深刻内涵，进一步拓展了中国特色社会主义事业的发展领域和范围。把加快生态文明建设，作为中国特色社会主义事业总体布局的内容，标志着我国对经济社会可持续发展规律、自然资源永续利用规律和生态环保规律的认识进入了新的境界。

“五位一体”的总体布局是中华民族未来发展的总体战略，与旅游结合是旅游发展的新天地。我国旅游业必须在“五位一体”新布局的指导下，谋求旅游产业的新发展。

【同步资料11-1】

“五位一体”与旅游结合是旅游发展的新天地

党的十八大首次提出了我国社会发展要全面落实经济建设、政治建设、文化建设、社会建设、生态文明建设的“五位一体”的新布局。而旅游业必须在“五位一体”新布局的指导下，谋求产业的新发展。

一是旅游与经济建设的关系。在产业结构调整中，旅游会发挥重要作用，也是各地重视旅游的出发点之一。旅游消耗资源少，利用面大，适应中国国情。旅游需求饱满，收入倍增，市场前景乐观。

二是旅游与政治建设的关系。旅游是超越政治的，但是旅游会对政治建设产生良性推动作用。无论在国际、国内，大规模的旅游者流动都产生了多种效应：一是开阔了眼界，二是产生了比较，三是交流了信息，四是形成了交换，五是融洽了感情。旅游发展也具有独特的政治效应，国际上旅游是外交工具和经贸工具，国内旅游发展提升了地方影响，形成了上升通道。

三是旅游与文化建设的关系。文化是旅游之魂，没有文化的旅游是“灵魂出窍”；旅游是文化之基，没有旅游的文化是“魂不附体”。文化是旅游的资源，旅游是文化的深化，因此会大大促进文化的发展与保护。传统文化与现代文化在旅游平台上融合，在旅游市场中表达，在旅游发展中进步。还有一个是文化交流，就是外来旅游者带来外面的文化，更重要的是把当地文化带出去，形成文化扩散。这种扩散不是简单扩散，而是综合扩散，至少能够增加当地人民对自身文化的热爱，形成文化的自尊自信，这种文化的自尊自信也可以转化成热爱，而恰恰由于自尊自信使我们的文化传统保留和传承成为可能。旅游与文化结合，最根本是要形成利益机制，这个利益机制对保护文化是最强有力的。

四是旅游与社会建设的关系。旅游产业是扩大就业的重要渠道，旅游产业就业门槛低，就业方式多，是扶助贫困地区发展的重要方式，上千万人通过旅游产业脱贫致富，而且立竿见影。旅游是提高生活品质的重要领域，成为社会的普遍追求。旅游形成了居民组织，既有经营组织，也有需求团体，促进社会发展。

五是旅游与生态文明建设的关系。如果说旅游破坏环境、破坏文化，绝对是违背常识。多年的实践证明，旅游发展与环境密切相关，而且会促进环境的改善。道理很简单，因为旅游卖的就是环境和文化，因此保护环境、挖掘文化成为旅游发展的内在动力，并由此而形成了深层次的利益机制。在旅游过程中，生态文明意识普遍提升，生态旅游区域和产品逐步产生，生态旅游行为成为生活文明的触发剂。

总之，旅游业的发展对“五位一体”的建设起到了多功能、全方位的推动作用：在交流过程中，以游客流为载体，形成了服务流和物资流，带动了资金流和人才流，拉动了信息流和商务流，创造了文化流和科技流。流动规模越大，流动频率越高，越能体现出旅游发展的意义和对各地发展的推动作用。

学习微平台

延伸阅读
11-1

资料来源　根据中国旅游协会休闲度假分会秘书长魏小安在“第二届中国旅游产业发展年会”上的演讲内容整理。

11.2　旅游经济发展模式

11.2.1　旅游经济发展模式的主要类型

旅游经济发展模式是指一个国家或地区在某一特定时期内旅游经济发展的总体方式。

在世界旅游业发展中，由于各国地理位置、经济发达程度、资源条件、文化背景、社会制度、国家大小等多方面的差异，形成了多样化的旅游经济发展模式。

综观世界各国旅游经济发展的历史和现状，旅游经济发展模式主要有以下几种：

1）依照旅游类别发展的先后次序划分，可分为常规型模式和非常规型模式

常规型模式是指旅游经济发展按照先国内市场再国际市场，先近距离市场再中远距离市场，先中低档市场再高档市场，按顺序发展逐渐达到各种市场发展齐备的旅游发展模式。按照次序发展旅游市场，是符合旅游经济发展的一般规律的。从旅游者的角度看，旅游的发展是受经济收入与余暇时间制约的。因此，人们外出旅游的距离和花费只能是随着经济的发展而逐步地升级，由近及远，由内至外，由低至高。世界上一般旅游经济发展较早的国家大都遵循这种旅游常规发展模式。

非常规型模式，正好与常规型模式相反，其旅游经济进程的次序一般表现为先国际后国内。这种发展模式虽然违背了一般的发展规律，但是在世界旅游业已经快速发展的条件下，由于现实的需要和客观提供的条件的可能，也并非不可实现。这一模式已经为许多旅游业起步较晚的发展中国家或地区所采用，并在一些国家或地区取得了很好的效果。但是，由于这是一个先难后易的发展过程，旅游经济在发展过程中会遇到很多困难和曲折，经常受到国民经济中各相关产业落后现状的瓶颈制约，如交通、饭店、娱乐等，而且旅游的负面作用不断出现。实际上，采用非常规型模式发展本国或本地区的旅游经济，是一种迫不得已的选择，是一种被动地参与国际旅游市场竞争的结果。

2）依照旅游经济发展的调节机制划分，可分为市场自发型模式和政府主导型模式

市场自发型模式，是指旅游经济的发展主要依靠市场调节机制来推动的一种发展模式。市场调节机制是指直接通过价值规律、供求规律和竞争规律的自发调节，在市场机制的作用下，实现旅游资源的有效配置，推动旅游经济内部的自行调节和自行均衡。因此，这种发展模式具有以下几个特点：一是旅游经济的发展主要依靠市场机制来实现内部的自行调节和自行均衡；二是政府的作用是间接的，主要是通过一定的市场参数来实现调节；三是国家产业政策对旅游经济的影响主要侧重于市场需求。

政府主导型模式是指在旅游经济活动中，在以市场为主配置资源的基础上，充分发挥政府的主导作用，以促进旅游业快速发展。

政府主导的主体是政府，基础是市场。在制定和实施这一发展战略过程中，涉及的各方面的关系是复杂的，如各级人民政府及其旅游主管部门与各企业的关系、政府与市场的关系、企业与市场的关系等。按照旅游经济活动的实际情况和要求，各个层次和各个方面应有所侧重和分工，以构成完整的旅游业发展体系。

政府主导型模式的主要内容包括：①政策主导。旅游经济活动中的各项政策是由政府统一制定的，从旅游发展战略角度来看，政府的政策主要是规范旅游市

场中的行为，为旅游企业创造一个公平竞争的环境。但是在一定时期内，政府可以根据旅游经济发展的具体要求，实行一定的政策倾斜，以鼓励旅游产业的发展。②管理主导。对旅游行业的管理是政府的职能，也是政府行为。管理主导直接体现了政府主导型的发展战略。各级旅游局是旅游行业的管理部门，它对旅游行业除了行使直接的管理职能外，还负有大量服务性和组织性的职责。③发展导向。政府在旅游发展中起着向导作用。政府通过各种形式，引导旅游业的发展方向，促进旅游经济活动的发展。例如，组织大型活动以形成总体形象，增强国家或地区的旅游吸引力；加强旅游教育培训工作，以形成人才导向；加大促销力度以适应需求导向等。同时，政府也可以在旅游发展过程中采取直接投入资金的方式，以促进旅游业的发展。尽管在旅游业发展中政府的投入始终是有限的，难以起到主导作用，但是政府的有限投入如果运用得当，会产生很强的示范效应和导向作用。政府主导型模式，一般来说，主要发生在以下两种情况下：一是具有传统干预和控制经济的国家或地区；二是需要在短时期内推进旅游经济快速发展的国家或地区。

【同步资料11-2】

我国旅游业“515战略”，奠定建设世界旅游强国的基础

2015年全国旅游工作会议提出了今后三年旅游业发展的“515战略”，即围绕“文明、有序、安全、便利、富民强国”5大目标，采取10大行动和52项举措，并规划了2020年、2050年我国旅游发展总体目标。

我国在2000年1月召开的全国旅游工作会议上，第一次提出了把我国由世界旅游大国建设成为世界旅游强国的奋斗目标。

那时我国只是在规模上进入到世界旅游大国行列，由旅游大国建成旅游强国，我们尚需艰苦努力，任重道远。这次会议提出到2020年，中国旅游业在规模、质量、效益上都达到世界旅游大国水平，丰富了“世界旅游大国”定义的内涵，并为建设世界旅游强国奠定了坚实基础。会议提出到2050年，中国成为“初步富裕型国家”，实现从“全面小康型旅游大国”到“初步富裕型旅游强国”的新跨越，并且在规模、质量、效益的基础上，增加了综合竞争力、旅游文明程度等目标，达到世界发达国家前列，这一目标的准确表述和时间节点的重新调整，反映了对国民经济新常态和旅游业进入新的发展阶段的深刻认识，考虑了国际、国内宏观经济发展的变数，考虑了建设世界旅游强国的艰巨性和复杂性，体现了科学发展的要求，体现了责任和担当。

资料来源　张栋. 我国旅游业“515战略”奠定建设世界旅游强国的基础［EB/OL］.［2015-08-12］. http: //www.toptour.cn/tab1648/info213252.htm.

3）依照旅游经济与国民经济发展的整体速度同步与否来划分，可分为平衡型模式和非平衡型模式

平衡型模式是指旅游产业的发展速度与国民经济发展的整体速度相一致，保持基本平衡的发展趋势。当然这里讲的旅游经济的发展速度是从旅游行业的总体上看的，并非要求也不可能实现每一年度的发展速度都一致。在一定时期

内，只要旅游经济总体发展速度与国民经济的发展速度大体一致即属于平衡型模式。

非平衡型模式是指由于采取特殊的政策和措施，一国旅游经济的发展速度快于或慢于国民经济整体发展速度的发展模式。非平衡型模式可分为超前型模式和滞后型模式。

超前型模式是指旅游经济的发展速度大大超过国民经济发展的总体速度。采取这种模式，必须基于本国或本地区有着丰富的旅游资源，各种基础设施有一定的潜力，同时，国家或地区又必须给予一定的政策倾斜。如果不顾本国的实际情况，盲目地采用超前型模式来发展旅游业，最终可能由于各方面条件的缺乏而导致失败。

滞后型模式是指旅游经济的发展速度远远低于国民经济发展的总体速度，采用滞后型模式一般都是由于非经济因素的限制，如某些国家或地区宗教色彩比较强烈，采取了限制旅游发展的措施。

4）依照旅游经济发展的目标内容划分，主要分为创汇导向型模式和经济发展导向型模式

创汇导向型模式是指将赚取外汇作为发展旅游经济的基本任务的模式。采用此种模式的国家，大都是经济比较落后的发展中国家。这些国家在发展本国或本地区经济时，为了追赶经济发达国家，急需引进先进国家的技术设备等，为了解决外汇的短缺，就把发展旅游作为创收外汇的重要途径。这些国家或地区旅游产业基础一般都很薄弱，为了追求短期内的创汇目标，很容易导致对旅游资源掠夺性地开发和低层次地利用问题的发生。

经济发展导向型模式，是指发展旅游经济以促进本国或本地区的整体经济协调发展为目标的模式。因此，采取这种模式的国家或地区，并不刻意区分国内旅游和国际旅游。旅游资源的开发和利用是依据市场导向原则和国民经济发展的需要，做到与国民经济其他部门协调发展，它关注的是旅游经济发展对国民经济相关行业发展的刺激和带动作用。这一模式既为多数经济发达国家所采用，也为一些发展中国家或地区所采用。这种模式是按照旅游经济发展的一般规律，由低到高地渐进发展，并与国民经济相关行业提供的条件相适应，使旅游经济能够持续健康的发展。

上面我们仅仅就主要的旅游经济发展模式加以阐述，由于世界各国都有自己的旅游发展模式，旅游发展模式呈现出多层次性、多样性的形态，因而还可以从其他角度来加以研究和分类。例如，以生产要素投入的来源和方式区分，旅游经济发展模式可以划分为开放型模式和封闭型模式等。

【同步思考11-2】

问题：我国在旅游发展的初期阶段为何选择了非常规型旅游发展模式？

理解要点：是由于我国的具体国情所决定的。

【同步案例11-1】

国外农业旅游发展的典型模式

背景与情境：各国在发展农业旅游时，都结合本国农业资源的特点和旅游者

的消费需求以及政策的需要，确立自己的发展模式，下面是一些国家农业旅游的典型模式：

1）政府扶持型：日本绿色观光农业

政府扶持型模式是指政府建立法律框架和制度安排，通过税收、补贴、公共产品等手段对农业旅游进行宏观调控和规范管理，促进农业旅游的可持续发展。日本政府扶持绿色观光农业发展最为典型。政府扶持型模式其实质是政府通过制定并完善相关法律章程，着力于实现农业旅游发展过程中的区位布局协调、生态环境保护和资源循环持续利用，进而实现农业旅游发展的整体效益。

2）非政府组织型：法国农业旅游协会

非政府组织型模式是指通过行业协会、社团组织、商会联盟等非政府机构进行农业旅游的行业自律与规范管理，以法国农业旅游协会为代表通过行业组织推动农业旅游发展，发挥农业和旅游业的产业效益集群效应。这种模式适用于行业协会发达的国家和地区。

3）产业协同型：澳大利亚葡萄酒旅游

产业协同型模式是指以产业化程度极高的优势农业为依托，通过拓展农业观光、休闲、度假和体验等功能，开发农业旅游产品组合，带动农副产品加工、餐饮服务等相关产业发展，促使农业向第二、第三产业延伸，实现农业与旅游业的协同发展，以澳大利亚葡萄酒旅游为典型。产业协同型的农业旅游发展模式最主要的特征是“以农促旅，以旅带农”，是基于本国特色农业产业与旅游业的结合。

4）生活生态型：德国市民农园

生活生态型模式是以满足城市居民农耕体验需求为中心，强调农业旅游生产、生活、生态功能均衡协调，以德国市民农园为代表。

5）科技依托型：新加坡农业科技园

科技依托型模式是指在农业资源相对匮乏的国家，发挥科技研发推广优势以促进农业旅游发展，新加坡发展农业科技园是典型。这种模式以农业科技研发作为特色旅游资源，在城市中心或近郊因地制宜、选址布局，结合农业生产，以科技园、科普基地、博物馆、展览中心等景点形式，集中展示现代农业技术，发挥了独特的科普教育作用。

6）民俗节庆型：美国农业节庆旅游

民俗节庆型模式是将农耕文化、民俗风情融入传统节日或主题庆典中，通过农业节庆活动推动旅游、会展、贸易及文化等行业发展，促进经济增长并创造社会文化价值。美国南瓜节、草莓节和樱桃节是民俗节庆型农业旅游的典型。旧金山半月湾南瓜艺术节是世界著名的农业旅游节庆活动之一。

7）居民参与型：印度尼西亚农业旅游度假村

居民参与型模式是指在农业资源丰富、人口众多的发展中国家和地区，通过发展农业旅游促进农民就业增收，提高农民文化素质并改善农村地区基础设施建设。这种模式多见于以农业为支柱产业的发展中国家，以乡村生态景观和生活情景为独特的旅游资源，通过农业旅游度假村开发、乡村特色纪念品加工销售、农家餐饮住宿经营，为农村居民创造就业和增收机会，从而缩小城乡收入差距，促进城乡文化交融。

纵观上述代表国家的农业旅游，其产生于特定的历史背景环境下，在发展形式、组织机制及效益方面表现出各自的特点和优势，形成了各具特色的农业旅游发展模式。

资料来源　张蓓，万俊毅，文晓巍．国外农业旅游的模式比较与经验借鉴［EB/OL］．［2011-07-10］．http：//www.agri.gov.cn．

问题：从上述资料中，你认为哪些模式适合我国的农业旅游发展模式？

分析提示：我国是一个幅员广阔的农业大国，上述各种模式在我国不同的地区，都可以根据地区的实际情况实施。

11.2.2　我国旅游经济发展模式

我国是一个大国，拥有960万平方公里的土地和占世界22%的人口，幅员广阔，人口众多，旅游资源丰富，但旅游发展起步较晚；我国是一个发展中的国家，经济发展还处于欠发达状态，发展旅游业必须从实际出发，不能超越这个阶段，不能仿效发达国家先国内、后国际、再洲际的自然递进进程，而必须以国际旅游业为先导，以创汇和经济效益为中心，同时把国内旅游问题摆到适当的位置；我国是一个文明古国，拥有5 000年灿烂的传统文化和人类文明，因而要确定以历史文化作为主体旅游资源，发挥其潜在的优势；我国作为一个亚洲国家，从地理位置上看，远离欧美主要客源国，洲际交通费用高，因而要确定适宜的市场定位目标；我国是实行社会主义制度的国家，旅游活动必须体现社会主义精神文明，除了强调经济效益之外，也要注重其社会文化意义。因此，我国旅游经济发展模式必须走自己的道路。

我国旅游业在20世纪80年代后期到90年代初期的基本模式是以国际旅游为主导，以国内旅游为基础，走国际旅游与国内旅游协调发展、共同促进的道路。采取这种模式，完全符合邓小平同志关于“旅游事业大有文章可做，要突出地搞，加快地搞”的指示。“八五”期间入境游客及旅游外汇收入已跃居世界第5位和第9位。1997年旅游创汇120.74亿美元，提前实现20世纪末创汇100亿美元的目标，近几年来旅游总收入以年两位数的速度递增，这充分说明这种发展模式的选择是正确可行的。

国内旅游与国际旅游是互为补充、相互促进的。二者在相互关系中似乎不存在矛盾，但在我国现有条件下，尤其是在旅游旺季，会有交通运输过于紧张和某一地区的游客过于集中的问题发生，在旅游热点地区和城市还会出现物价上涨、游览地人满为患等问题。为了合理安排国内、国际旅游，应该采取国际旅游与国内旅游并举、协调发展的方针，从各地的实际情况出发，因地制宜，积极引导，稳定发展，根据具体条件办事。一般而言，目前确定的发展国际旅游的重点地区和城市，要用最大力量抓好国际旅游的同时，也要分出适当的力量兼顾国内旅游，而有些根本没有发展国际旅游条件的地区，则应集中力量发展国内旅游。

在20世纪90年代，我国提出了“大力发展入境旅游，积极发展国内旅游，适度发展出境旅游”的总方针。这是在当时的国内条件下制定的如何处理入境旅游、出境旅游与国内旅游三者关系的指导性原则，无疑是正确的。但是随着我国加入世贸组织和国民经济多年来的高速增长，外汇短缺已经不存在，人们收入水平大幅度提高，公民出境旅游的需求呈现强增长势头，为了适应变化了的社会条件，我国政府在《中华人民共和国国民经济和社会发展第十一个五年规划纲要》中重新确立了“全面发展国内旅游，积极发展入境旅游，规范发展出境旅游”的新旅游总方针。2009年12月1日国务院《关于加快发展旅游业的意见》中，又将其方针修订为：坚持以国内旅游为重点，积极发展入境旅游，有序发展出境旅游。

【同步思考11-3】

问题：我国为何要调整入境旅游、出境旅游和国内旅游三大旅游板块的指导方针？

理解要点：由于我国的社会经济状况与国际社会地位发生了变化。

学习微平台

延伸阅读 11-2

【教学互动11-1】

互动问题：我国旅游产业的可持续发展，应当注重哪些方面的工作？

要求：同“教学互动2-1”的“要求”。

■ 本章概要

□ 内容提要

旅游经济发展战略，是指一个国家或地区在一个较长的时期内关于旅游经济发展的全局性的筹划和部署。它包括的主要内容有：①发展一个国家或地区旅游经济的指导思想以及资源、环境等条件的分析；②旅游经济发展的阶段和阶段应实现的基本目标；③保证基本目标实现的基本对策和措施；④具体实施的步骤安排。制定旅游经济发展战略必须坚持三个原则：从基本国情出发的原则；服从国民经济发展战略的原则；稳定性与灵活性相结合的原则。

旅游经济发展模式是指一个国家或地区在某一特定时期内旅游经济发展的总体方式。综观世界各国旅游经济发展的历程，从不同的标准进行划分，可将旅游经济发展模式分为：常规型模式与非常规型模式；市场自发型模式与政府主导型模式；平衡型模式与非平衡型模式；创汇导向型模式与经济发展导向型模式等。各国采用的旅游发展模式不尽相同，同一国家在不同的时期也可以采用不同的旅游发展模式。我国现阶段实施的是政府主导型旅游发展模式，为此，在20世纪90年代，我国政府制定了“大力发展入境旅游，积极发展国内旅游，适度发展出境旅游”的我国旅游发展总方针。随着形势的变化，我国政府在《中华人民共和国国民经济和社会发展第十一个五年规划纲要》中重新确立了“全面发展国内旅游，积极发展入境旅游，规范发展出境旅游”的新的旅游总方针。

□ 主要概念和观念

▲主要概念

旅游经济发展战略

▲主要观念

旅游经济发展模式的主要类型　我国旅游经济发展模式

□ 重点实务

旅游经济发展战略的基本原则

■ 基本训练

□ 知识训练

▲复习题

1）旅游经济发展战略就内容而言应主要包括哪些内容？

2）我国目前对旅游产业的定位是什么？

3）何谓我国的“四位一体”的旅游经济发展战略体系？

4）从世界各国的旅游发展历程来看，旅游经济发展模式主要有哪些种类？

▲选择题

（1）旅游经济发展战略一般具有（　　）。

A.全局性　　B.长期性　　C.战术性

D.波动性　　E.方向性

（2）我国改革开放以后，旅游经济的发展走的是（　　）发展模式。

A.常规型　　B.滞后型　　C.超前型　　D.平衡型

▲判断题

（1）我国实行政府主导型的旅游经济发展战略，旅游发展过程中的一切都必须依靠政府来解决。（　　）

（2）我国已经成为世界旅游强国。（　　）

（3）旅游可持续发展就是指对自然环境保护前提下的旅游发展。（　　）

▲讨论题

如何理解我国对旅游产业的定位是战略性支柱产业？

□ 能力训练

▲理解与评价

有人认为“目前我国旅游产业已经成为战略性支柱产业”，你对此有何评价？

▲案例分析

印度的旅游发展目标及战略

背景与情境：每个国家在发展旅游业时，都要根据该国的实际，制定符合本国国情的旅游发展战略，下面是印度政府曾制定的旅游发展目标及战略。

旅游业不同于其他行业，它是由多个服务性行业组成的。这些服务行业多以私有企业形式出现。此外，国家旅游部门等公共机构负责旅游规划、开发和管理。公私部门的参与使旅游业成为一个综合性行业，需要有力的合作和协调，以使其开发和拓展符合整个国民经济的发展方向。虽然旅游业可以自然地孤立发展，但这样不能保证其发展的可持续性，也不一定能够配合国民经济的全盘发展目标。

无序的旅游增长可能会破坏印度的社会经济结构，破坏有形、无形文化及自然遗产，也会带来高额贸易逆差和削弱国内产业联系等经济问题。相反，如果各级政府部门和企业积极合作，恰当地规划、开发和管理旅游业，则会使印度的社会经济结构得到加强，使可再生和不可再生文化及自然遗产得到保护，也可以提高就业率，提高乡村地区收入水平，降低贸易逆差，加强国内产业联系。

发挥旅游业的积极作用，克服其消极作用，使这一可持续发展的产业成为国民经济的重点，就要制定并实施综合性的国家旅游政策。旅游业发展的总体目标和战略就是使其配合国民经济的发展。因此，印度政府旅游部门制定的行业发展目标为：通过旅游业提高印度人民的生活质量，为其提供强健体魄、增强意志、丰富文化知识和提高精神境界的良机。

1）主要目标

发展旅游业的五个战略目标为：

①把旅游业作为国民经济的重点发展。

②增强印度作为旅游目的地的竞争能力。

③改善现有旅游产品，使其适应新的市场需求。

④建设世界级的基础设施。

⑤研发可持续性的、高效的市场计划和项目。

2）把旅游业作为国民经济的重点发展

①将旅游业列入印度宪法，使行业地位得到宪法认可，促使中央政府为旅游业立法。这一提议已经提交各邦政府，并在部长级会议上得到审议。目前，大多数邦已经通过该提议。

②加强各政府部门的有效联系和密切协作。

③组建一个旅游顾问委员会，将业内重要人士组成“智囊团”。

④为将基于SN3条约的旅游卫星账户融入国家财政系统做准备。

⑤制定并实施专业领域的旅游信息交流计划，命名为“国家旅游信息交流战略”。

3）增强印度作为旅游目的地的竞争能力

①实行落地签证政策，加快办理签证手续，引入电子签证，提高海关和移民部门的工作效率。

②实现各使领馆的签证系统的计算机化。

③在每年3月到10月的旅游旺季期间，到印度的航空机票十分短缺，特别是对于北美、西欧和东南亚这些主要客源市场，这一问题尤其突出。增加印度和主要客源市场之间的航空运量，将对旅游和经贸发展起到重要的促进作用。根据印度国际经贸关系研究学会的分析，增加印度航空或其他航空公司通往印度的国际

航空运量，将使印度的经济大大受益。

④通过聘请专业管理人员，改进印度国际和主要国内机场的服务和设施水平，加速机场私有化和产权租赁。

⑤在主要旅游目的地设立旅游警察部队。这一措施不仅可以保障游客的安全，还会使游客感受到特殊的礼遇和友善。

4）改善现有旅游产品，使其适应新的市场需求

印度拥有独特的文化遗产，有大量的文物保护级纪念性建筑散落在全国各地。印度有22个世界遗产（其中16个是纪念性建筑）。这些建筑及其周边地区的保护和协调开发，对印度文化旅游的增长十分重要。

采取灵活的政策，开发可持续发展的滨海度假胜地。印度西海岸有大量的海滩为政府所有，需要采取开放的政策，使其私有化或长期租赁。考虑到航空等方面的因素，这些地区应主要包括哥雅、柯拉拉和北卡纳塔卡。

开发卡奇岛、安达曼群岛和尼科巴群岛为国际邮轮目的地。这些岛屿在国际邮轮航线上，有美丽的自然风光，需要高质量、低污染的产业，因此建造邮轮港口是最佳的选择。

印度的传统饮食多种多样，并越来越受到世界的欢迎。开设一批这样的餐馆对印度经济非常有好处。政府和企业合作建立印度饮食研究会，对印度的传统饮食进行研究和备案，培养一批优秀的厨师和专业人员，不仅可以满足印度酒店和餐饮业的需求，还可以在国际上产生影响；利用新式媒介，采取鼓励政策，在国际上推广印度的民族饮食。

积极开发乡村旅游，将其作为主打旅游产品，可以在印度农村地区产生积极的社会经济效益。适宜开发乡村旅游的地区有东北各邦、北方邦、拉贾斯坦、拉达克、库奇、恰蒂斯加尔平原地区。

印度有多种多样尚未被旅游业开发的动物群落。野生动物园和国家公园应该成为印度旅游不可分割的一部分。首先要选择一批这样的公园建设，并制订游客管理计划。这些公园应该包括科尔贝特、卡纳、班达夫贾、兰塔博尔、姆渡马莱、纳贾赫勒、卡及兰加、佩里雅、巴拉特布尔、库奇的小兰、奇立卡和孙达班等。这些公园的旅游设施质量有待提高，特别是要改进旅游信息和翻译服务。老虎和大象应该成为印度野生动物游的招牌。

印度拥有世界上最好的探险旅游资源，集中在喜马拉雅山区和主要河流。应当鼓励和开发喜马拉雅山区的旅游项目，将其作为印度探险旅游的标志。漂流项目同样具有独特的吸引力，应当加以规范，为组织这些活动的旅行社颁发执照，以保证其服务质量和游客的基本安全。

印度国内旅游客源主要集中在城市，多以休闲娱乐和欣赏自然风光为目的，这些特点应当给予足够的重视。

尽管印度国土辽阔，国际地位重要，拥有诸如新德里、孟买等大城市，但其会议旅游、奖励旅游和展览旅游在国际上所占的比例甚小。在2001年，仅有97个国际会议在印度召开，带来游客将近25 000人。这不仅对印度的旅游业发展不

利，而且也不利于印度发展国际和国内商贸。目前，印度已经在孟买建设了一个世界级的国际会议中心。

印度拥有世上罕有的多样性生物，这一财富为印度发展生态旅游提供了良机。因此，生态旅游应作为印度旅游产品开发的重点之一，开发地区应集中在喜马拉雅山区、东北各邦、西加特、加尔坎德、安达曼群岛和尼科巴群岛等地。

……

资料来源　佚名．印度的旅游发展目标及战略［EB/OL］．［2006-11-05］．http：//www.inditrip.com.

问题：

1）印度旅游产业发展的五个战略目标的主要内容是什么？

2）印度与我国的旅游发展的战略目标的相似处和区别点分别是什么？

分析要求：同第1章“基本训练”中本题型的“分析要求”。

▲自主学习

自主学习-VI

【训练项目】

“旅游发展模式”知识更新。

【训练目的】

同第1章本题型的“训练目的”。

【训练步骤】

1）将班级同学组成若干“自主学习”训练团队，每队确定一人负责。

2）各团队根据训练项目需要进行角色分工。

3）通过校图书馆、院资料室和互联网，查阅“文献综述格式、范文及书写规范要求”和近三年关于“旅游发展模式”研究的前沿学术文献资料。

4）综合和整理“旅游发展模式”研究的前沿学术文献资料，依照“文献综述格式、范文及书写规范要求”，撰写《“旅游发展模式”最新文献综述》。

5）在班级交流各团队的《“旅游发展模式”最新文献综述》。

6）在校园网的本课程平台上展出经过修订并附有教师点评的各组《“旅游发展模式”最新文献综述》，供学生相互借鉴。

□课程思政

我国“十四五”时期旅游业面临的发展机遇和挑战

背景与情境：“十四五”时期，我国将全面进入大众旅游时代，旅游业发展仍处于重要战略机遇期，但机遇和挑战都有新的发展变化。

进入新发展阶段，旅游业面临高质量发展的新要求。全面建成小康社会后，人民群众旅游消费需求将从低层次向高品质和多样化转变，由注重观光向兼顾观光与休闲度假转变。大众旅游出行和消费偏好发生深刻变化，线上线下旅游产品和服务加速融合。大众旅游时代，旅游业发展成果要为百姓共享，旅游业要充分发挥为民、富民、利民、乐民的积极作用，成为具有显著时代特征的幸福产业。

构建新发展格局有利于旅游业发挥独特优势，也对旅游业提出了扩大内需的重要任务。加快构建以国内大循环为主体、国内国际双循环相互促进的新发展格局，需要充分利用旅游业涉及面广、带动力强、开放度高的优势，将其打造成为促进国民经济增长的重要引擎。同时，要切实加大改革开放力度，更好地发挥旅游业作用，为加快释放内需潜力、形成强大国内市场、畅通国民经济循环贡献更大力量。

实施创新驱动发展战略为旅游业赋予新动能，也对旅游业提出了创新发展的新要求。坚持创新在现代化建设全局中的核心地位，推动新一轮科技革命和产业变革深入发展，将深刻影响旅游信息获取、供应商选择、消费场景营造、便利支付以及社交分享等旅游全链条。同时，要充分运用数字化、网络化、智能化科技创新成果，升级传统旅游业态，创新产品和服务方式，推动旅游业从资源驱动向创新驱动转变。

建设文化强国为旅游业明确了发展方向，也需要旅游业更加主动发挥作用。推进文化强国建设，要求坚持以文塑旅、以旅彰文，推进文化和旅游融合发展。同时，要充分发挥旅游业在传播中国文化、展示现代化建设成就、培育社会主义核心价值观方面的重要作用。

强化系统观念有利于旅游业全面协调可持续发展，也对旅游业提出了统筹发展和安全的新任务。加强前瞻性思考、全局性谋划、战略性布局、整体性推进，发挥好中央、地方和各方面积极性，实现发展质量、结构、规模、速度、效益、安全相统一，有利于为旅游业营造更具活力的发展环境、提供更可持续的发展动力、形成更具国际竞争力的发展优势。同时，要统筹发展和安全两件大事，注重防范和化解风险，守住疫情防控底线、安全生产底线、生态安全底线、意识形态安全底线。

当今世界正经历百年未有之大变局，国际环境严峻复杂，新冠肺炎疫情影响广泛深远，全球旅游业不确定性明显增加。国内发展环境也经历着深刻变化，旅游业发展不平衡不充分的问题仍然突出，距离满足人民对美好生活的新期待还有一定差距，旅游需求尚未充分释放，旅游业供给侧结构性改革任务依然较重，创新动能尚显不足，治理能力和水平需进一步提升，国际竞争力和影响力需进一步强化。

资料来源　我国《“十四五”旅游业发展规划》整理。

问题：

1）我国为什么提出旅游业发展成果要为百姓共享，旅游业要充分发挥为民、富民、利民、乐民的积极作用，成为具有显著时代特征的幸福产业？

2）旅游业应怎样发展才能满足大众化旅游时代旅游者的消费需求？

研判要求：同第1章“基本训练”中本题型的“研判要求”。

综合实训

□ 能力训练

▲案例分析

【综合案例-1】

把旅游业培育成为战略性支柱产业和现代服务业是一个怎样的过程？

背景与情境：如何把旅游业培育成战略性支柱产业和现代服务业？这是中国旅游业面临的崭新命题。曾任国家旅游局局长的邵琪伟认为，根本的路径在于推动旅游业与第一、第二、第三产业的融合发展，同时依托信息科技把旅游业转型发展为现代服务业。推动旅游业与第一产业融合发展，重点发展乡村旅游；推动旅游业与第二产业融合发展，大力发展旅游装备制造业；推动旅游业与第三产业主要与文化、金融、交通、商务、医疗、体育、养老等产业融合发展。这一思路，不管是各级党委政府，还是其他国家，包括世界旅游组织都较为认可。

邵琪伟说，旅游装备制造业有三个层次：一是大型装备制造业。比如，海洋邮轮，现在世界上最大的邮轮排水量达到23万吨，这其中包含大量的高新技术。还有江轮，现在长江里就在造新的江轮，重庆就要造10艘比较先进的江轮。目前上海、山东、天津、海南、广东、福建、辽宁等地加快培育邮轮经济，推进邮轮游艇制造和邮轮母港建设。234

真正搞邮轮经济绝对是一个很长的产业链，从设计开始一直到应用，包括将来的邮轮维修到港口建设、码头建设、游客疏散等方面。现在国内的多数港口都是提供泊位，真正的母港是提供一整套配套设施，这就对我们的出入境管理和服务系统提出了很高的要求，这与我们的服务业也是紧密相连的。二是各种旅游用品。这其中有很多需要我们去研发的，比如，防御防寒、抗高原反应、防紫外线的设备，高尔夫用具、滑雪用具、潜水装备等。满足游客各种各样的需要，背后都可以形成一条产业链。三是旅游纪念品。很多东西国外比国内便宜，好的品牌不少，现在出境游的游客购物消费占了很大比例。从国内来讲，旅游纪念品的设计生产是需要我们向国外借鉴和学习的，现在许多旅游城市提供不了必购旅游商品。

总之，我们现在由一个被动的需求阶段转向一个主动的推动和开发阶段，就要把需求告诉各行各业。我们旅游部门主导搭建了三个平台，一个是在天津举办了一个旅游产业博览会，主旨以推动大型旅游制造业为主；另一个是在浙江义乌举办了一个旅游小商品博览会，研发展览各种各样的旅游小商品，2011年有28个国家来参展；还有一个是在苏州搭建了一个旅游服装博览会平台。为加快旅游业向现代服务业迈进，我们在工作中注重了三个方面：一是充分运用现代信息技术改造和提升旅游业；二是加强与相关产业和行业的融合发展，重点推动与信息、金融产业的融合发展；三是抓一批城市和企业试点。两年来，我们重点推动北京、南京、镇江、苏州等有条件的城市开展智慧旅游城市试点。积极推动将智慧旅游初期成果直接应用于旅游产业要素，一批智慧旅游景区、智慧旅游企业快速成长，旅游电子商务业务成为多数旅游企业新的盈利方式。还注重运用现代最新科技提升旅游服务和行业监管水平，积极推进“全国旅游团队服务管理系统”

建设，努力转变旅游监管方式，提升全国旅游监管服务水平。

旅游业要真正成立一个战略性支柱产业，需要10年或更长时间，要打牢基础，不要急于求成。科学发展需要打好基础，任何产业的发展都是有规律的，因此我们现在不要太急，要在短时间内变成战略性产业是不现实的。

资料来源　根据国家旅游局原局长邵琪伟2012年的讲话整理得来。

问题：将我国旅游产业真正打造成战略性支柱产业，为何说根本的路径在于推动旅游业与第一、第二、第三产业的融合发展，同时依托信息科技把旅游业转型发展为现代服务业？

分析要求：同第1章本题型的"分析要求"。

【综合案例-2】

旅游与"工业遗产"

背景与情境：前年去华盛顿，就近游了巴尔的摩。巴尔的摩这个古城确实值得看看，尤其是内港一带，景色丰饶，哪怕冬天去，一点也不减色。内港附近有幢红砖建筑，格调非同一般，它是由一座火力发电厂改建而成的，现在内部开设了Barnes & Noble书店和Hard Rock咖啡店，四个大烟囱还遗留着，漆成黑色，很有气势。本来是座废弃的发电厂，设计师们把它当成"工业遗产"，经过一番改造，化为时尚之地，令人刮目相看。走进Barnes & Noble，因为四个洗刷一新的烟囱竖立其中，使得整个书店在建筑结构上别具情调。

无独有偶，新加坡闲置多年的圣詹姆斯发电站，经过翻新，也对外开放。酒吧、舞厅、餐馆一个个搬了进来，夜色越深越美丽。圣詹姆斯发电站那根白烟囱也粉刷一新，傲然耸立；整幢建筑仍旧保留暗红色的砖墙外观，自有它的"老味道"。如今的建筑立面多是由玻璃、钢筋等冰冷坚硬的新材料构成，刺人眼目，看多了缺乏人情味的现代大楼，反而更加怀念红砖房的醇厚气质，难怪几年前，新加坡国家图书馆红砖老楼拆除，引起那么大的争论。

改革开放之后，中国国有大企业，尤其是一些重工业厂家纷纷转产或关闭，留下很多"工业遗产"，高大的厂房、烟囱、输送管、冶炼炉等，换一个角度看，也是一种美，如何处理这些废弃的建筑与设备，与整个社会环境、经济基础、人文素养有着密切的关系。

2004年，沈阳在拆了上千座烟囱之后，最终还是把三座百米烟囱定向爆破了。沈阳是中国的重工业基地，如何面对工业遗产有不少争论，也有不少建议(如建工业博物馆等)。《中国国家地理》杂志曾特别策划了一个"工业遗产"专题，对此也有反思。这三座巨无霸烟囱都属于沈阳冶炼厂，第一座建于20世纪30年代，第二座建于50年代，第三座是烟囱兼作硫酸回收塔，建于70年代。三座烟囱都是通体的钢筋水泥浇筑结构，平均直径都在10米以上，每座烟囱相隔不过20多米。冶炼厂三大烟囱曾是沈阳的地标建筑，也曾是沈阳的骄傲。它们轰然倒塌的顷刻间，失去了什么？又换来了什么？

其实如何面对工业遗产，是全世界工业国家都遇到的问题。英国是世界上开展工业遗产旅游最早的国家，最成功的例子是铁桥峡谷。铁桥峡谷位于英格兰的什罗普郡，以铁桥和鼓风炉最为著名，是采矿区、铸造厂、车间和仓库的汇集区，还密布着由巷道、轨道、坡路、运河和铁路编织成的古老运输网络，同时又与一幢幢老建筑共存。铁桥峡谷主要是通过对原有的工业遗产进行保护，恢复遭受破坏的生态环境和建造主题博物馆的形式来发展旅游业。今天其自然环境已经得到全面恢复，青山绿水掩映着古老的工业遗址。1986年11月该地被联合国教科文组织正式列入世界自然与文化遗产名录，从而成为世界上第一个因工业而闻名的世界遗产，并形成了一个占地面积达10平方公里，由7个工业纪念地和博物馆、285个保护性工业建筑整合为一体的旅游区。另外，德国工业老区鲁尔，经过成功的改造，也变成了一个旅游景点，这些都值得借鉴。

我生长在工厂区，对"工业美"有一份切身的体会。母亲是纺织女工，小时候进织布车间给母亲送饭，轰隆隆的机器声震耳欲聋，可是母亲那一代的女工就是在这"欢天喜地的轰鸣声"里一天天干到退休。当年看于洋主演的电影《火红的年代》，炼钢工人的形象简直堪比战争片里的英雄。

这些都一去不复返了。剩下的工业遗产或遗迹，也日渐淡化、变形并以另一种形式展现，但心里的那份记忆是不变的。

资料来源　何华. 旅游与"工业遗产"[N]. 信息时报，2012-04-25.

问题：读了上述的内容后，你对我国利用"工业遗产"开发旅游产品有哪些启发和思考？

分析要求：同第1章本题型的"分析要求"。

▲实训操练

【综合实训-1】

组织学生到教学所在地的一个旅游景区（点），进行一次实地旅游，了解该旅游景点的成长历史和发展现状。让学生结合参观中所获取的信息，解释一个景区（点）发展与自身的经营管理的关系以及与该地区的经济、社会、环境发展之间的关系。

【综合实训-2】

从旅游业发展的六大综合要素出发，了解本学校所在地的旅游各个要素的发展状况，分析该地区旅游发展的主要"瓶颈"因素，并进行对策分析。

【综合实训-3】

学生利用假期或黄金周时间，进行一次当地的旅游市场调查，并写出一篇旅游市场调查报告。

主要参考书目

［1］魏小安，刘赵平，张树民．中国旅游业新世纪发展大趋势［M］．广州：广东旅游出版社，1999.
［2］陶汉军，林南枝．旅游经济学［M］．天津：南开大学出版社，2000.
［3］唐留雄．现代旅游产业经济学［M］．广州：广东旅游出版社，2001.
［4］张建春，金世胜．旅游经济学［M］．北京：高等教育出版社，2001.
［5］张辉．旅游经济论［M］．北京：旅游教育出版社，2002.
［6］翁科维奇．旅游经济学［M］．杨达洲，译．北京：商务印书馆，2003.
［7］谢彦君．基础旅游学［M］．2版．北京：中国旅游出版社，2004.
［8］布尔．旅游经济学［M］．龙江智，译．大连：东北财经大学出版社，2004.
［9］孙厚琴．旅游经济学［M］．上海：立信会计出版社，2004.
［10］罗明义．旅游经济学原理［M］．上海：复旦大学出版社，2008.
［11］王梓，张满林．旅游经济学［M］．北京：中国林业出版社，2008.
［12］杨爱花．旅游经济学［M］．北京：清华大学出版社，2009.
［13］李伟清．旅游经济学［M］．上海：上海交通大学出版社，2010.
［14］宋海岩，吴凯，李仲广．旅游经济学［M］．北京：中国人民大学出版社，2010.
［15］李肇荣，林娜．旅游经济学［M］．3版．北京：高等教育出版社，2015.
［16］朱伟．旅游经济学［M］．武汉：华中科技大学出版社，2015.
［17］吕宛青，李聪．旅游经济学［M］．大连：东北财经大学出版社，2015.
［18］田里．旅游经济学［M］．3版．北京：高等教育出版社，2016.
［19］姚允柱，李炳义．旅游经济学［M］．北京：高等教育出版社，2016.
［20］魏鹏，杜婷．旅游经济学［M］．北京：北京大学出版社，2016.
［21］温秀．旅游经济学［M］．西安：西安交通大学出版社，2017.
［22］程瑞芳．旅游经济学［M］．重庆：重庆大学出版社，2018.
［23］厉新建，张辉，厉新权．旅游经济学［M］．北京：中国人民大学出版社，2020.
［24］吕宛青，李聪媛．旅游经济学［M］．大连：东北财经大学出版社，2021.

